在表现中生长
——剧场空间教育探索

ZAI BIAOXIAN ZHONG SHENGZHANG
JUCHANG KONGJIAN JIAOYU TANSUO

黄艳梅 著

图书在版编目(CIP)数据

在表现中生长：剧场空间教育探索 / 黄艳梅著. --
南京：江苏凤凰教育出版社，2021.6
(江苏人民教育家培养工程丛书. 第三辑)
ISBN 978-7-5499-9407-6

Ⅰ. ①在… Ⅱ. ①黄… Ⅲ. ①戏剧教育—教学研究—中小学 Ⅳ. ①G633.952

中国版本图书馆 CIP 数据核字(2021)第 123742 号

江苏人民教育家培养工程丛书(第三辑)

书　　名	**在表现中生长**——剧场空间教育探索
作　　者	黄艳梅
责任编辑	韩宇新
出版发行	江苏凤凰教育出版社(南京市湖南路 1 号 A 楼　邮编 210009)
苏教网址	http://www.1088.com.cn
照　　排	南京私书坊文化传播有限公司
印　　刷	南京顺和印刷有限责任公司
厂　　址	南京市江宁区麒麟街道天和路 78 号
开　　本	787 mm×1092 mm　1/16
印　　张	14.25
版　　次	2021 年 6 月第 1 版
印　　次	2021 年 6 月第 1 次印刷
书　　号	ISBN 978-7-5499-9407-6
定　　价	39.00 元
网店地址	http://jsfhjycbs.tmall.com
公 众 号	苏教服务(微信号:jsfhjyfw)
邮购电话	025-85406265,025-85400774,短信 025-85420909
盗版举报	025-83658579

本书如有印刷、装订等质量问题，请与印刷厂联系调换，电话：025-83682876
提供盗版线索者给予重奖

江苏人民教育家培养工程丛书(第三辑)
编委会

总序 FOREWORD

为江苏未来教育家成长奠基

纵观世界教育史，每一次深刻的教育变革都离不开教育家的参与和推动。邓小平同志在1986年就提出“希望中国出现一大批三四十岁的优秀的科学家、教育家、文学家和其他各种专家”。2007年《国家教育事业发展“十一五”规划纲要》明确提出了“倡导教育家办学”的方针。《国家中长期教育改革和发展规划纲要(2010—2020年)》也明确提出，要创造有利条件，鼓励教师和校长在实践中大胆探索，创新教育思想、教育模式和教育方法，形成教学特色和办学风格，造就一批教育家，倡导教育家办学。

倡导教育家办学，要在扎根于民族文化土壤的同时，吸纳一切人类文明成果，形成具有本土特色和全球视野的教育实践和教育智慧。在我国源远流长的几千年文明发展进程中，不仅积淀了丰富的教育话语体系，而且涌现出一批又一批的优秀教育家。如，有被推崇为“大成至圣先师”“万世师表”的孔子，有“匹夫而为百世师，一言而为天下法”的韩愈，有“捧着一颗心来，不带半根草去”的人民教育家陶行知，等等。

江苏素有重教兴学的优良传统。明清两代全国202名状元中，有66人出自江苏，约占总数的三分之一。新中国成立以来，两院院士三分之一以上是江苏籍。“十一五”规划以来，江苏认真贯彻国家、省教育规划纲要，坚持把优先发展教育作为强省之基，把科教与人才强省作为经济社会发展的基础战略，扎实做好教育改革发展各项工作。为顺应发展要求，江苏在2009年启动实施“江苏人民教育家培养工程”，旨在通过培养一批具有教育家潜质的校长、教师，带动全省师资队伍建设，提高全省教育质量。工程启动和实施以来，得到了省内外同行的高度关注，《中国教育报》《人民教育》等权威教育媒体纷纷予以报道，给予了很多的支持和鼓励。在工程的带动下，全省基础教育人才队伍建设工作蓬勃开展，人才梯队不断优化，人才培养形成常态化。无锡的教育名家培养工程、常州和镇江的名师工作室、苏州的姑苏人才计划、南通和淮安的名师名校长培养工程、连云港的中小学高层次人才“333”工程、泰州的中小学卓越教师培养计划、扬州的领雁工程等都取得了良好成效，为江苏基础教育事业的明天提供了人才支撑。

一、设计思路

古今中外的教育家，虽然成长路径各不相同，但他们身上都有一个共同特点，那就是都有强烈的发展愿景，都是积极主动、持之以恒地追求自我发展。而有计划的培养可以促其自觉、促其坚定、催其奋进、助其提高。实践证明，通过有效地整合社会资源，建立系统而完整的培养制度，对培养对象进行引领、促进、支持，给予他们相对良好的成长空间和必要的规制，有助于他们更快更好地成长。我们认为，确立“人民教育家是可以培养的”观念，是科学的人才观、发展观在师资队伍建设中的体现。

确立目标宗旨。为一批立志终身从教、教育理念新、科研能力强、专长突出、风格鲜明、发展潜力大的中小学教师和校长创造条件，提供平台，给予重点培养，帮助他们在教育理论素养和创新实践能力等方面得到全面提升，使其个人专长更加凸显，特色风格更加鲜明，为他们成长为社会公认的人民教育家奠定基础，并以此带动和促进全省中小学师资队伍水平的整体提升，为江苏建设教育强省、率先实现教育现代化、办人民满意的教育做出更大的贡献。

制订培养计划。工程实施的目标是培养基础教育高端人才。从2009年起，计划在全省范围内分四批选拔200名特级教师进行重点培养。200个培养名额，低于特级教师总数的20%，不到中小学专任教师总数的万分之三。分四批培养，每批50人，确保每一名培养对象都能享有足够好、足够多的专家资源、活动资源、财力资源和实践平台，保证培养过程更加具有科学性、针对性和有效性。

明晰选拔标准。分析近代以来我国教育家表现出来的特质，我们发现他们具有三个方面的共同特质：一是志存高远，具有远大的教育理想，“敢探未发明的新理”，善于发现和潜心研究教育问题，形成自己独到的教育思想；二是学高为师，具有丰富的学识和科学的经验，勇于探索，在办学理念和思路、学校建设与管理、教育教学方式等方面形成鲜明的特色和风格；三是身正为范，具有高尚的人格魅力，热爱学生，尊重学生，对学生有大爱之心，并有较大的社会影响。为此，在培养对象的选拔上，我们确定了“坚持一个基本条件、着重考察三个方面”的遴选原则。基本条件必须是特级教师，是“师德的表率、育人的模范、教学的专家”。在此基础上，着重考察培养对象是否有正确的、强烈的成长动机，有为人民教育事业奋斗终生的坚定理想和不懈追求;是否具有深厚的教育理论素养、文化素养和专业素养,有成为人民教育家的基础条件和发展潜力;是否具有高尚的人格魅力,在区域和学科专业领域内声望高、影响大、示范性强,受到同行、学生、家长和社会的广泛敬重和好评。

二、制度建构

“江苏人民教育家培养工程”是一项系统性工程,旨在探索高端教育人才培养的政策、制度和实践模式,以培养对象的教育思想、办学行为和先进事迹激发全省所有校长、教师的教育热情和奉献精神。经过五年的实践探索,逐步形成了一套比较完整的培养体系,制定了《江苏人民教育家培养工程实施指南》,形成了管理、培养、考核“三位一体”的培养工作机制。

建立了管理机构。在管理上,教育厅成立了“江苏省人民教育家培养工程领导小组”,负责培养工作的整体把握和指导,指定江苏省教育科学研究院负责工程的具体实施工作。根据培养对象的特点和研究方向,成立了分学段或分学科领域和学校管理等不同培养方向的五个研修组。与培养对象相对应,组建了五个专家指导小组,通过个别指导和集体指导相结合的模式,就培养对象的发展规划、研究方向、课题研究进行指导。

搭建了培养平台。在培养上,以“政府创设平台、专家引领指导、个人主动发展、团队共同提高”为培养机制,以帮助培养对象“提高师德修养、拓展教育视野、创新教学理念、提高教育教学能力水平”为核心培养内容,规划实施了九大系列培养计划:催生教育主张——培养对象理论素养提升计划;聆听高端讲座——培养对象知识结构更新计划;牵手农村教育——培养对象责任修炼计划;推动教育创新——培养对象实践模式构建计划;走近教育家——培养对象分类阅读计划;聚焦实践问题——培养对象小组合作研究计划;带动共同发展——培养对象团队建设计划;教育家办学——影响力论坛计划;行者无疆——教育考察计划。围绕计划,在2014年至2019年第三期培养对象培养期内,共开展省级集中活动20余次、小组活动近100次。

制定了考核制度。在考核上,省教育厅委托省教育科学研究院与培养对象签订“目标责任书”,依据目标责任书开展年度考核、中期考核和终期考核工作。其中,年度考核实行报告评价式考核,研修小组和培养对象每年要做一次工作总结,报告一次研修心得;中期考核在培养期的第三年举行,实行发展性评估考核;终期考核按目标责任书实行目标考核。培养周期完成,在个人考核的基础上,成立“培养工作评估项目组”,对项目实施情况进行整体评估。

提供了条件保障。主要从专家、平台、经费等方面为工程实施及培养对象提供专业支持、环境支持和政策支持。一是组建了专家指导团队,聘请了国内一流专家。目前共聘请专家119人次,其中为第三期培养对象聘请的专家有35人。二是设立省教育科学规划“十三五”人民教育家培养对象专项课题，鼓励培养对象申报教育科研课题研究项目，通过课题研究推动培养对象成长。三是为每位培养对象至少安排一次出国研修的机会、召开一次教育思想研讨会、资助出版一部专著，为他们形成教育教学思想创造条件。

三、实践成效

工程实施以来，每一位培养对象都以教育家的素养标准要求自己，经过五年努力，提升了综合素养，取得了很多教育教学成果，带动了区域内多元团队的共同发展，还通过跨区域的合作在更大范围内发挥了重要作用。

素质显著提高。五年的研修对每一位培养对象来说都是一个迅速进步的过程，他们的专业素养与教育能力不断提升，教育思想已现雏形。其一，潜心读书，提升了专业素养。有的培养对象五年阅读了100多部专著，撰写了40多万字的读书笔记。其二，实践探索，提高了教育能力。通过构建自己的课堂教学模式提高课堂教学质量，通过成立名师工作室和建设学科基地发挥辐射作用，通过管理模式的变革寻求学校的优质发展，已成为培养对象的行为自觉。其三，活动研修，拓宽了教育视野，丰富了发展内涵，增强了服务江苏教育发展的责任感与使命感。其四，自省反思，凝练了教育思想。通过回顾和反思、梳理和归纳，做到更深刻地认识、更清晰地表达自己的教育理念，初步形成了自己的教育思想。

研究成果丰硕。五年来，各位培养对象在实践研究方面积极进取，取得了丰硕成果。据不完全统计，第三期培养对象公开发表论文880篇，其中在核心期刊发表191篇；编著图书79本，出版专著35本；主持市级以上课题（项目）研究166项，开设县级以上公开课、讲座1821节（次）；被媒体报道210次。教学办学上，他们不仅善于把自己的教育理念运用到实践中去，而且非常注重特色成果的形成，成为江苏基础教育改革大背景下一例例鲜活的典型。他们的教育教学实践获得了广泛认可，产生了深远的影响，累计获得各级各类荣誉表彰300余项。这些成果来之不易，体现了各培养对象不断超越、勤于探索的精神。

带动效应显著。培养对象皆有自己领衔的发展团队，不仅有学校管理团队、教师集体和学科教师团队，而且有市（区、县）的名师团队、骨干教师团队，为带动当地教师发展做出了很大贡献。在团队发展过程中逐渐形成了由“被动发展”走向“主动发展”、由“短期性发展”走向“持续性发展”的良好格局，表现出相当高的发展水平与强大的辐射力。另外，第三期培养对象共开展“牵手农村教育”活动近30次，覆盖近30个县、市（区）50多所农村学校，发挥了培养对象的专业服务作用，带动了农村地区教师专业发展。难能可贵的是，他们在成为“培养对象”后，依然有着清醒的自我认识。他们常常淡看自己的努力和成就，却对“机遇”怀有感恩之心。正如一位培养对象所说：“孔子的彼岸是闻达于诸侯，我在想我们的彼岸是什么？也许我一辈子也成不了教育家，但我可以拥有教育家的志向、教育家的情怀、教育家的理想。在培养工程一千多个日日夜夜里，我如农夫般日日耕耘，如哲人般时时自省。从此岸到彼岸，是岁月的距离，更是成长的步履。让我们揣着梦想、带着感恩、携着激情，执着行走在成为教育家的路上，不为彼岸只为海！"

当前，江苏教育系统正在全面学习贯彻落实党的十九大精神，全力推进教育现代化建设，坚持以立德树人为根本，以发展素质教育为主题，以提高教育质量为核心，以促进教育公平为重点，以服务经济社会发展为重任，以深化教育教学改革为动力，以扩大教育对外开放、提升教育国际合作交流水平为重要路径，以教育信息化为着力点，以争取加大教育投入、建设高素质专业化教师队伍为关键，探索建立中国特色现代学校制度，努力营造健康向上的校园文化和有利于教育改革发展的社会氛围，努力办好人民满意的教育。衷心地希望"江苏人民教育家培养工程"的实践探索能给我国推进教育发展和办学专业化、促进高端教育人才成长提供借鉴。

编委会

2020 年 11 月

序一　让儿童“出场”

数年前，淮安的黄艳梅老师原创性地提出剧场空间教育，架构实践路径，引导儿童在表现中成长，取得了丰硕的成果，也给我们带来不少有益的启迪。

一、剧场空间教育的提出，源于坚定的儿童立场

黄艳梅与剧场相遇，似乎纯属偶然。她原先在淮安市人民小学做校长，京剧表演艺术家王瑶卿的故居就坐落在校园里。像许多学校一样，这是一种“丽质天成”，学校自然就有学唱京剧的特色活动。但黄艳梅并不止步于此，她从组织孩子们学唱京剧起步，做得风生水起之后，又扩展到戏剧教育，进而扩展为剧场空间教育。偶然中有必然，黄艳梅一路走来，激发她的，支撑她的，是坚定的儿童立场。

黄艳梅对儿童日常生活和学习生活做过细致观察，她认为有些问题非常值得关注。比如：被动性——儿童没有自己的身份，“谁的孩子谁做主”，唯独没有孩子自己做主；单一性——分数成了教育的“语法”，不讲分数似乎都是语法不通，精神哺育、精神成长变得可有可无，与升学考试不直接挂钩的科目和内容受冷落；封闭性——不能为儿童成长提供丰富的生态，知识世界与生活世界割裂，儿童最多是温室里的花朵。凡此种种，让黄艳梅感到忧虑。可贵的是，她没有坐而论道，而是身体力行地去改变。她着力的一个支点，就是让学生不仅“在场”，而且“出场”，给学生更多的表现机会。在她看来，儿童“出场”了，自然就化被动为主动，主体性激活

了，张扬了；自然就化单一为完整，自主、合作、探究都能展开，认知和情感融为一体；自然就化封闭为开放，成长通道向四面八方打开，建构并且不断优化成长的生态系统。

怎么让儿童“出场”呢？在提出剧场空间教育之前，黄艳梅就做过诸多有益的尝试。比如，她在语文教学中提出言语教学的主张，试图以表达为主线和重点，梳理单元言语目标，建立言语写作教程，再以言语为本位开展单元读写实践。语文教学中的“读”与“写”孰轻孰重、谁先谁后，语文教学界意见并不统一，我自己更赞成以读带写、读写融通。但黄艳梅着意为学生创造“出场”的和表现的可能，更加突显表达与交流在语文学习中的作用，这种尝试还是值得肯定的。也正是念兹在兹，所以在相遇王瑶卿时，在孩子的京剧表演的唱念做打的情境中，黄艳梅坚实的儿童立场生成了引爆点，剧场空间教育点亮了她的教育天地。

二、剧场空间教育的研究，是对学理深刻的寻绎

中小学、幼儿园的教改实践，忌讳贴一个标签，不假思索或不愿思考就去做；在“为什么”“是什么”“做什么”“做得怎样”这样的阐说框架中，“是什么”往往比较薄弱，经不起推敲。黄艳梅的剧场空间教育，在理论上面临两重困难。一重是理论对实践的概括和指导，恰如德雷福斯所说，理论的营养可以促进研究“从日常实践的脉络中超离出来”，创造新的日常生活。这也是我们基于教育现场进行研究的意义所在。这是所有行动研究面临的共同问题。黄艳梅还有另一重困难，这就是从戏剧到教育。“剧场空间教育”是跨界的，怎么打通，怎样做到打通后不隔、不硬、不飘，是有难度的。这是黄艳梅研究面临的特殊问题。在研究过程中，黄艳梅和我做过多次讨论，说实在的，我也说不出所以然，只能凭感觉，在有没有打通方面做些判断。好在黄艳梅孜孜以求、坚持不懈。她广泛阅读，深刻思考，终于悟明其中的学理。这主要表现在：

第一，认识剧场空间的内涵。黄艳梅通过研究认识到，剧场是客观的存在，而空间可以流动、建构、绵延，彰显人的活动样式。因为人在其中，剧场空间既是实际存在的物质空间，又是能够赋予人们想象的精神空间，还是多种社会关系的载体。这样的理解为戏剧与教育的连接融通创造了丰富的可能。

第二，对剧场空间概念进行教育学的移植。黄艳梅通过研究发现，剧场空间完全可以置身于教育学语境。一方面，从人的成长空间维度看，人与自然、人与社会、人与自我三个向度构建了人的发展的广阔空间，这从中外对学生发展核心素养的研究可以看出——基本上都是从认知、人际、自省三维度入手的。具体的教学空间，正是三向度空间的典型化，也可以看作一种舞台呈现。另一方面，“表现”是真实的剧场空间的主要意蕴，也应该是儿童成长的重要途径和表征。提出剧场空间教育，就是强调不仅让学生“在场”，而且让学生“出场”，在表现中生长。

第三,为剧场空间教育的理论注入新质。黄艳梅在剧场空间教育研究中表现出理论创新的勇气。她从儿童成长的角度,概括出教育现场中剧场空间的诸多价值:① 审美价值。教育的本义就是引导儿童走向真善美的,剧场空间作为儿童日常生活的典型化,营造基于生活又超越生活、带有终极追求意义的美的世界,创设适合儿童的审美情境,促进儿童的精神成长。② 赋能价值。剧场空间让儿童"出场",且是培养协作能力的有效载体,儿童能够在典型化的生活情境中全方位地表现自我,其多种能力得到较多的锻炼与展示。③ 治疗价值。剧场空间教育的角色体验,许多都是一种生活的模拟,儿童可以通过在安全的戏剧情境中反复体验,准确地把握角色规范,从而避免真实错误导致的各种消极影响。后现代主义课程大师派纳说过,课程也是一种美学文本。各种戏剧教育活动和课程作为美学文本,其中所融入的戏剧元素对于儿童来说,有着一定的宣泄、释放、净化作用,有助于改善当事者的身心状况。当然,黄艳梅的理论阐述远比我列举的要丰富,但仅仅这些,我认为对于剧场空间教育概念的内涵已经有所充实、有所发展了。

三、剧场空间教育的实践,创造儿童新的生活样式

黄艳梅非常认可梁漱溟先生的"文化其实就是人的生活样式"。她倡导剧场空间教育,就是让学生"出场",以主体性身份建构自己的生活样式。剧场空间教育卓有成效的探索主要体现在四个方面:

第一,开发戏剧活动。他们根据小学生的身心发展特点,在戏剧活动领域主要做绘本戏剧、读者剧场、戏剧创演及戏剧社团等戏剧阶梯项目。绘本对小学低段儿童发展具有重要的促进意义,绘本内容的再现和表演,有助于儿童更好地理解文本信息,并在创意性的发挥中丰富想象力、提高创造力。读者剧场直接以手持剧本口述、朗读的方式进行。读者剧场在最简单的形式中突出主要的观演关系,避免常见演出的烦琐过程,可以节省时间和精力,也可避免资金筹措问题,是一种便捷、易于操作的戏剧表现形式。读者剧场是朗读与戏剧的跨界创意结合,是发挥学生想象力和表现力的有效载体。在一定的戏剧活动的基础上,他们以课本剧、儿童剧和想象性戏剧几种形式开展戏剧创演活动,指导学生用戏剧的方式表达自己。他们组建学生戏剧社团,给有兴趣特长的学生提供实践机会,帮助他们更好地发展自己。

第二,在教学中渗透戏剧性元素。他们根据教学内容及课堂教学的需要,积极变革教学组织形式,改变以讲授为主的教学方式,加强课堂中的活动设计,把戏剧方法和戏剧元素应用到教学活动中,创设多元互动情境化的场景,让儿童用整个身体在"做"中学,让每一位学生都能在活动中进行合作性学习、探究性学习和体验性学习。创新基于学生的现实性,并着眼于学生的可能性而展开,课堂各活动的设计应体现"最近发展区"的要求,不是让学生简单重复一些愉快的体验,而是让学生能

够通过自己的努力攻克难关，品尝成功的喜悦。

第三，让儿童进行角色体验。“人生如戏”“生活即舞台”。他们长线规划小学六年的角色体验内容，让儿童进行早期多重角色体验，培养同理心，学会换位思考。这样可以弥补传统教育方式的缺失，让儿童体验校园角色、家庭角色、职业角色等，提早培养儿童的社会适应能力。

第四，设计让学生“出场”的校园活动。黄艳梅在人民小学时，学校 70 周年校庆，本没特色，但 30 年后将是百年校庆，他们据此提出“相约百年校庆，希冀美好梦想”的创意，设计“妙笔生花”标志，珍藏校庆纪念资料以待百年校庆之时启封使用。搞校庆，他们不租场馆，不请名人，师生就是主角，庆典活动放在校园，积极营建人人参与、多元表现的舞台，使人人都得到锻炼和成长。美丽的约定、美好的记忆、母校情结、精神故乡……他们将校庆工作与日常教育教学紧密结合起来，办出特色，办出新意。活动、仪式、庆典是剧场空间的不同呈现，这样的庆典活动很有内涵和意义。转岗到薄弱学校之后，庆祝六一时，黄艳梅针对城乡接合部学生的特点，不用传统的文艺汇演形式，而是策划了一节大型生活指导课，以着装为主题，将服装穿着要领融合到多种演艺形式中。孩子们在活动中感受礼仪之美、生活之美，提升了感受生活、创造美好的能力。

正是基于使命担当、理论自觉和实践智慧，黄艳梅和同事们设计出剧场空间教育的系列活动，用剧场空间教育观照儿童生活。儿童生活场域因而具有了丰富独到的教育意蕴，儿童的日常生活样式得以按照主动发展、完整发展、充分发展、个性发展的理想向度重建，孕育出许多令我们产生美好遐想的希望。

杨九俊

2019 年 5 月

序二　发现剧场

剧，毫无疑问地成为我生活中的一个高频词。词典的解释无法满足我对“剧”的想象。我本安适，在我那与人无异的中师生成长历程中几无演剧的经历。然而我与剧，还是必然地相遇了。回首望去，剧已存在于我生命15年。

一

这得从一处旧居说起。2004年，因为区域内有一处文物，使得扩建中的人民小学建设工程受阻。校舍后面的那处凋零破败的老宅，原来就是刚刚被定为市级文物的王瑶卿故居。此时，我方知王瑶卿乃梨园界“通天教主”、京剧表演艺术家和戏曲教育家。于是在履行繁复程序后，文物移建至校园西北角。修旧如旧，灰砖灰瓦的房子，以竹为丘，使之自然形成院落。遒劲的梨树下，置入木箱、京胡与京鼓，俨然是已经唱罢或即将上演一场小戏的情境。海棠的掩映中，有一组造型别致的脸谱标志，我将这一角命名为“京韵园”，以此融入学校的现代气质。

2006年，一出小戏在学校上演，名曰《梨园春色》。校园的资源不应闲置，戏剧教育肇始于此。伴着咿呀的唱腔、灵动的身段，外请的一两位京剧教师领着一群师生向着那剧儿自行去。2008年，教育部一份关于开展京剧进课堂试点的文件为我们的京剧活动添了一把火。我们增强了活动信心，加大了开发力度，并尝试与江苏省长荣京剧院合作，建立京剧教与学的长效机制。著名京剧表演艺术家“活红娘”宋长荣领衔的一批京剧名家解决了我们的师资匮乏问题，保证了我们京剧活动的方向和水准。

2010年，学校喜迎70华诞。我们决定将校庆尽可能地向师生靠近，庆典在校园举行，活动由师生设计。那一天，校园盛装华彩，就是一个偌大的剧场。“妙笔生花”傲然挺立——这是70周年校庆纪念标志，师生梦想封存其中，相约百年校庆重启。路两旁的香樟树身形挺秀，缠绕的红绸蝴蝶结乃老师们亲手所系，茂密的树冠上挂着孩子们精心制作的手工作品。运动场是主会场，以中国红渐变为舞台背景，融入2010世博元素，时尚，明快，清新脱俗。会场左侧的惜时广场还有一场“京腔流韵”70周年庆演出。小舞台依着和声塘边的大柳树而搭建，别有一番景致。和着悦耳的京腔，一切发生在情境之中。最为奇妙的是现场上演梦想存储仪式，“妙笔生花”徐徐展开，师生寄放梦想，花瓣渐渐闭合，庄肃而简约的仪式定格了每一个人的校庆记忆。仪式，乃为剧场的一种表现形式。70周年校庆的剧场空间无不在诉说着我们的教育遐思。

京腔流韵，京剧文化在学校渐成景象。少儿京剧团的孩子，以曲目表演练习为基本形态，参加各类艺术展演广获好评。2012年春，中央电视台戏曲频道导演组走进人民小学，进行了为期一周的拍摄。“六一”前后，学生、老师以及我们独特的校园环境，就这样登上了央视舞台。同年8月，戏曲节目《红娘》参加江苏省中小学艺术展，荣获一等奖。这些，都给了我们极大的鼓舞。戏是人的教育，学校关乎人的成长，京剧在个性脸谱、角色生活、表现舞台等方面之于学校教育都有很丰富的意蕴。京剧进校园，要从课程与教学、社团活动、京剧师资、环境营造等方面系统地研究应该采取的方式、策略和途径。2012年，关于剧的论文《京剧进校园：京剧文化与教育意涵的融合》发表，代表着我们开始探寻京剧文化的育人价值。

二

仅仅是京剧吗？随着时间的推移，回旋于我脑海的这一问渐渐清晰起来。从京剧到戏剧再到剧课程，我们进行扩展和延伸，架构学校戏剧教育的新体系。2013年4月，“淮安市基础教育管理育人模式研讨会”在人民小学举行。我们突破学术会议的模式，用一个个生动鲜活的故事阐释学校文化，让一场研讨活动变得生动、精彩。我们提出“剧课程研发工程”，将戏剧文化渗透到课程体系中，形成系列的特色课程。2014年春，拙作《遇上一件重要的事》在《人民教育》刊出，我在文中如此梳理表述：“我们还围绕‘剧’开创了编剧、导演、表演、化妆、服饰、布景、道具等多个特色社团，孩子们根据自身条件和兴趣爱好自主选择参与。我们打通学校的节日设计，进行长程安排，读书节的编剧，艺体节的演剧，六一儿童节的剧展示，孩子们在剧课程中穿梭和成长。”

剧，仅仅是一方孩子的吗？2014年5月，一场教育改革在淮安市清浦区浩荡展开，率先推进校长、教师全面交流。剧的社团未及全面实施，我轮岗至清江浦实验小学(原城南中心小学)。当年这是一所仅有778位学生、办学基础薄弱的乡镇学校。人民小学是一所优质名校，城南中心小学与其有很大差异。当我面对一张张红润、怯生的小脸，一双双澄澈、明亮的眼眸时，一种教育敏感告诉我，好的东西一定有它的普适价值，也许眼前的孩子更需要剧，需要剧来打开。于是，学校的三年主动发展规划提出做实、做新“剧演课程”，促进学生多元发展。2015年的春天，学校从课程文化入手，开始了基础性课程优质化、拓展型课程多样化的追求，社团走班活动全面实施。我们还聊了“水孩子”汤姆的成长故事，原创校园剧《戏剧节里的“水孩子”》当年荣获市艺体节展演一等奖。2015年11月，学校课程建设经验《剧课程，儿童生活的富矿》在江苏省小学课堂教学改革论坛作汇报交流。2016年，我们又创作了儿童剧《寻找》，这是一个关于梦想的故事，突出了人人都能行的成长主题，获得省中小学心理剧一等奖。此外，校外寻访、入队仪式、成长仪式等校园庆典，在孩子们人生的重要时刻，为他们注入了鲜亮的生命底色。2016年5月，《小学“剧课程”建设实践探索》获批江苏省基础教育前瞻性教学改革项目。2017年，江苏省基础教育改革现场会在淮安举行，作为生源迅速回流至2248人、转型崛起的典型校之一，清江浦实验小学以一场融画面、音乐、朗诵、表演等于一体的《城南故事》，向与会同仁展示了学校蜕变生长之路。

“人生是一场表演，社会是一个舞台”，我们“剧课程”基于戏剧，超越戏剧，以课程整合的视角，对学校生活进行整体课程架构。在基础性课程中融入戏剧的元素，促进学科教学变革；开发戏剧类活动课程、生活角色体验课程，指向培养儿童完整健全的人格，适应未来社会的发展。在教学改革实验中，我们对传统的戏剧教育进行课程化改造，在戏剧活动、学科教学、班队生活等多领域进入融通式架构，促进学生的多元发展，形成可操作和可推广的教育教学实践路径和范式。“小学‘剧课程’建设实践探索”在清江浦实验小学的伙伴们的创新实践以及盐城、宿迁、连云港、淮安等多所联盟校的共同努力下，通过加强节点推进和提升，结出了丰硕的果实，《表现与生长：儿童“角色生活”建构实践探索》等系列论文发表。

剧仅仅是孩子们的吗？2017年，我站在了市教师发展学院的楼前，又一问，如春风拂过。教师的职业本质上是为每个孩子创造生命在场的空间和可能，为每个孩子的人生出彩奠定基础，进而在自己的人生剧场里创造生命的光彩。现代教育需要什么样的教师，教师发展的方向是什么，对教师角色的重新发现，最根本的是为了驱动教师精神层面的内生力，形成生命发展自觉。在教师的人生多幕剧中，我们每个人都是全人的存在，开展教师发展场景研修、促进教师解决实际问题又成了我的探索课题。

三

关于剧,还有故事关联。2008 年,我在语文教学中提出“言语主题”单元教学主张,加强言语能力线(作文教学目标)的梳理与重建,建立以提高言语能力目标为主题的单元教学结构。这项研究于 2017 年获得江苏省教学成果一等奖。从言语主题到现今的生命成长,肢体、五觉、情绪等表现难道不是对当初的言语表现的扩展吗?自从 2015 年成为江苏人民教育家第三批培养对象以来,就剧的问题我一次次地请教导师,在一次次的研讨中我记住了杨九俊会长的两句话,“剧不是上位的东西”促进我作哲学思考,“在表现中生长”成为我思想的重要句子。

请允许我将思绪再作一次拉回。2010 年,我们几所兄弟学校随淮阴师范学院第一附属小学走进叶澜教授“新基础教育”。“新基础教育”将班级建设与课堂教学作为学校教育活动最日常和基础性的构成要素,将班级建设作为一个独立的学校教育的实践领域,是其关注的人的生命的整体性和人的发展的能动性的具体体现。这启迪了我对学生在校生活质量的认识。叶老师对“天人合一”要义的解读之一是确立人在天地万物之间的特殊地位与关系,认为自然与我们是最大的生命共同体,宇宙自然是大天地,人是小天地,万物生命同体。叶老师这些论述不断地拓展我对空间的理解边界。在探究儿童角色生活之路上,李政涛教授的《表演:解读教育活动的新视角》加深了我的认知。清江浦实验小学“新基础教育”常态研究自然而然地晕染“剧”的色彩,2016 年全国“新基础教育”首届教育戏剧育人价值研讨活动从清江浦实验小学启航。每遇李政涛老师,我便谈及“剧课程”实施,其间得到他的点拨。我的剧场空间探索,得到了丰富的学术滋养。

四

15 年来,我遇见戏剧,发现剧场。剧场有着原型吸引力,社会生活存在着某种“剧场化”。这不仅为我带来思路的启发,更多的是给予我思想的支持。剧场空间教育,成因于人民小学,成形于清江浦实小,将成熟于漫漫未来。剧场空间教育,寄望未来人之成长,创新育人路径,形成实操方略,为改进教育提供某种可能。

15 年前的春日,一粒戏剧的种子,萌发于葱茏掩翠的京韵故园。15 年的欢歌与前行,一个个温暖着职业生涯的教育故事,以剧的丰蕴鲜活了我们的教育记忆。15 年后的又一春,我徜徉在人生的剧场空间,构筑与自我、与他人、与世界的生命在场,祈望多姿多彩的个体生命盛情出场、精彩演绎。

黄艳梅

2019 年 4 月

目录 CONTENTS

第一章 剧场空间的教育隐喻

戏剧与教育有着共同的人性表现基础，二者的"邂逅"，促使人们深刻地思考人的发展问题。戏剧作为一种通过语言、动作、舞蹈、音乐、绘画等形式达到叙事目的的舞台表演艺术，其育人功能正在被发现并予以重视。在场性作为戏剧的本质特征，是随着时间推移到当代才逐渐成为戏剧界的共识。在教育活动中，教育目的之实现有赖于教师和学生共同创建、参与和对话的在场活动。儿童是发展的主体，教育教学活动应根植于儿童的生活世界，剧场空间——站在戏剧与教育的融通点上，从人的在场性考量，让儿童在表现中生长，剧场空间育人价值的探寻，正是为了更好地发现人、培育人、发展人，实现教育的目的和价值。

第一节 何以是剧场空间？

你像个国王，安闲自在地坐在那里。让一切在你眼前掠过，让心灵和感官都获得享受，心满意足。那里有的是诗，是绘画，是歌唱和音乐，是表演艺术，而且还不止这些！这些艺术和青年美貌的魔力都集中在一个夜晚，高度协调合作来发挥效力，这就是一场无与伦比的盛宴啊！

——歌德

戏剧，对于观众来说就是"一场无与伦比的盛宴"。这"一场无与伦比的盛宴"发生在"那里"——特定的剧场空间。"那里有的是诗，是绘画，是歌唱和音乐"，是兼具其他艺术形式的特点和优越性的表演艺术，发挥着综合艺术效应。不仅如此，"那里"还有观众，戏剧作品呈现于"剧场"这个具体的、与观众共有的空间当中，观看的人也可以获得多种感受和人生体验。

一、剧场空间的基本概念

剧场，从词源学角度考察，意思是"供观看的场所"，现今剧场一词具有宽泛的内涵与外延，几乎涵盖戏剧的全部。文学上的戏剧是指为戏剧表演所创作的脚本，即剧本；表演学上的戏剧包括编导艺术、演员表演、舞台景观、服饰造型、灯光音响等多方面的技术和艺术，即剧场。文学意义上的剧本只有在演出中才能得以真正完成，完整的戏剧当是二者的结合。也就是说，一出戏的生命开始于创作者的头脑中，最终进入的是观众的头脑和记忆，而剧场正是这一过程发生的地方。

空间，最基本的意思是作为物质实体存在的地点，是一个能够容纳人和具备演出条件的场所，是人所能感受到、所能体验到的具体空间。人类最原始、最直接的体验即是空间，包括地点、方向、运动等，因此人类语言中有丰富的包含地点、方位的词汇。空间不仅是客观的空间，还是主观的空间，空间还渗透着多种社会关系，人际关系、情境、情感、学习氛围等也成了空间的一部分。

作为一个特定的表演与观赏空间，剧场体现出的空间构成意义并不止于物理学属性的观演空间，演员和观众在特定的空间和规定情境当中生成新的人物关系，他们所存在着的这个空间便具有了新的含义，涵盖戏剧的现场表演及行为、观众观看的认知行为等社会意义的剧场元素。

剧场是客观化的存在，而空间可以流动、建构、绵延，彰显人的活动样式。观看是行动的对立面，传统戏剧不强调观看的概念，观众在座位上是静止的，而人的主体性的哲学转向，强调观众个人的经验、接受和参与的重要性。演员在舞台上只是“点”的戏剧要素，剧情的整体性、信息的完整性还需要“面”“体”的戏剧要素，即剧场空间。因为人在其中，剧场空间既是实际存在着的物质空间，又是一个能够赋予人们很多想象的精神空间，还是某种意义、社会关系的载体。戏剧是由演员扮演角色、当众表演情节、显示情境的一种艺术，剧场空间承载着演员、观众以及他们的行为，观演双方通过剧场空间互传信息、交流感情，共同完成艺术创造，观众的在场体验是戏剧的艺术性特征之一。

二、剧场空间的主要特征

剧场空间无论在戏剧艺术中，还是在社会生活中，都是一个至关重要的概念，概括地讲，它具有以下特征。

1. 角色表现

在剧场空间的所有特性中，在场性是它最主要的特征之一，即一定有“此时此刻”的角色表现，突出了人物在场表现的重要性。人物在场、身体介入是在场性成立的关键。剧场中最有活力的因素是人，聚焦角色以及他们的行为，是关切人之主体性的重要体现。

2. 现场共时

在戏剧的现场性演出活动中，演员和观众是共时存在的，观演关系是戏剧最基本的一对关系。在其他艺术形式中，艺术家和作品可以不共时存在，而观众是戏剧演出活动必不可少的构成部分和必要条件，没有观众，戏剧就失去了意义。戏剧是“表演者与观众之间经验的共享”，戏剧演出的艺术效果是在演员与观众的交流互动中实现的，演员的表演和观众的欣赏是在同一时空里完成的。

3. 虚拟超越

戏剧是在一个虚构的情境中发生的事件，是在假定的情境中发生的活动。角色也是生活在虚构的情境中。在剧场空间，演员的一切行动都是在一种“假定性”的戏剧情境中进行的。表演的泛化理论还将戏剧表演引申到社会生活中，当表演无处不在、剧场无处不在的时候，社会也具有类似表演和剧场一样的潜在能量。表演既是以生活为基础，又是对生活的超越，对人的现实存在的超越。

4. 时空交融

戏剧艺术中包含着时间艺术和空间艺术。空间性的呈现指的是演出空间的造型艺术、演出空间的整体形象等，时间的呈现指的是剧情的展开、事件的延续、音乐的发展等等。舞台艺术不是静止的画面，而是活动的画面，叙事总是需要相应的时间，形象总是需要空间的造型，时空交融的特性在戏剧艺术中呈现得最为明显。

5. 艺术综合

剧场空间是多种艺术的综合，它融文学、美术、表演、音乐、舞蹈等多种艺术于一体，由语言、动作、场景、道具等组合成为表现手段，把生活中的事件集中地再现于舞台之上，使观众获得具体生动的艺术感受，获得情感的打动、精神的愉悦、心灵的陶冶、境界的升华，促进人格养成。

剧场具有原型吸引力是因为剧场与表演在人类审美思维中根深蒂固，剧场空间从本质上说是某个“实时性”的场，我们可以从多个层面理解其内涵。一是戏剧艺术需要有一个真实存在的、有既定范围的物理空间作为进行演出活动的场所；二是每一次戏剧演出活动都在这个剧场空间中建立一个特定的戏剧情境，戏剧情境是戏剧活动的基础；三是戏剧情境在形态上又分为可以被观众的视觉、听觉甚至触觉等印证的直接情境，以及需要利用想象建立的间接情境，戏剧情境成为人的各种境况的最具体的形式。

三、当下儿童的生存状态

从某种意义上说，剧场空间是儿童感知生活、理解生活、体验生活的重要场域，同时也为教师提供了最为生动的育人方式，剧场空间在儿童发展的综合领域理应得到充分体现和重视。然而，在传统的教育生活中，有忽视人的生命性以及人的在场性现象，当代儿童的生活场景、生存状态值得关注和警醒。

一是缺乏自主。在拥有选择的自由时，儿童往往不知所措，在要为自己及他人承担责任的时候，也会习惯性地选择逃避。这在很大程度上是因为儿童缺少自主权，成人总是有意无意地代替儿童，很少赋予和保护儿童自主探索的权利。儿童的行为在学校和家庭，以及在少数社会交往中，总是被成人调解、调停和调和。生活在上述环境中的儿童，循规蹈矩，在面对有严格规定及规则框架的环境时，他们往往能够找到自己的位置。他们带着这样的色调成长，一旦面临具体困难和挑战，就会没了主张，没有解决问题的能力。这是非常让人忧虑的现状。

二是情感阻隔。不知什么时候，一些家长陷入了教育的焦躁状态。老师和家长，均被一种未知、焦虑的气氛，以及强烈的责任、情感交织联系在一起。儿童生活在这样焦躁的教育环境中，分数之外的成长需求往往被忽略。这种焦灼情绪“阻隔”儿童的成长和情感需求，导致师生关系、亲子关系紧张疏离。在教育的环境中实现教师、家长和儿童相互信任和促进才是最好的教育，而我们生活在一个成人经验濒临失效的年代，作为成年人的我们，无法探知自己到底怎样做更好。

三是适应性弱。当下环境中的儿童，对周遭环境的觉察、适应能力显得较弱。一方面是对自己的行为以及行为带给环境和别人的影响，较少判断及觉察；另一方面十分敏感于别人的举动、态度。这也和这些儿童的养育方式相关联。大众对儿童的理解受书本和学校的影响，家长在谈及儿童时，很大程度上会引用学校老师对儿童的观察与理解，或是大量引用中外教育理念中的不同方面，而在对个体儿童的发展以及家庭独特性方面认识不足。

四是角色单一。人是社会生活中的角色，这个过程中人以“角色丛”而存在，人的成长需要多重角色的体验和丰富。在当下的教育语境里，往往突出儿童单一的学习者角色，将学生在繁重的学习之外所必须具备的独立而丰富的角色感受忽略了，同时忽略了儿童同客观世界、同他人、同自我的交往与对话，忽视了儿童作为未来社会人的多重角色成长，导致角色人格缺失。人们生活中的冲突和对立很大程度上在于缺乏角色同理、共情，不能很好地认识与理解他人，也不能在认识与学习他人中修正与完善自身。

上述情况与原因，往往伴随着应试教育思想影响下的片面重视智育成长而忽视德育、体育、美育和劳动技术教育的现象，沉重的课业负担阻碍了学生生动活泼地发展。有的家长开始重视儿童的艺术学习，却又背离发展兴趣的初衷，无节制的考级增添儿童厌学情绪，儿童游戏的空间被严重挤压。儿童学习不同的技能，在艺术考级光环下的艺术学习，又消磨了儿童自由玩耍、游戏、与同龄人相处的时间。儿童的行动受到生活场域的影响，教育发展需要自我审视，儿童的成长土壤或是生态环境需要营建和改善。剧场空间凸显一种在场状态，强调儿童的自主表现和场域适应，有利于破解教育脱离于生活的困局，引领儿童走出当下成长困境。

四、戏剧育人的实践不足

当前，戏剧教育在基础教育领域以游戏表演活动居多，中小学教师所使用的“戏剧教学法”通常简单粗糙。现有国内研究大多是关于教育戏剧的普及型介绍，缺乏对戏剧教育的具体教学策略和教学效果的研究。尤其是从学校育人角度出发，在教育活动中引入剧场理念、元素、方法和手段，促进戏剧教育的转化与应用以提高育人成效方面，尚为薄弱。

首先，认识模糊。20 世纪以来，我国戏剧方面的有识之士在戏剧的教育等方面有着深刻的见解并进行了可贵的探索，为今天戏剧教育的广泛开展提供了宝贵的思想财富。但从整体上看，人们对戏剧教育的认识还很模糊，大部分戏剧专业人员还是就戏剧论戏剧，从戏剧视角出发的较多，而一线教育工作者往往依托一鳞半爪的戏剧知识摸着石头过河，不能立足于教育学或其他学科视角予以认识，学生及家长也会因学习负担加重而对戏剧教育活动敬而远之。认识上的偏颇导致戏剧教育活动缺乏理念上的引领。

其次，实践不力。目前主管部门倡导的“戏剧进校园”“戏剧进课堂”，实质上还停留在搞搞戏剧活动上，戏剧教育课程资源稀缺，艺术教育的“戏剧课”也难见踪影。戏剧教育往往以学校自主开发为主，以戏剧社团的形式开展戏剧活动，存在一定的精英化倾向，不能很好地面向全体学生。在戏剧教育实施方法上，存在着方法简单雷同的问题，缺乏有深度、有质量的持续推广活动。

再次，师资匮乏。虽然我国相关政策对戏剧教育给予支持，学校层面对戏剧教育也充满期待，但有调查研究表明，缺乏师资力量是目前戏剧教育普及的最大困难，提供戏剧教育专业培训成为教师需求的第一位。说到戏剧，人们就会想到剧本撰写、导演构思、演员排演及舞台呈现等专业技能，自然会产生畏难情绪，何况作为交叉学科还要求教师有教育理解，这类复合型人才是亟待培养的。

戏剧教育具有艺术性、综合性、多元性等特点，是对儿童进行艺术教育和综合教育的有效途径。戏剧在剧场中真正发生，戏剧作品必须呈现于“剧场”这个具体的、与观众共有的空间当中，剧场空间在故事、演员、观众等主要构成元素间找到彼此协作的机制，展开对空间多维度的感知与想象，建构一个真实、安全、可信任的“场”。人们走进剧场的第一视觉是整个剧场空间；人们走进剧场后，所有的感受和认识，也都来自于剧场空间。剧场空间能够调动人的多种感觉器官从事学习活动，让受教育者在现实实践或模拟现实情境中体验、感悟、反思，它对人的人格、品质、认知、社交、情绪和身体的发展产生深远的积极影响。剧场空间凸显儿童的在场状态，从在场性考量，当下教育需要探寻剧场空间的育人价值，并进行剧场空间创造。

第二节 关于剧场空间的文献研究

戏剧是离人最近的综合艺术，在人的发展过程中可以起到重要的作用，戏剧与教育的关系呈现渐进融合的过程。对剧场空间的认识，涉及戏剧界、教育界对戏剧本身及其育人功能的探索；对剧场空间的研究，有利于戏剧育人的普及推广和创新实践。我们不妨先对与剧场空间相关的概念作一文献梳理和演变追溯。

一、西方戏剧界对剧场空间的认识深化

剧场是先于文本出现的，它脱胎于宗教意识，采用舞蹈性的模仿形式，在一切文字之前，剧场就已经成为一种行为方式。古希腊的戏剧就产生在对酒神的崇拜中，酒神节是希腊人的狂欢节，人们饮酒高歌，沉浸于神人合一的喜悦体验中。剧场的含义最初与

一定的建筑形态相联系，最早的古希腊戏剧演出，是在一块圆形的平地上，演员在上面有节奏地吟诵、舞蹈，观众则在依山而建的席位上就座。空地、观众、演员组成了一台完整的戏剧演出。

承袭亚里士多德《诗学》以来的传统，戏剧多以文学剧本为研究对象。按照亚里士多德的说法，情节是戏剧的灵魂，好的戏剧应该是“铺陈—困境—高潮—结尾”。传统戏剧表现出重视情节线索、戏剧冲突、人物性格等“故事”特征，叙事讲究有因有果、有始有终，因此传统的戏剧剧场总是通过适当的方式展现情节。以剧本为重心的西方戏剧，由于强调文学性，作用于观众的视觉，因而偏重于剧本与“读者”式观众之间的对话，戏剧便形成了“剧本—读者”的观赏模式。这种重视剧本的戏剧观，主张演员应遵从剧本，强调戏剧表演的自律性与独立性，重视表演前的理性安排与设计，导致了对剧场的忽略，对演员与观众之间交流的忽视。演员在台上力求将剧本的思想在现场的表演中复现、模仿出来，忠实地再现出来，而把观众视为可有可无的因素，观众对这种表演则是视而不见，演员与观众之间被“第四堵墙”阻隔着，这致使戏剧演出中表现出来的剧场效果较为微弱。这一定势为后世一千多年的剧场定下了不可破的成规，即使是莎士比亚、易卜生、契诃夫等剧作家也难以逃脱。这个时代持续了很久，一直到 20 世纪下半叶。

戏剧艺术发展到现代，因其多种构成要素之间的消长导致变革，作为与剧场有关的文本戏剧出现了危机。作为一种演出形式，剧场在自身的发展过程中不断发现，即使抛弃文本也仍然存在剧场艺术手段，剧场艺术的“剧场化”使其从传统戏剧的统辖中解放出来。在这个过程中，媒体历史中另一重大事件——电影的出现，也加速了这一进程。在电影出现之前，对行动的人的动态摹写一直都属于剧场艺术的范畴。而电影这一新兴的技术表现手段一出现，就在这个范畴中接替并且超越了剧场艺术，剧场性也就被认为是独立于戏剧文本之外的了。人们同时开始认识到现场性才是剧场的主要特性，对于剧场自身的表现潜能的再发现，这一本质性问题被提了出来，剧场开始占据重要的地位。19 世纪和 20 世纪之交，英国戏剧大师爱德华·戈登·克雷（Edward Gordon Craig，1872—1966）提出了剧场艺术的整体观，通过象征主义的剧场，将演员的表演和舞台设计、剧本创作联系起来，提出了一系列富有开创性意义的舞台表演新理论。克雷于 1911 年所著的《论剧场艺术》开了此后重表演而轻文学的戏剧艺术的先河，他的整体戏剧观对后世产生了极大的影响。

阿尔托（Antonnin Artaud，1896—1948）是法国现代极具世界影响力的戏剧家，他于 1931 年写出《论巴黎戏剧》《导演和形而上学》等系列文章，逐渐形成自己的戏剧观点。他主张剧场不该再为剧本服务，而是让剧场里的所有元素：灯光、演员、气味、空间、声音等，建构出一种氛围，使观众在宗教仪式般的气氛中获得救赎。戏剧因此回到它的初衷，恢复其当初由宗教仪式发展出来的生命力。阿尔托对于剧场空间非常讲究：“我们取消舞台及剧场大厅，而代之以一个唯一的场所，没有隔板，没有任何栅栏，它就是剧情发展的地方。在观众和演出、演员和观众之间将建立直接交流，因为观众位于演出中心，被演出所包围、所渗透。而这种包围则来自剧场本身的形状。”阿尔托力求整合舞台空间，利用视觉和听觉元素以及各种形状的物体和灯光制造意象，直接作用于感官的种种冲击，形成一种“完全剧场”。他提升了剧场元素的物质性，使得剧场中各种单位被高度感知。可以说，阿尔托是当代前卫剧场的启蒙者，他的概念可以涵盖20世纪50年代后期西方实验戏剧演出的总体风格和美学倾向。

德国戏剧家贝尔托·布莱希特(Bertolt Brecht，1898—1956)，是现代戏剧史上极具影响力的剧场改革者。布莱希特最具有划时代意义的戏剧理论即“陌生化效果”，它的基本含义是利用艺术方法把平常的事物变得不平常，揭示事物的因果关系，暴露事物的矛盾性质，使人们认识改变现实的可能性。从布莱希特开始，剧场中的交流方式发生了根本性的变化。旧有的剧场交流模式以封闭式、幻象性为特点，而在布莱希特的戏剧中，演员与观众开始了直接交流。布莱希特是现代戏剧的真正起点，戏剧的线性叙事、台词对话式结构均被打破，接受方式也从对幻象的追求而走向深层、走向全面。因此，后戏剧剧场也可以叫做“后布莱希特剧场”。

深受阿尔托影响的美国戏剧家理查·谢克纳(Richard Schechner，1934—)是著名的环境戏剧的倡导者，他所创建的“人类表演学”，是近年来国际上发展最快的人文新学科之一。1968年，理查·谢克纳的论文《环境戏剧的六大方针》发表之后，使得“环境戏剧”一词不胫而走，构成了20世纪60年代前卫剧场美学的重要特征和演出形式。环境戏剧强调与环境的结合，从对空间的切入展开思考和体验，提出“空间可以用无尽的方式改变、连接、赋予生命”。谢克纳的空间处理主要基于两个方面：与观众的关系、与环境的关系。他非常强调观众不是戏剧的旁观者而是参与者，所有的空间既是表演区域，又是观赏的区域，表演的活力和观众本身成了主要的布景组成部分。

波兰剧场大师格洛托夫斯基在19世纪60年代也提出：“我们拆除了从舞台到观众席上的全部设备，在每次演出中，为演员和观众设计新的空间。因而，表演者与观众关系的无限变化就是可能的了。”一部作品只有出现在观众面前时，才算真正完成了艺术创作。而要实现这一点，必不可少的是要有一个空间，这个空间就是剧场，是“表演者表演东西给观众看的地方”。它最特别的地方在于，剧场里的观众时刻感受到，在他们眼前有新的事情正在发生。

20世纪60年代末，美国戏剧家罗伯特·威尔逊(Robert Wilson，1941—)在纽约脱颖而出，《纽约时报》说他是“实验剧场界的巨塔型人物”，同时也是“舞台时间与空间运用的开拓者”。罗伯特·威尔逊曾说：“作为一个优秀剧场导演或是剧作家，应该要有能力想出一个大结构，在这个结构当中，所有人都能够拥有各自的空间或自由，而在各个空间中都有设计者的想法，但相互之间又有所联结。”威尔逊以其独特的空间与时间美学，以及极具建筑感的设计创意，将现代人成功地带入了一个高度异化的时间和空间，让人可以在剧场得到沉思冥想的机会。这些恰恰符合剧场原本的精神：剧场不但应该是一个观看的场所，而且还应该让人在这里开始去思想。威尔逊美学的影响已经渗透到很多领域。

到了20世纪70年代，现代剧场进入了“后戏剧剧场”的时代，西方戏剧发生了巨大变化，“观看”重新成为当代戏剧的本质。德国学者汉斯·蒂斯·雷曼(Hans－Thies Lehmann)1999年著《后戏剧剧场》一书，用“后戏剧剧场”这一术语，涵盖了20世纪70年代至90年代欧美剧场艺术中的一种彻底的变革趋势。剧场与其他物质艺术和传媒艺术之不同正在此：在剧场里，不但发生着艺术行为本身(演戏)，同时也发生着接受行为(看戏)。“后戏剧剧场”颠覆了戏剧文本及剧本阐释在剧场实践里的中心地位，反对以模仿、情节为基础的戏剧与戏剧性，反对基于文本的剧场创作结构方式，强调剧场艺术中文本、舞台美术、音响音乐、演员身体等各种手段的独立性及其平等关系。

雷曼大胆地将世界戏剧发展史概括为三个阶段：① 前戏剧剧场时期，包括古希腊戏剧及各民族“原始”的戏剧形式；② 戏剧剧场时期，古希腊戏剧之后，尤其是中世纪戏剧之后，以剧本为中心的戏剧形式；③ 后戏剧剧场时期，萌芽于20世纪初，在70年代后蓬勃发展，直到现在。这种分期打破了将戏剧史与文学史紧密挂钩的分期方式，从而将剧场艺术视为一种独立于文学之外的艺术形式。

后戏剧剧场的特点可以从以下几个方面进行分析：第一，文本和情节。文本不再高高在上，逐渐与动作、音乐、视觉等戏剧手段平起平坐。但是文本并没有失去其重要性，而是向剧场敞开了自己。传统的线性叙事结构被视觉空间的拼接所取代，从而产生一种诗意的效果。第二，舞台与空间。舞台被视为一种静止画面，空间被赋予意义，观众的自主性被突出出来。第三，时间。戏剧剧场演出的目的就是使观众走出剧场的现实时间，进入剧情的虚幻时间。布莱希特在他的叙事剧中，首次鼓励观众在自己的真实时间内对舞台上表现的一切进行反思。

在当今的社会景观中，出现了另一种“图景”——剧场的隐喻意义不断向外部空间延伸，导致社会生活在某种程度上是对剧场和戏剧的模仿，并不断生成新的场景和戏剧性。这种带有表演性、戏剧性的现象，汉斯·蒂斯·雷曼称之为“社会的剧场化”。雷曼观察到，从“个人参与构建公共性的自我”开始，剧场化已经渗透到我们的整个社会生活中，“社会(空间)剧场化”成为当代的空间发展趋势。在林林总总的空间演变中，剧场起到了关键的作用。当今社会空间、都市空间的审美演变与剧场的演变息息相关，剧场成了我们体验社会、观察社会、沉浸其中的一个媒介。美国欧文·戈夫曼(Erving Goffman，1922—1982)早在1959年出版的《日常生活中的自我呈现》中就将戏剧表演引申到社会生活中，提出“社会生活中表演无处不在”，其依据是当“个体正在普通工作情境中向他人呈现他的活动方式的时候(表演就发生了)”。美国人类学家维克多·特纳(Victor Turner，1920—1983)在其1975年出版的《戏剧、场景及隐喻：人类社会的象征性行为》中论证了整个人类的社会科学和社会哲学都属于一个完整的隐喻性的大家族之事实，提出了“社会戏剧”之概念。我们看到，在社会生活、社会场景、戏剧演示和剧场场景之间，多维度地、多学科领域地产生了关联。

二、中国传统戏曲的开放式观演方式

中国戏曲虽然发源较早，其成熟却晚，若考察其流脉可以远至上古的宗教祭祀。宋金之前虽然也有“戏曲”的表演场地，却大都是临时搭建而成，至北宋，城市中始有固定的表演场所——勾栏，即大型游艺场地。而在农村地区，各种表演的场地乃是舞亭，其形制高出地面，有顶盖，观众四围而至。勾栏与舞亭后来成为城市戏曲剧场和农村戏台的雏形。由于中国的古戏台受木质建材的限制，无论是皇室富绅的私家戏台，还是茶楼酒肆的戏曲表演场所，一般都不易形成宏阔的建筑格局。

舞台至简，传统戏曲舞台往往以“一桌二椅”简单布景，因而以演员为中心的表演形式成为中国戏曲的主要特征。表演时，戏中所要表达的时空变化都是通过演员的表演和唱词交代，唱念做打创造了诸多的写意空间，表现出纷繁复杂的世间万象。如《天仙配》唱段“树上的鸟儿成双对”，七仙女与董永的对唱给观众营造出一幅美好的田园生活图景；《拾玉镯》中开门的场景，孙玉娇双手打开大门，先推门，之后用手拉门闩，其虚拟性再现好像真的打开一扇门。演员将戏曲中的场景带在身上，正可谓“一根木桨，可以表现惊涛骇浪；几根鞭子，可以表现千军万马”。戏曲艺术的场景建构，是通过唱、念、做、打四种程式化的表现手段，以及由这些手段构成的场景虚拟化和自由性。演员的身段唱腔不仅表现人物性格特征，也成为创造舞台环境的必要手段。

中国传统戏曲的再现性戏剧艺术，更注重于表现主义。演员入戏，观众动情，在这种循环往复的、面对面的不断交流中产生浓郁的剧场效果，从而形成中国戏曲特有的“剧场—观众”观剧模式。在中国戏曲中根本就没有什么“墙”，剧场舞台与观众之间有着不十分确定的界限，戏剧演出过程中演员更是把观众当做一个知己、一个朋友，向他们面对面地倾诉感情、剖析心灵，这种交流是没有距离的。中国戏曲中的形体语言是吸引观众的重要工具，并成为同观众产生共鸣的桥梁，演员能够不断从观众的现场反馈中了解自己表演技巧的优劣，并根据这一反馈对自己的动作实行调节。但凡台上有精彩表现，台下就能听得一声声“好”字喝彩，戏场内呈现热闹景象。中国戏曲大量的曲论中对演员表演，尤其是即兴表演、临场发挥的论及比比皆是。这样的热闹场面影响着传统戏曲演出传播效果，也影响着观众的接受方式，即观众的主动性、参与性得到增强。

中国戏曲让人拍案叫绝的艺术表现形式也使得西方各国为之惊艳，包括很多戏剧大师，如格罗托夫斯基、彼得布鲁克、铃木忠志、斯坦尼、布莱希特、梅耶荷德等等。1935年，德国戏剧家布莱希特在莫斯科观看中国京剧表演大师梅兰芳的表演时，留下深刻的印象。在俄国戏剧家梅耶荷德看来，梅兰芳的表演就是自己所追求的艺术目标，“演员的创作是在空间里创作造型艺术的形式，因此，演员的艺术就是正确使用自己形体表现手段的能力。就是说，通向形象和感性的道路，不应当从体验开始，不应当从领会角色开始，不应当从尝试掌握现象的心理实质开始，一般地说，不应当从内部，而应当从外部开始。”不论梅兰芳是否从内部体验角色，但戏曲表演本身确实是“在空间里创作造型艺术的形式”。中国传统戏曲开放式的演剧方式，决定了其形体语言必然比西方戏剧更为看重表现手段本身的形式美感，也承载着更多的价值功能。

三、戏剧教育的兴起与发展

我们进一步梳理相关文献发现，戏剧在教育领域的研究在国外已经历经百余年的发展历史。戏剧在英美等国受到教育理论和实践界的关注，戏剧在教育理论的研究集中于探讨其内涵与结构、实现形式与操作模式等，在实践层面表现为时间脉络上从方法向学科的不断深化、空间脉络上在不同国家和地区的多元发展。

戏剧应用于教育领域源于 18 世纪法国思想家让·雅克·卢梭（Jean-Jacques Rousseau，1712—1778）。卢梭自然主义的教育观念深深地影响了现代教育理论，他提出降低书面知识的重要性，建议孩子的情感教育先于理性教育，尤为强调通过个人经验来学习。他的“从做中学 ”和“在戏剧实践中学习”的自然主义思想，彰显了“从做中学”的教育理念，所强调的“学生中心”“过程中心”和“主动建构”等思想，与学习理论的人本主义转向有诸多契合之处，因而渐渐在英美两国得以兴起，受到教育理论与实践界的关注，并获得一系列的发展。19 世纪末 20 世纪初，美国教育思想家约翰·杜威（John Dewey，1859—1952）发展了这种思想，提出实践学习理论的“渐进式教学”，在其“教育即生长”的基础论点上，实践了用互动戏剧的形式让儿童身临其境、扩展经验。杜威认为，教育就是儿童生活的过程，最好的教育就是“从生活中学习、从经验中学习”，他在批判传统教育的基础上提出了“从做中学”这个基本原则。在他看来，如果儿童没有“做”的机会，那必然会阻碍儿童的自然发展。儿童生来就有一种要做事和要工作的愿望，对活动具有强烈的兴趣，对此要给予特别的重视。卢梭和杜威为戏剧教育的发展奠定了理论基础。

20 世纪初期，戏剧或游戏作为一种教学方法应用在课堂中，尤其是应用在语言教学中，冲击了传统的教学。1912 年，第一本关于戏剧的教育著作《教学中的戏剧方法》问世，英国的哈丽特·芬蕾·强生（Harriet Finlay Johnson，1871—1956）有意识、有目的地将戏剧应用到教学中，她将不同的教学主题戏剧化，通过戏剧性活动激发学生的学习热情和统合教学内容，被认为是第一位用戏剧活动在教室内进行教学的教师。1930 年，美国戏剧教育家温尼弗瑞德·瓦尔德根据自己的实践编写出版《创作性戏剧技术》一书，提出了“创作性戏剧教学方法”。教育家卡德威尔·库克首先将具体的戏剧方法运用于艺术课程教学，因此戏剧性质的教学方法开始在欧美国家发展起来。

20 世纪 50 年代到 70 年代，戏剧教育的相关组织和协会成立，大大促进了戏剧教育研究者和实践者的交流与学习，戏剧作为统整的学习媒介，与各学科不断融合，在学校教学中广泛应用。20 世纪 80 年代以来，戏剧教育在世界许多国家和地区得到了政府和教育部门的普遍而高度的重视，英国、法国、德国、美国、加拿大、澳大利亚等国家都纷纷将戏剧纳入普通学校教育体系之中，以立法或课程计划的形式确立戏剧在整个教育体系中的地位。英国的教育戏剧以狭义的教育戏剧(Drama in Education) 为主，将戏剧视为英语学习的方式与媒介，用戏剧的方法统领英语课程学习，注重落实听、说、读、写的目标，强调语言能力的发展。美国的戏剧教育以创作性戏剧(Creative Drama)为主，通过创作性戏剧活动将儿童置于想象的戏剧环境中，以假想的生活去理解他人与社会的关系，强调利用戏剧来提升学生的生活能力。

在我国 20 世纪初，天津南开学校校长张伯苓借鉴西方先进的教育思想，将戏剧原理与教育相结合，是我国首次把戏剧纳入整个教育系统用于培养人。张伯苓把对学生口才锻炼、团队精神的培养置入戏剧活动的框架中，他将戏剧引入校园以培养学生素质的思路和实践对当时的戏剧教育功能的认识产生了不小的影响。南开学校蓬勃的学生戏剧活动既造就了戏剧家曹禺，也培养了周恩来这样杰出的政治家。青年周恩来在南开读书期间积极参加戏剧活动，在新剧实践中既编又演、既记又评，周恩来在新剧实践中花了相当精力抓新剧创作，而且他还亲自登台演出，这些戏剧活动为他的综合素质打下了坚实的基础。南开戏剧活动重视戏剧形式在培养人们生活能力、团体意识、合作精神等方面的作用，核心是改良社会，使我们看到了戏剧艺术形式在教书育人过程中的功能。

30 年代，在晏阳初领导的以河北定县为试点的平民教育运动中，由熊佛西主持的农民戏剧实验搞得轰轰烈烈。戏剧教育家熊佛西于 30 年代扎根农村，开展定县农民戏剧“大众化实验”，积极为戏剧艺术的普及和发展探路，与扫盲识字结合起来，取得了举世瞩目的成就。此后，许多教育家践行着这一理念，把戏剧作为手段实施平民教育、乡村教育、农民教育等形形色色的社会教育。教育家陶行知把戏剧作为教育民众的有力和有效手段，30 年代在南京晓庄师范建立晓庄剧社，推行农民戏剧。遗憾的是，这些戏剧教育的尝试均未能延续下来。

我国的香港和台湾自 20 世纪 80 年代开始就学习西方，积极探索自己的戏剧教育路径。香港管理部门优质教育基金资助的“戏剧教育计划”，从 1998 起，历时六年，发动了全港五十多所中小学从事学校戏剧教育种类和成效的研究探讨。香港戏剧课程设计以“戏剧作为艺术领域中的一个单元”“戏剧作为其他科目的一个单元”为主要形式，戏剧以教学法的形式融入人文学科的教学中。2010 年，香港教育学院与香港教育剧场论坛联合发布的《香港学校戏剧教育：成果的研究与评鉴》是目前亚洲戏剧教育研究报告中非常完整的一份。相关人士提出了著名的“戏剧在校园应用的光谱”一说。

台湾地区在 20 世纪八九十年代陆续出版了学习欧美教育戏剧的译著与专著，活跃着一批大力提倡学校戏剧教育的教育工作者，他们积极从事理论和实践的探索研究。自 2000 年起，台湾陆续颁布一系列课程纲要，将戏剧纳入国民义务教育的教学之中，建立起完整的从幼儿园到高中的表演艺术戏剧教学体系，戏剧课以法定形式进入学校的课程表中。台湾地区中小学戏剧教育以跨科统整戏剧教学模式为主要实施方式，并陆续有一系列相关著作问世，这些著作对于如何在中小学开展戏剧教育具有很强的现实指导意义。

我国大陆拥有丰富的戏剧资源，改革开放以后，随着素质教育的逐渐推进和深入，以及国外和港台地区戏剧教育活动对大陆的影响，戏剧教育进入人们的视野。李婴宁1997年发表《英国的戏剧教育和剧场教育》，开启了大陆戏剧教育的帷幕。李婴宁教授还提出“大戏剧观念”，这种观念改变了观演分离的传统戏剧方法。“大戏剧观念”把戏剧分类为“舞台戏剧”和“应用戏剧”两大类，应用戏剧的概念是由20世纪中期以来，在西方发展起来的一整套应用戏剧、教育性戏剧的理论和方法来界定的。这一概念的确立大大拓展了后现代戏剧的概念，这些戏剧更注重打破舞台限制、打破专业技巧、观演合一、观演互动，也更注重戏剧的实用意义和价值意义。

除了李婴宁这样的推介者以外，近二十年来不同领域的教育工作者纷纷在实践中确认了教育戏剧的重要作用和独特价值，并就这一问题阐述了自己的理解。

在学前教育领域，张金梅2001年在南京市部分幼儿园开展其博士论文选题《幼儿园戏剧综合活动研究》的研究，尝试在幼儿园的戏剧综合课程中引入戏剧教学(DIE)、创造性戏剧等方法。张金梅指出，作为教学媒介的“戏剧教学”既能满足教师有效教学的需要，又能最大限度地吸引儿童学习兴趣和探索欲望，使教师和儿童对教学都十分满意。而作为艺术形式的“剧场教育”(TIE)则“在关注儿童剧场艺术创造能力发展的同时，充分考虑到儿童的参与性、主动性和创造性”。

在中小学教育领域，马利文把戏剧教学法的作用概括为四个方面：把抽象思维与具体经验结合起来，帮助学生了解数学或科学上的抽象概念；帮助学生把学习到的片面知识转化为一个整体，有助于学生的全面发展；以故事为中心，有效地促进学生在品德情感方面的发展；为学生提供多元化的学习机会，使教学过程能够照顾到学生的个体差异。

2004年，黄爱华及其团队以杭州市大关小学和杭州外国语学校为主要对象开展了戏剧教育应用于普通中小学的模式探索，黄爱华把学校中的戏剧教育分为学科性戏剧教育、渗透性戏剧教育和活动性戏剧教育三个层面，并总结出了一整套我国中小学戏剧教育的实践模式。2007年，上海戏剧学院在其艺术(戏剧)教育专业开设了由李婴宁任教的《教育戏剧理论发展和实践》课程，标志着大陆教育体制内首个戏剧教育课程的出现。

在政策支持层面，2001年，我国教育部颁布《全日制义务教育国家艺术课程标准(实验稿)》，明确将戏剧纳入中小学艺术教育中来。随着我国基础教育课程改革的深入推进，许多学校开始围绕戏剧开发地方或校本课程，充分挖掘戏剧的育人功能。2008年初，教育部决定在一些学校进行试点，研究开展京剧进校园、进课堂活动。2015年9月，国务院发布《关于全面加强和改进学校美育工作的意见》，明确提出要用戏剧、影视等多种艺术形式加强学校美育工作，使戏剧正式成为学校美育课程的一部分。2017 年 7 月，中宣部、教育部、财政部、文化部联合发布《关于戏曲进校园的实施意见》，明确了戏曲进校园活动的时间安排、参与对象和主要形式，各级各类学校要贴近校园生活，充实艺术教育课堂，根据学生认知水平和心理特点，积极探索创新具有时代特征、校园特色和学生特点的戏曲教育形式。作为教育与戏剧的融合体，当下约定俗成的"教育戏剧"的概念本身在使用过程中存在着一些歧义和混乱的现象，但其仍迅速地进入教育工作者的视野。

2017 年，上海师范大学教育学院徐俊教授的《回望与反思：近 20 年大陆教育戏剧相关研究述评》对近二十年来的文献进行综合分析，认为相关研究大致分为以下六大类：第一大类是侧重于对教育戏剧进行引介和推广的研究，第二大类是侧重于对教育戏剧进行历史考察的研究，第三大类是侧重于对教育戏剧的概念或理念本身的研究，第四大类侧重于了解和总结大陆教育戏剧的现实情况与实际应用，第五大类侧重于对教育戏剧在大陆的未来发展进行建言，第六大类侧重于建构真正意义上的"教育戏剧理论"。当前第六大类相关方面的尝试较少。

综上所述，我们先是梳理了关于剧场空间的概念更迭和历史演进，从剧本到表演，再到剧场空间，剧场的概念在不断更新、开放，反映了人们对戏剧实质认识的廓清，凸显了剧场空间的地位与价值。我们还对戏剧教育的发展进行了追溯，戏剧教育理所当然吸收戏剧、教育以及社会表演学等学科营养，然而当前基础教育中戏剧教育虽然已经得到普遍的重视，但仍然存在精英化的倾向，戏剧教育的理念内涵、多重功能尚待开发和完善。教育中师生关系与戏剧中观演关系存在共通之处，剧场空间观演关系的转型给我们教育带来极大的启发，通过教师表演以及学生参与表演和活动状态的变革，可以促进新型教学关系的形成。在教育戏剧之后，剧场空间呼之欲出。剧场空间不仅是物质的存在，也是精神的存在，还是社会关系的载体，毫无疑问，剧场空间蕴含着丰富的育人价值，对于剧场空间能够承载、演绎的教育内容，需要教育人赋予它新的意涵。

第三节　剧场空间的教育隐喻

隐喻是人类认知世界的重要手段，由于人类的许多抽象概念都必须通过空间隐喻来构建，因此空间隐喻在人类的认知活动中具有不可或缺的作用。我们从剧场这一基本概念出发构建剧场空间的研究指向，探寻剧场空间的核心观念。

作为实体的剧场，既是表演发生的物理空间，也是人们行为实践的重要场域。演员按照剧本的内容，分别扮演不同的角色，观众同时在场观看，演员和观众在特定空间和规定情境中生成观演关系。我们将剧场空间的隐喻意义置于教育学语境，会发现剧场的所有基本元素都存在于教育之中。

人生之旅，就是从已知世界到未知世界的学习之旅。在这个旅程中，人与自我、与他人、与世界相遇，因此佐藤学认为所谓的学习就是跟客观世界的交往与对话、跟他人的交往与对话、跟自身的交往与对话。人们正是通过同新的世界对话、同新的他人对话、同新的自我对话，从而进行认知性实践、社会性实践、反思性实践，彰显生命表现，获得经验并超越经验，生成解决问题的能力。教育与戏剧的原型具有极大的相似性，二者都塑造人的生命表现，关乎人的生命成长。学习中的师生关系在一定意义上就是观演关系的互动呈现，通过剧场活动可以生动演绎人与自我、与他人、与世界的多维关系，因此剧场空间既是物理空间、具象空间，也是渗透着多重关系的交往空间，还是承载着人的生命存在、表现与生长的精神空间。

戏剧的实质是“角色当众表演”，把情节或技艺表现出来，把其中的各个细节或人物特性表现出来。戏剧是最质朴的艺术，主要是开发利用人的因素，并融合外在的画面、声音、动作、表情和内在情感的立体表现形式。表演是动作行为，在日常对表演的理解和使用中，人们会用表现、表达、扮演等词语来解释或替代表演，在这些语词中，“表现”值得关注，它突出了戏剧的在场性。

“表现”有两个含义：一是做动词，表示出来，显现出来；二是做名词，表示出来的行为、作风或言论等。与表演相比，“表现”应用面更广，许多人类行为都可以称之为一种“表现”。表现有各种不同的方式，人的喜怒哀乐，是自然性表现；建立交往的言语表现，是工具性表现；富有情感意象的表现，是艺术性表现；等等。所有的表现都是一种自我表现，是对其以身份和角色为核心的如情感、意志、思维方式和语言方式等构成要素的表现，因而也是一种直接建立在亲身体验基础上的行动，每个人都存在着这样的表现欲求。

剧场空间中的生命表现是生命在场的确认，是主体的实时参与，是信息及时的传达和反馈，其既是外显的特征，又是内在的积淀，具有以下基本特性。

1. 角色性

生命表现的主体是角色，是具体的人。动作、行为由角色发出，角色于舞台诞生，又在生活中呈现。舞台上的戏剧角色由演员扮演，演员必须亲自登场、身体力行，塑造直观的个性鲜明的艺术形象。演员的表现过程是根据戏剧情境、生活逻辑与自己对角色的想象进行的，具有一定的真实性和感染力。因着现实社会和戏剧舞台之间的内在联系，角色一词被引入社会学。人在生活中，总要担当一定的角色，生活角色扮演包括对角色规范的认知、对他人所扮演角色的认知、对自己所扮演角色的认知，每个人正是通过生活角色扮演，习得人的相应的行为能力，并能对这些能力进行理解和运用。角色的定位、转换以及期待等，是一个生动的、既可认识又可感知的教育过程，也就是说，人在世间的一切活动，就是以某种角色身份注入生命的活力、丰富生命的内涵、提升生命的质量，从而表现生命、实现价值。戏剧小舞台，人生大舞台，一个角色一旦诞生，就必然伴随着生命表现。通过剧场空间，培养儿童的表现意识，掌握角色孕育的环节和最佳时机，不仅以角色名义完成表现，也以良好的角色形象成就人生。

2. 体验性

体验在戏剧中是指演员塑造人物形象的一种手段，是以经验为基础的。演员在想象与体会中感知角色的生活，自然地融化在他所创作的人物中，并从角色的角度在规定情境中合乎逻辑地行动起来。戏剧模仿生活，其实生活也在模仿戏剧。情境中体验到的东西使得我们感到真实，并在大脑记忆中留下深刻印象。戏剧教育就是要设计逼真的场景，让人身临其境，感悟生命，并使人可以随时回想起曾经亲身感受过的生命历程，也因此对未来有所预感。在此过程中，体验还产生了一个重要的功能，即参与者的换位思考。通过扮演某个角色，参与者进入这个角色的世界，将自己代入角色的情感体验、思维方式，站在角色的立场上思考和处理问题，从而理解他人的感受体验和思考问题的方式，增强同理心和共情感。剧场空间倡导从感悟到表现的体验，体验的特征是从感官、感觉等感性的角度入手，通过切身的体认、体察和体会，达到一种来自主体的身心平衡和客体的角色认同。生命的存在，仅有个人的感悟是不够的，它还要有对这种感悟的表达，既要积累人生体验，又要将人生体验表达出来。人生活在社会中，要实现从自我到他我的体验，能身临其境地驾驭自我前行，能设身处地地换位思考，能对人际交往、现实社会做出积极判断，体验自己将要面对的现实，并采取相应的策略。这样的体验是对事的体验，更是对人的提升，人正是通过成事的体验获得精进与成长。

3. 关系性

人不是孤立的存在，人与人之间、人与事物之间、事物与事物之间有着千丝万缕的联系。关系是个动态的概念，戏剧往往将人物关系特意复杂化，然后从复杂化了的人物关系中，去制造故事和情节。戏剧中推动剧情向前发展，推动矛盾冲突爆发，改变人物命运的重要因素，很多时候都和人物关系有着紧密的联系。现实生活也是如此，人际关系是人的基本社会需求，但人处在关系中常常“不识庐山真面目”，而戏剧恰恰可以帮助人们发现关系的演绎推进，并从中获得启发和教益。人的存在是各种关系发生作用的结果，人际关系不仅可以助人自我了解，达到自我实践与肯定，还可以矫正某些偏颇。如传统的师生关系、教学关系，存在着师强生弱、学生主体缺失的状况，现代教学理念突出师生平等互动，更能激发学生的主体参与性、主观能动性。师生这一双边关系的突破，会带来课堂教学质态的改变，学生的参与性、创造力得到激发，教师的适时指导、有效指导得以体现，师生在适宜的时候轮流上阵、各显其责、各显其能，教学活动彰显活力。人与他人的关系建立在尊重的基础之上，健康、敞亮的人际关系有助于增强人的社会适应性，人的社会适应性是人成长的重要标志。

4. 协作性

戏剧是一种精美的艺术合作形式，通常是演员在特定场所呈现真实或想象事件的体验，演员的出色表演是离不开协作者的。戏剧不仅需要表演者自身努力，也需要导演、舞美、剧务等众多环节的密切配合,需要全体人员在不同的位置上各尽所能、与其他成员协调合作。戏剧教育的实施是群体性的活动,活动中有分工,就需要协作,即彼此相互配合,如何实现很好的协作也是戏剧教育的目标任务。协作需要同伴,社会心理学研究发现,人总是希望有人与自己进行交流,希望加入某一群体参与具体活动,并为之所接纳,从而获得归属感。学生成长过程中的同伴交往非常重要,这种同伴交往随儿童年龄增长而增加,成为儿童社会化进程中的一个重要途径。因为同龄的伙伴们面临着同样的问题,他们有着更多的共同语言。儿童还可以从同伴、集体对自己的反应中发现自己、认识自己,进而完善自己。因此,这一时期的同伴交往往往影响儿童一生的发展。剧场空间是实践协作能力培养的有效载体,有利于建立和谐关系,创设良好的人际氛围,个体通过积极参与集体活动,增强团结协作精神,每一位参与者都能在戏剧教育活动中取得或多或少的进步,人格在群体协作中得到滋养。

5. 生成性

生成,具有长成、形成、发展等意思,是一种即时创造、产生新质、促进发展的运动形态。生成的不确定性意味着可能出现人们预设下的现象,也可能出现人们不曾预设到的现象,戏剧教育指的是一种既有文本又有即兴冲动的教育展示与教学手段。前者主要是围绕现有剧本,开展舞台表演活动;后者是以即兴表演和戏剧游戏为主要教学手段开展教学活动和创作性戏剧活动。教学中根据课堂教学本身的进行状态引入戏剧活动而产生的动态教学过程,由教师和学生根据不同的教学情境自主构建教学活动,产生课堂新语境,让师生兴趣盎然地推进、完成教学。创造性戏剧旨在促进儿童教育,以“即兴的、非演出的、以过程为中心的”戏剧形式,在参与者的引导下运用游戏本能,共同想象、建构人们的生活体验。即兴表演,既有自发性又有自觉性,既有被动性又有主动性,既是短暂的又是久存的,它的主要功能不是扮演或模拟角色,而是设身处地地培养学生去适应情境变化的能力、解决问题的能力。它的未知性、探索性能够吸引人的在场参与,不仅激发学生对现场生成角色产生期待,而且对后续人格发展产生影响。

人是自身生命之旅的主体,学生的主体性就在于他们积极参与教育教学活动。教育教学不是教师要学生怎样学,而是营造适切的学习环境,提供丰富的学习资源和恰当的学习手段,由学生自己决定怎样学。剧场空间强调以学生的生命表现为中心,调动他们的主观能动性,鼓励他们积极参与,发挥他们的潜能,使其在活动中体验、学习和探究,在理解、表现和感悟中成长。

总之,生命表现既抽象又具体,蕴藏着丰富的生命内涵,突出了剧场空间的核心观念。生活就像一场人生大戏,每个人都须经历多幕剧场空间,每个人都在其中扮演着不同角色,在不同场合表现着自己。为了适应环境的变化,人们还需要不断地提高自我表现能力。学生的成长不仅仅在于外在事物的内在化,还在于内在能力的外显化,包括能力与本领的施展、特长与个性的彰显等。表演是媒介,也是思想方法。重生命表现的剧场空间关注儿童的发展、关注儿童的日常，由儿童的兴趣点和好奇处入手，提高其角色体验的主动参与度，激活儿童内在的发展需求，更多地指向儿童的角色体验与个性表达，成为促进学生身心发展的有效方式。

第四节　本书框架与主要内容

本书正是坚信剧场空间具有独特的育人价值，才尝试从剧场这个最基本的概念出发，融入多学科的研究视角，探索剧场空间教育的研究目标、研究内容与研究重点，试图开辟剧场空间教育的实践路径。剧场空间教育从课堂教学走向班级生活，从学校剧场走向社会剧场，打开儿童的生活场域，通过戏剧活动、学科教学、生活体验等，将剧场元素和方法融入儿童的日常生活，辅之以物质环境、师资团队保障条件，形成系列化的课程实施项目，以期儿童获得同理共情、知识技能、艺术素养，促进儿童多元发展，推动核心素养形成。

本书共六个篇章。第一、二章是剧场空间问题的提出，主要进行剧场空间价值、学理、特征和可能性方面的理论研究。第三、四、五、六章从实践层面进行剧场空间教育路径探讨，力求实现理论向实践的转化与应用，为素质教育的有效实施开辟路径、创造样态。

第一章回答了为什么提出剧场空间这个概念，剧场是戏剧的特定表现场所，戏剧是离人最近的艺术，剧场空间是以戏剧与教育共通的人性表现为基础的，提出在场性是剧场空间最主要的特征之一，从而确立人的主体地位，在共时性之下认识人与自我、人与他人、人与世界的多重关系。剧场空间是儿童感知生活、理解生活、体验生活的重要场域，也杂糅了文学、美术、表演、音乐、舞蹈等多种艺术手段，剧场空间在儿童发展综合领域的功能理应得到充分的认识。

第二章探讨了剧场空间与儿童成长问题。剧场空间的综合性、多元性引发了我们对于剧场空间育人功能的发掘，特别是发展价值和教学价值无疑能够打开人们的教育视野。剧场空间将人置于关系当中，从观演关系到师生关系，再到人的多角色存在和多向度交往，还原了人的生活场域，拓展综合融通的育人路径。儿童是天生的游戏者、表现者，他们的表现欲求蕴含着他们对自然与社会的无限好奇，每个孩子皆有出彩的可能。剧场空间是以学习者为中心，通过体验认知的一个开放性的生命系统，儿童从中能够获得关于知识、技能、情感、态度、价值观等多方面的能力。

第三章主要讲开发儿童戏剧活动，推动素质教育实施。戏剧作为凭借舞台表演的直观性艺术，具有全面育人的艺术审美功能。戏剧活动正是通过演出、观赏的过程，营造出一个超越现实的、体现着人性之美的世界，带给学生对美好世界的向往与追求，使观众获得审美体验，达到人与世界的和谐交融。

我们根据小学年龄段特点，将一般意义上散点的戏剧活动进行课程化设计与改造，使其成为具有主题性、序列性和综合性的戏剧领域活动，包括绘本戏剧、读者剧场和戏剧创演等戏剧阶梯项目。绘本戏剧适切低年龄段儿童，绘本内容的再现和表演有助于儿童在创意性的发挥中丰富想象力。读者剧场突出主要的观演关系，直接以手持剧本口述、朗读的方式进行，观众以想象的场景，通过聆听朗读者的诵读、观看朗读者的表情及简单的肢体动作来欣赏剧本，是一种便捷、易于操作的戏剧形式。在具有一定的戏剧活动的基础上，学生可以开展戏剧创演活动，主要有课本剧、儿童剧和想象性戏剧几种形式，由于其具有一定难度，可以组织学生以社团的方式开展活动。

第四章介绍了学科教学中剧场方法的有机融入。课堂教学的本质就是一种师生双方共同参与的剧场活动，教学中要积极变革教学组织形式，改变以讲授为主的教学方式，创设多元互动情境化的场景，加强课堂中的活动设计，将剧场元素和剧场方法应用到教学活动中，让儿童用整个身体在“做”中学，让学生在轻松、愉悦、积极的环境下学习，开展积极的思维和情感活动，加深理解、体验和表现，突出自主、探究、体验、合作的学习方式。

就剧场元素和方法应用于教学活动而言，归纳起来有暖身活动、讲故事、定格呈现、角色扮演、四格漫画、思路追踪、坐针毡、物件灵感等二十多种方法，这些将改变以往的知识传递方式，尝试在自我表现的情境中达到认识、理解与内化。融入剧场方法的教学，是从“人”的学习方式与知识表达形式的变革去实现课堂教学的变革，强化师生教学活动的情境性，以达到教育对人的适应性与开放性的要求。在学科教学中融入剧场元素顺应了当前教育变革的实践逻辑，改变了单一路径达到教学目标的做法，改变了当前存在的“学科本位”和“知识本位”现象，真正实现以人为本、尊重人性的教育，培育个人终身发展和社会发展都需要的、不可或缺的共同素养。

第五章将班队生活当作最日常和最基础性的学校教育活动的独特构成，正视儿童角色丛的存在，充分发掘生活剧场的育人价值。儿童，不仅仅是课堂上学习知识之人，还是广泛意义上的学习生存之人。儿童期是人之德行与社会性发展的启蒙阶段，教育活动必须基于他们身心发展的现实生活。班队生活包括班级建设、德育活动等，如果说传统意义上的课堂关系到分数高不高的问题，那么班队生活则直接关系到学生活得好不好。对学生班队生活的关注、研究和重建，是学生健康发展的要义所在，也是学校德育工作落地生根的有效路径。

儿童也以角色丛存在，作为在校学习者，儿童有校园学生的角色；在家庭不同成员面前，儿童是需要监护的未成年子女；同时，作为未来社会的角色，将来又要有公民责任担当。学校教育要积极构建学生同客观世界、同他人、同自我的生活剧场，并采取适切儿童的方式，帮助他们解决现实乃至未来生活中的问题，为他们今后人格的和谐发展与完善奠定基础。主要策略是通过长线规划小学六年的角色生活课程，让儿童在小学阶段获得校园学生角色、家庭亲情角色、社会职业角色等多样化的角色体验。如在班级层面，就可设置五个大类二十多个小岗位，让学生人人有实践机会；在校级层面，建设校园节日生活，加强多种空间体验，多维度、多层面提升学生综合素养。

第六章关注教师发展，教师的职业本质上是为每个孩子创造出场的空间和可能，让每个孩子有人生出彩的机会和能力，进而使生命更加光彩。长期以来，人们对于教师这一角色有着传统的认知，重敬业、轻专业、少生命，提升了教师的崇高形象，但忽略了教师的品质生活及其持续的专业发展和职业生命。教师的职业生活与个人生活无法彼此分离，教师只有以完整、健康的人格力量投入教育教学活动，才能对学生身心发展产生真实和具有长远意义的影响。对教师角色的重新发现，更多是为了驱动教师精神层面的内生力，形成专业发展自觉。

实践是教师专业发展的沃野，现代教师的专业成长只有在多样态的教育实践中才能完成。我们可以从教师日常教学、交往建构、团队研究、自我研修的工作“场景”来探讨教师角色成长，让教师在自身所熟悉的领域中确认专业发展主体地位，体验、享受专业成长的过程和成果。还可以将教育现场典型化，将真实的教育场景加工、改造为特定剧场，以情境活动为载体，通过剧场化重构，引导教师“做中学”，培养教师的教育教学行为，从而在解决问题、完成任务中提升专业能力。

我们认为，本书框架在逻辑学和教育学上较为可行，既符合人们关于教育教学的一般认知，也能兼容我国当前基础教育改革的话语体系，能够为广大中小学校长和教师所理解与接受。以人为本的终极目标，就是人性的发展和完善。剧场空间教育论为我们理解和认识人的全面发展提供了全新视角和理论工具。剧场空间基于学校整体发展的系统性，从课堂教学走向班级生活，从学校剧场走向社会剧场，实现不同维度、不同层面的综合融通，让学生在境遇和表现中获得对生命的领悟和成长。

第二章　剧场空间与儿童成长

剧场空间凸现了人的生活场域，将人置于关系当中，活化了人的多角色存在和多向度交往，能够拓展综合融通的育人路径。儿童是天生的游戏者、表现者，他们的表现欲求蕴含着他们对世界的无限好奇、对自然与社会的探索以及对自身力量的尝试。剧场空间是以学习者为中心，通过体验认知与在场表现，构建一个开放性的生命生成系统，儿童从中可以获得更多的尝试、实践机会，获得关于知识、技能、情感、态度、价值观等多方面的能力，从而有利于形成能够适应终身发展和社会发展需要的必备品格与关键能力。

第一节　剧场空间的价值内涵

人是社会发展的主体，人的发展既包括个体的一生历程，又涉及躯体、大脑、思维、想象、情绪等多个领域，是不断发展变化的个体。有人认为，没有地点，人物仅仅是抽象概念。人不是孤立存在的，而是存在于社会关系中的。戏剧是人类文明发展历程中一门独具魅力的艺术，剧场空间的综合性、多元性引起了人们的重视，推动着人们对于剧场空间育人功能的发掘。从戏剧特性以及人们的空间存在看，剧场空间主要有四大价值：审美价值、发展价值、教学价值、治疗价值。

一、审美价值

审美是人类理解世界的一种特殊形式，美的事物一般都能通过人们的感官而引起美感愉悦。世界上存在着许多的东西，需要我们去发现和取舍，找到适合我们需要的那部分，即美的事物。审美是人认识、理解、感知和评判世界，是人与世界形成的一种形象的、情感的及无功利的关系状态。戏剧作为一种凭借舞台表演的直观性艺术，最容易给观众以直接感受，具有强烈的艺术感染力。剧场空间的生命力来自于它的艺术张力与展演方式，舞台、道具、灯光、音响，以及演员的形体动作均在传达人们情感、情意的复杂性方面使境界升华。剧场空间的综合性可以使人们从多方面感知其魅力，这就是其特有的艺术审美功能。

戏剧艺术源于生活而高于生活，优秀的舞台戏剧作品都是真善美的高度融合，都是内容与形式的和谐统一。在表现主题上,这些作品体现追求真、善、美的永恒价值,歌颂人间至情,张扬社会理性,其最高境界就是让人动心,通过生动的舞台表现,勾起欣赏者的感情,使观众和艺术家在心灵上产生共鸣,让人们的灵魂经受洗礼,建立起一种正确的人生观和符合社会发展规律的价值体系。戏剧作品都是在特定的剧场空间中,使得观赏者在观看、鉴赏、评论中感知社会存在,从而对自我存在价值、生活真谛,甚至生命本真做出深层次的思考。审美体验是一种心理过程,是设身处地地体会审美对象的心情。剧场空间正是通过演出、观赏的过程,引导观者产生遐想并回味于剧场时空之中,带给人们一个立体的、可以延展的真实体验。剧场空间的审美导向作用,在艺术形象感染力的发挥中得到了极为充分的体现。空间的变化实际上是指戏剧整体情境的变化,随着戏剧内容的不断改变,戏剧情境也在引导着观众一步步走向更深层次的内容,影响着人们的情感体验,甚至对社会生活的各个方面产生作用和影响。剧场空间所具有的审美功能始终建立在人最本质的空间感受基础之上,通过营造出一个超越于现实的、体现着人性之美的世界,带给观众对美好世界的向往与追求,使观众获得审美体验,达到人与世界的和谐交融。

二、发展价值

人的全面和谐发展,是一个综合的概念,包括各项能力的提高。全面发展即为对人的各个方面进行发展,包括需求、素质、能力、思维、情感、交往能力等,学校教育的重点就是全面培养学生,促使其全面和谐发展。戏剧作为儿童发展的手段日渐被教育者所关注,有学者对创造性戏剧的儿童发展价值进行了总结,具体包括创造性、敏感性、流畅性、灵活性、想象力、情绪稳定性、社会合作能力、道德态度、身体平衡协调能力以及交流能力等。剧场空间对于人的全面发展具有特殊的价值,对于培养学生的全面素养,是一个独特的载体。

学生处于青少年时期,具有活泼好动的特点,要较好地实现其全面发展,需要从多个方面进行培养。戏剧教育承载的内涵丰富,将其应用于学生的全面和谐发展教育中,可以从各个方面影响到学生,教育者需要正确引导,用其正面的影响促进学生全面发展。

在如何正确使用语言方面,剧场空间可以给儿童丰富而立体的语境,可以培养儿童准确地使用语言来表达情感。通过儿童积极参与故事的发展,体会角色的语言情境,促进儿童不断地去巩固习得的语言。在儿童集体剧场活动中,儿童之间互相学习,发挥不同的语言交流模式,可以极大地扩充语言的丰富性。戏剧活动中对儿童语言情绪、表情、交流意识的要求,还可以提升儿童对语言的敏感性,儿童由于调整了自己的语音语调、表情肢体,并同时结合了人物的内心,这就促进了儿童准确地使用语言来表情达意。

剧场的开放性,需要调动并且选择生活中的经验来展现,这样的展现过程对于儿童的思维具有极大的开放度,可以使儿童的想象力和创造力得以提升。舞台时空的假定性也需要演员发挥想象力，戏剧可以锻炼和培养儿童的想象力。作为一种综合艺术，人们还会从多方面、多角度、多侧面地去感知戏剧的各种艺术元素，获得全面、深刻的认知感受，并在此基础上，调动心理、情感、生命活动以及各种潜能的发挥，获得综合能力的发展和提升。在剧场空间，儿童能够在参与唱、演、奏、跳、即兴等过程中全方位参与戏剧艺术活动。剧场空间中虚拟场景的实践锻炼，建构故事中的角色扮演，以及创设情境中的情感体验，能有效地促进学生认知、行为、情感的统一与协调发展，习得解决问题的能力。儿童参与戏剧活动，还有利于促进其主体意识的形成，开发其创造力，促进个体价值的实现。

人的审美情趣、健全人格、探究思维、沟通互动等各个指向，与戏剧学习的各个元素高度契合，对应专注、直觉、想象、外表自我、说话、情绪、智能等诸多方面。因此，戏剧的学习应用，是个人成长的重要途径。教育名家李希贵在谈到戏剧时认为，在北京十一学校的课程改革中对学生震撼最大、影响最大的可能就是戏剧课，他表示世界上教育比较发达的国家都重视戏剧课。戏剧的确可以提高学习者在个人行为、想象、语言、思考、合群、心理、意志等方面的能力，剧场空间对儿童成长会产生十分重要的意义和影响。

三、教学价值

任何一种交往活动，都可能潜在包含着戏剧的要素。教学和戏剧有一种隐喻关系，教师与演员的工作有类似之处，传统意义上的教学，教师只是一个预先设计好的知识传授的表演者，教室也只是一个预先设计好的舞台或场景，一切是按照事先计划的流程而不是学生的即刻需求进行。剧场空间中新型的观演关系，给教育带来深刻的启示。戏剧与教学的共同点不仅在这里被发现，而且要识别、改进这个共同点中的错误部分，完成这个共同点中可发展的部分，即通过教师表演状态的改革，以及学生参与活动的状态，形成一种新型的教学关系。在课堂教学中我们可以找到关于戏剧的那些要素，课堂教学环境就构成了独特的剧场环境。课堂教学的本质就是一种师生双方共同参与的剧场活动，剧场空间可以借鉴在教育教学活动中，让学生获得真正意义上的主体地位。在以教学环境为核心的课堂剧场中，师生以各自角色现场互动、演绎，学生主动、健康发展的目标得以实现。

随着时代的不断发展，人们越来越清晰地明确戏剧的目的，其最主要的应当是为观众进行服务，戏剧在表演过程中对观众要具备一定的影响，起到推动的作用。教学过程不应是教师单向的传道、授业、解惑的过程，也应该高度重视学生的主体性、能动性。教学的展现力也不仅仅只是依托文字语言进行表达，还可以辅以形体语言进行阐述，从而增强教学内容的表现力。根据教学内容及课堂教学的需要，改变以讲授为主的教学方式，可将戏剧方法和戏剧元素应用到教学活动中，创设多元互动情境化的场景，让儿童用整个身体在“做”中学。就戏剧与剧场技巧应用于教学活动中的常见方法而言，可以有即兴创作、教师入戏、暖身活动、讲故事、定格呈现、角色扮演、访谈、时空转换、坐针毡等等。无论是情境教学，还是角色扮演；无论是即兴表演，还是故事演讲，一切教学活动都要以学生为本，让学生在课堂教学中"活"起来、动起来，让学生自己去尝试体验，让学习真正地发生。戏剧引入教学，突出剧场空间，教师在课堂内运用戏剧与剧场之技巧，引导学生发挥想象、表达思想。在实操过程中，以建构式的教学模式进行学习，让学生能够通过自己的努力品尝成功的喜悦。戏剧化教学在认知成长的理论基础上，就是全人发展的教学，亦是掌握了阶段教学的特性，不同年龄、不同阶段皆给予适当的教学内容，以期达到理想的能力指标。

四、治疗价值

剧场空间可以提供安全的体验，它可以让人在假设的戏剧情境中反复体验，从而避免真实错误导致的各种消极影响，对于演出者和观看者可以有程度不同的净化、宣泄和治疗作用。越来越多的戏剧教育工作者认识到戏剧治疗对人身心健康发展的促进作用，在人们遭受了生理疾病、危机事件，感到生活无助、迷茫和希望促进个人成长时，戏剧治疗师可以利用剧场空间，针对性地对当事人进行治疗，从而改善当事人的身心状况。

当代戏剧治疗中，一般由戏剧治疗师根据患者的不同情况，运用戏剧排演手段来改善其心理问题，可以运用戏剧游戏、角色扮演、即兴表演、哑剧等方式，帮助人们缓解压力、调节情绪、改善身心健康状况，提高个人福祉。无论喜怒哀乐，还是苦闷彷徨，都可以与戏剧中的故事情节、特定场景相交流，从而获得一定的情绪释放，这是对人类生存状态的一种缓释、净化和调节，是人们面对纷繁现实能拥有一份健康心理的有效途径。美国"9・11恐怖袭击事件"发生后，纽约大学的教育戏剧与应用心理学专家罗伯特・兰迪(Robert Landy)教授为世贸大厦附近学校的小学生组织了一项特别的戏剧活动，以减轻这些孩子和当地居民因恐怖袭击带来的心灵与情感伤害。

社会工作从戏剧理论和舞台表演艺术中汲取营养，在服务中探索戏剧疗法的运用。一方面，社会工作可以通过双人剧模式、团体剧模式和社区剧场模式，为不同层次的服务对象提供针对性服务；另一方面，社会工作需要通过戏剧疗法暖身、聚焦、角色扮演、去除角色、戏剧性仪式的程序来激发服务对象的心理复原机制，以此帮助服务对象宣泄情绪、净化心灵、提高认知、改变行为，促进其成长。在实践运用过程中，社会工作者不仅要提高自身的观察力、想象力、感受力、共情力和应变力，还要把握好分寸感、幽默感、信念感、节奏感、形象感和真实感，更要敏锐感知到戏剧疗法运用的适用群体、专业标准、技术保障以及负面效果。需要指出的是，戏剧治疗一般由专业人员主导，本书暂不论及其在基础教育领域的应用。即使抛开戏剧治疗这个专业领域不谈，参加一般的戏剧活动，尤其是那些功利性较弱的非营利性戏剧活动，都会不同程度地有益于身心的健康。

从康德开始，哲学转向对主体的研究，主体如何被塑造？究竟何为"人"？哲学家们越来越看重主体——人的地位，伴随强调主体性的兴起，与主体有关的行为都成了研究对象。剧场空间的重要意义在于，它能解放人，调动参与的人积极在场。同时戏剧是一个能调动人的多重感觉器官的工具，剧场空间具有综合育人价值，它对学生的人格、品质、认知、社交、情绪和身体的发展产生深远的积极影响，有着广阔的应用前景。

第二节　剧场空间的学理寻绎

人的世界是关系的世界，剧场空间承载着人和自己的关系、人和他人的关系、人和环境的关系。人们对关系的感悟和实践，不仅是人安身立命的成长要求，也是人们向往真善美的需求释放。通过剧场空间，通过人们对自我角色的体验和把握，以及空间氛围的影响，人们可以将那种朦胧、非理性的体验上升为清晰的、理性的领悟。剧场空间就是这种需求释放的有效载体，人们参与其中能够完成自我重塑、彰显角色活力。剧场空间，不仅有重要的理念，还吸收了戏剧、教育以及社会学等合理内涵，初步形成富有逻辑关系的学理基础。

一、当代观演关系的重构，催生剧场空间的立论基础

观演关系是戏剧最基本的一对关系。观演是一种集体性文化仪式，最古老和最现代的戏剧演出都是从集结人群开始的。最原始的戏剧也许是观演合一状态的祭祀形式，之后人群逐渐分化演变成演出人员和观看人员。到了现代戏剧，又有人尝试将观众拉进演出当中，重现戏剧最古老的仪式梦想。

戏剧的本质就是演员当众表演，观演关系存在于剧场空间。传统的戏剧一般都由精彩的故事贯穿演出，但随着现代戏剧和后现代戏剧的发展，观众的地位越来越重要，戏剧的时空特点进一步凸显出来，有些编导对故事的文本诉求和情节设计的注意力有所弱化，对概念的舞台叙事和理性思考的注意力有所强化，戏剧回到它的初衷，在充满仪式感的剧场空间中，氛围是凝聚的、集中的，戏剧效果非同寻常。

在剧场空间里，观演关系包含几个层面的关系：观众与演员、演员与演员、观众与观众。这三个层面的关系形成互动关联，观众不仅是戏剧演出的观赏者，同时也是戏剧演出的参与者，因为戏剧演出的效果是在剧场空间的交流互动中实现的。观演空间观念的转变，使得观众与演员之间有了更加广泛的合作，观众与演员之间的"第四堵墙"渐渐隐去，戏剧不仅追求观众精神上的共鸣，而且以开放的态度允许观众身体上的参与，从而追求更高程度上的心理和审美的观演关系的融合。因此，阿尔托对于剧场空间如此认识："我们取消舞台及剧场大厅，而代之以一个唯一的场所，没有隔板，没有任何栅栏，它就是剧情发展的地方。在观众和演出、演员和观众之间将建立直接交流，因为观众

位于演出中心，被演出所包围、所渗透。”

随着观演关系的改变，当代剧场不断在寻找的便是剧场空间的创造性。后戏剧剧场在剧场空间当中主要强调的是各种视觉和听觉的意象，一切十分自由，没有什么是可以或不可以的。美国戏剧家谢克纳强调与环境的结合，他从对空间的切入展开其思考和体验，他的空间处理主要基于两个方面：与观众的关系、与环境的关系。他非常强调观众不是戏剧的旁观者，而是参与者；所有空间都为表演所用，既是表演区域，又是观赏区域。通过观众的参与，表演和观众本身成了主要的布景组成部分，而人又是在这样的空间里演绎社会关系的。

人是一种社会性动物，沟通交流是人存在的重要条件。人不可能完全不跟他人发生任何互动，社会实际上是先于个体而存在的。戏剧在某种程度上不啻是一种现代的“宗教仪式”，在仪式中正如在剧场里一样，一个社团会直接体验到其内在的一致性，并通过仪式再次肯定其本身。钟摆共振实验显示，数十个钟摆的摆动幅度与方向均不同，但经过几分钟后振动频率便保持一致，共振产生如此明显的影响。剧场空间不仅能为观众提供精神境界的集体体验，而且能够引导他们想到他们的行为准则，并形成他们共处的社会法则。这种体验、共感在剧场空间里发生，带有极大的鼓舞性和感召力，不仅可以创造一种群体精神体验的情境，而且可以通过营造这种情境，让他们反思自己的精神世界和思想行为，让他们更好地发现自己。随着时代的进步、科技的发展、城市文明的推进，人类的集体化活动和体验日益减少，剧场空间中的集体性体验和表现功能就更加显现出来。

二、教学主体关系的明晰，带来课堂变革的关键转向

学生是学习的主体，但不是教学的唯一主体，因为学习不等同于教学。叶澜教授认为，课堂教学构成的基本要素从静态的角度看，不可或缺的是教师、学生和教学内容，无论是人类历史上相对原始的时期，还是今日社会与科学技术相对发达的阶段，哪怕是在未来更发达的时代，只要称之为课堂教学的活动还存在，就不可能没有这三个要素。教学作为人的实践活动，教师之教与学生之学的内在关系的性质，也是关于教学特殊性更深层次的认识，是教学论领域与学校实践从过去到今天一直纷争不息的难题。

叶澜在其著作《教育学原理》一书中指出：“教育起源于人类的交往活动，而不是生产劳动，尽管人类社会最初的交往活动大量是在劳动中进行的，但我们依然不取生产劳动为教育的形态起源。”因为教育关系是人与人之间的关系，而劳动中的关系是人与物之间的关系，所以，教育的形态只能是起源于人与人之间的交往。叶澜老师意识到对教育性质认识的一个重要转折，是要以交往为参照框架，去认识教育中的“人—人”关系。

教育实践中的人，既指学生，也指教师，教师与学生是教育教学活动的复合主体，双方在各自承担的不同活动中又互为主客体。教学由教师的教与学生的学两类活动结合

组成，教学活动是师生在课堂上的共同生活，师生双方在教学中具有主动性和创造性，我们要在课堂教学的共时性之下，认识师生活动关系的交互生成，研究教学活动展开的过程逻辑。

将教师与学生作为复合主体的“我和你”放在课堂故事情节中，我们或许可以通过教师的教与学生的学两类活动的交织推进，来进一步认识教学过程中师生活动关系的内在不可分割性、相互规定性和交互生成性。根据教学过程的基本逻辑，将课堂的开始转化为戏剧的“序幕”；在教学过程中，则要把各幕中的“情节点”内容选取出来，成为可供学生参与探索深化的“场景”，学生在学习上升过程中有新的思考和发现，直至推进到解决问题的高潮部分；最后，也能将“收场”转为深入理解与满足认知的回馈、分享与复习。

在此过程中，学生是学习的主体，教师是推进课堂故事展开的关键人物，在指导学生参与学习的过程中，从学习的开始，将学生的情绪、认知等融入情境中，逐步地迈向学习挑战，直至解决问题，让学生在此过程中形成相应的知识结构。冲突是戏剧的本质，冲突使人产生解决与探究的冲动，就学习过程而言，课堂故事包含着这样的冲突，学生通过亲身体验获得个人在身体、情绪、知识上参与的所得，既包括人的感官体验，又包括人的认知体验。学生通过经验构筑和反思再总结提升为学习成果，并拥有一个生动有趣的学习历程。

以课堂剧场来作课堂教学结构分析，可以在教与学关系的主次、本末、先后等以往缠绕不清的问题认识上有所突破，师生“我和你”在课堂推进的不同阶段有不同的作为，进退有度，各有侧重，互生共长。也可以匡正教学中存在的以教师传授为主、置学生于被动接受和听讲的传统，如果课堂中学生自主研习分量不足、师生满堂对话，那么学生的主体性就会被隐性剥夺，只有各个时间段师生各有担纲，课堂才能走出教师一导到底的弊病。教学生活是师生共同创造的，课堂剧场中的“我和你”具有相互作用，拥有课堂剧情和演绎空间才能使学生尽情生长。

三、社会交往关系的探究，拓展综合融通的育人空间

人是社会的产物，社会性是人的本质属性，人的生命成长过程要经历由“自然人”到“社会人”的转化，这是社会交往的基础。人是社会生活中的角色，20 世纪 30 年代美国社会学家米德将角色概念引进社会心理学研究。角色原指戏剧舞台中的人物，是演员按照剧本的规定，在舞台上所扮演的某一特定人物。人生如戏，人们渐渐发现戏剧舞台和现实社会之间有着极大的相似性，舞台上演出的戏剧往往就是人类现实社会的映射与写照，舞台与现实之间是有内在联系的。米德一开始并没有给角色下一个明确的定义，只是用作一种比喻，以说明不同的人在类似情境中表现出类似行为的这种现象。人类学家林顿认为角色概念是用作构造其关于社会结构、社会组织理论体系的基石，当个体根据他在社会中所处的地位实现自己的权利和义务时，他就扮演着相应的角色。社

会是由各种各样的关系组成的网络，是由特定环境下共同生活的人群构成，每个个体在这个系统中都在扮演着自己的角色。

每个人在社会生活中拥有多重社会地位，需要充当多种角色。美国社会学家默顿于 1957 年提出“角色丛”概念，是指多种角色集中于一个人身上的现象。因此，社会生活中的每个人都是角色的复合体，即角色丛。“人生是一场表演，社会是一个舞台”，社会学家欧文・戈夫曼的“拟剧理论”认为人们在社会生活中以不同的角色、在不同的场次进行表演。戈夫曼在他 1959 年出版的《日常生活中的自我呈现》中开始了戏剧透视法的符号互动论研究，戈夫曼说生活犹如剧场，但是我们仍需要停下来并有一个装扮的空间：在面对面的符号互动后面有一个更大的背景。

现实生活中，角色就成为一个个具体的人、复现的人，人通过各种情境下的角色表演，得以认识人的社会期望和行为准则，担当相应的社会责任和社会义务。在传统的教育语境里，往往突出儿童单一的学习者角色，忽视了儿童同客观世界、同他人、同自我的交往与对话，忽视儿童作为未来社会人的多重角色成长，导致角色人格缺失。当下人们生活中的冲突和对立很大程度上来源于缺乏角色同理、共情，不能很好地认识与理解他人，也不能在认识与学习他人中修正与完善自身。儿童的社会性源于他们对生活的认识、体验和感悟，儿童的现实生活情境对其健康人格和社会性发展具有独特的价值。从个体发展来看，早期的儿童发展犹如生命大厦的奠基阶段，儿童早期的生活情境、空间具有很强的现实意义和育人价值，这应引起教育工作者更多的关注。

在社会这个大剧场中，每个人既是演员又是观众，互为存在，相应的角色行为规范也是彼此契合、相辅相成的。每个人作为社会人的需求远远超过了作为自然人的需求，人被置于生活所展开的现实世界，在同客观世界、同他人、同自我的交往与对话中，获得个体社会适应性以及改造生活的能力，人们在历经的不同情景下的多种角色中实现着个体的生命成长。

第三节 剧场空间的体验认知

认知科学告诉我们，人的认知存在于大脑，大脑存在于身体，身体存在于环境，认知、身体和环境构成了动态的统一体，也形成了人与自我、人与环境的互动系统。人在空间环境中才能行动、表现，学习者要想真正掌握知识，只有通过体验认知、通过参与生活情境中的活动才能达到，人正是通过与周围世界的互动体验感知事物、形成概念、解决问题的。

一、脑科学为体验认知提供了重要支持

当前脑科学中最有意义的是对认知活动的研究，这一研究将弄清人脑是如何学习

的。脑科学研究告诉我们，大脑是好奇的，每个人都是天生的学习者。大脑里存在一种镜像神经元，像镜子一样，能把看到的事物存储下来并记忆。人既然是好奇的，那么他就会去探索、去积极主动地学习。脑保存信息的最好方式，就是立即运用这些信息，把它传授给别人。脑是“社交脑”，它需要交流，不喜欢寂寞。人只有在交往过程中才能完成意义的建构。因此，小组讨论、合作学习等体验性活动都有利于脑的学习，也是参与式学习方式。

知识是通过整体的理解和宏观的概念去组织的，脑认知事物要在它原有的经验中搜寻，如果大脑里原来就有相关知识的基础，那么它就认为学习可以完成意义建构。现在，脑科学家认为所有新知识的学习必须依赖于先前的知识，否则就不会有真正的学习发生。学习环境影响学习情绪，人脑的一种神经递质——多巴胺与情绪情感密切相关，环境、情绪不安全，脑就不认知、不学习，因此，应该让孩子处于一种宽松的氛围中。

从脑科学的角度来说，在人类所有的感官认知里，最强大的就是视觉认知，在教学中整合视觉和表演艺术能够增强知识信息的保持，也就是说身临其境、耳濡目染的学习效果更好。运动和艺术对脑也很重要，体育锻炼特别是有氧锻炼，对大脑的发育、学习和记忆价值非凡，学生学习二十分钟后最好能走一走，或者站起来开展活动等。艺术与低焦虑、低抑郁存在着高度相关，有艺术和体育爱好的人通常对生活有更好的体验和感受。

脑科学研究还表明，大脑有效学习要求神经活动具有一致性，老师和学生的脑活动同步利于学习效果。也就是说，学习过程中师生、生生脑活动同步性越强，学生在学习中参与度越高，师生关系越好，学生的学习效果越好。对脑的了解正在迅速地改变我们的教育观念，及时吸收和运用脑科学研究成果将有效提升教学效果。

二、具身认知的兴起突出了身体在场及环境影响

认知本质上是一种行动，是一种面向情境解决问题的实践活动形式。身体在人的认知过程中扮演什么角色？人究竟是怎样学习的？近年来，具身认知的兴起提供了新的认知观，即认知具有具身性，认知不仅仅是大脑的，更是受到身体及其所处环境的影响，身体及环境通过感觉运动通道参与认知的形成和加工。

具身认知理论是当代西方哲学的研究新进展之一，其概念的提出缘于哲学层面对笛卡儿身心二元论的质疑和批判。笛卡儿的身心二元论是西方哲学中的一种重要思想，西方的身体概念在笛卡儿主义的影响下出现了人与自身身体的分离、人与他人的分离、人与宇宙的分离的说法。具有认知作为第二代认知科学的认知观，因其与现实社会的联结，将认知科学带出实验室，对人类学习具有重要意义和深远影响。具身认知对于身体的强调和回归，是将身体看作学习和获取知识的路径与资源，强调身体及其感觉运动系统参与认知的建构过程，身体体验、身体活动方式以及身体结构都会影响我们对事物的感知和对周围环境的认识。

具身认知理论的核心思想是身体状态改变认知状态，身体状态在认知过程中发挥作用。哪些是人的身体状态呢？人的身体状态包括各种相对独立的身体感觉通道，如触觉、温度感知、气味、颜色知觉、手部动作、头部动作等，与身体相关的整体感知，如姿势、体感、空间感知、面部表情等。身体是人体验世界的方式，所有的经验都是具身的体验。身体也超越了自身的边界，扩展到能理解和感受他人的身体。具身认知哲学的出现为人们带来了教学改革视角的转换，教和学是基于身体的，教学的关注点由以前“脖颈”之上的大脑运行转向身体的全面参与。身体通过各种感官来收集信息，除了耳听眼观，还包括触摸、品尝、嗅闻和移动等。各种情绪不仅联结起身体和心智，还凸显身体体验的情感维度。具身学习意味着身体力行，付诸实际行动，要求带着问题、通过行为实践获得真实的体验和感受。

具身是一个过程，是经验和体验，其根植于生活场域之中。身体是我们空间概念的出发点，最初始的方位是以人自己的身体为参照、为中心的，如前后、左右、上下等，人以身体规定的方位概念既表示了人自身的空间关系，也表示了万物间的空间关系。从某种意义上说，世界意义的产生本质上是身体的延伸，是人与自身、与他人、与世界关系的建构。具身认知理论认为身体不是孤立的，它是存在于空间中的身体，是与外在环境相联系的身体，人的认知活动并非只是大脑中的信息加工过程，而是形成于一个丰富多变的真实世界的情境之中。如果离开具体情境，就无法达成对事物的准确理解。学习的过程也是通过教育情境中自身和周围环境的互动来产生身体经验和情感的，从而形成新的认知、思维和行为方式。

三、体验认知的具身通道和实现方式

人的认知取决于多种和身体相关的感觉经验，体验即身体经验，强调身体经历能够形成和加深认识。因此，在剧场空间的实践逻辑中，人的认知体验可以通过感官体验、运动体验、情绪体验、精神体验等具身通道予以实现。人在特定环境下的体验，改造着人的感官和人本身，也创造着人与人之间的各种联系，促进人的生命成长。

1. 感官体验

感官体验是指身体通过各种感官来收集信息，这是具身学习的生理属性，主要有：眼睛视觉、耳朵听觉、鼻子嗅觉、舌头味觉、身体各个部位的触觉。人体的五大感官感受外界事物刺激，为人的学习、生活、工作提供了很多可能和便利。除了眼观、耳听、嗅闻、品尝、触摸，还有其他的感觉系统在发挥着作用，比如保持身体的平衡，饥饿的感觉等多种感觉系统，如移动是指通过身体及其感觉运动系统来预测方位及空间，与身体相关的整体感知有姿势、体感、空间感知、面部表情等。

2. 运动体验

身体运动是指对肢体的技巧控制，能运用整个身体来表达思想和情感，巧妙地操作物体和调整身体机能，从而使力量、平衡、协调、敏捷、弹性和速度等达成不同的组合，使一个人能有效控制自己的运动，如:跑、跳、投、攀、爬等。多元的活动对发展肢体动觉智能来说显得很重要，人们通过肢体运动和接触进行学习的效果最佳，在运动的过程中还可以培养必备素质，如果断、坚忍、合作、自信等非智力因素，观察、记忆、推理、判断、思维等智力方面也会表现不凡。加强户外运动，体验肢体动作，包括接触真实生活，体验实际生活。在课堂上也能够利用身体来进行学习，要改进以讲授为主的教学方式，加强课堂中的活动设计，创设多元互动情境化的场景，让学生用整个身体“做”中学，在轻松、愉悦、积极的环境下进行学习，加深体验和理解。

3. 情绪体验

情绪体验是指人在主观上感受或意识到的情绪状况，具身学习不仅联结起身体和心智，还凸显身体体验的情感维度。人最基本的情绪状态有喜、怒、哀、乐、爱、恨、惊、恐等，也有一些细腻微妙的情绪，如嫉妒、惭愧、羞耻、自豪等。外界信息使个体产生了某种感受，这种感受既有消极的，也有积极的。情绪体验对学习具有重要的促进作用，它有助于树立情绪体验意识和知情并举的教育理念，在方法上应从情绪体验入手，提高具身学习效果。

4. 精神体验

在体验过程中，人还能感受到自己身体的参与程度，利用身体所处的位置和时空，通过基于身体的真实或虚拟的情境进行相互关联，增强自我意识，促进具身想象和表达，促进意义建构。即使是在一些抽象的学习活动中，也需要将身体放回剧场空间，使学习者通过自我意识、精神体验来建构自身与他人、与社会、与世界的直接联系，因为一切的认知皆深深地根植于身体与世界的交互之中。

大脑—身体—环境，构成了认知和学习的动力系统，剧场空间是学习者获得认知体验的场域，是一个具有开放性的生命系统，其以学习者为中心，确认了学生的主体地位，强调了体验性、情境化学习。由于剧场空间是开放的，传统学习环境所涉及的教学设施、设备、温度、颜色等环境要素的外延有了极大的扩展，不仅教学方式与策略、学习方法、工具、环境等客观的、实体性的资源被纳入学习环境要素的范畴，人际关系、情境、情感、学习氛围等软环境也成了剧场空间的一部分。剧场空间存在多重环境，彰显着人物关系和活动样式。

在剧场空间，学习者可以综合利用各种资源和工具，去亲身体验、实践反思，从而让自己的学习变成大脑、身体与环境持续交互的一个综合过程。剧场空间的体验认知以学习者为中心，强调情境下的活动及互动，尊重个人独特体验，通过感受不同的行为、情绪，从而发掘并掌握更有效的方法和能力。学习者的体验打破了空间的权力制约，将参与权还给了学习者，环境、情境、世界在这里不再是认知加工的对象，而是一种视域、格局或框架，人们置身其中，在轻松、愉悦、积极的环境下进行学习，加深理解、体验和表现，从而获得良好的学习效果。

第四节　儿童生长的表现可能

每个人在终身发展中都需要许多素养，以应对各种生活的需要。2016 年，《中国学生发展核心素养》发布，提出最主要的育人目标就是培养“全面发展的人”。“全面发展的人”应具备能够适应终身发展和社会发展需要的必备品格和关键能力。人的全面发展的核心素养可以从文化基础、自主发展、社会参与三个方面考量，体现为人文底蕴、科学精神、学会学习、健康生活、责任担当、实践创新六大素养，是关于学生知识、技能、情感、态度、价值观等多方面的综合表现。在传统的教育生活中，不同程度地存在着重应试教育轻素质培养、重知识灌输轻实践表现等现象和问题，传统教育往往忽视人的生命性以及人的在场性，忽略人是丰满的、立体的、多个层面的，致使人的全面发展目标达成的条件和过程缺失。如何让儿童成长为全面发展的人，是摆在我们面前的真切的问题。

一、儿童生长的表现欲求

人是自然产物，也是社会产物，人的全面发展的过程实质上是人根据自然和社会发展的客观规律，多方面地完善自己、丰富自己，并不断地提高自己各种能力的过程。儿童是较小的未成年人，因为具有“未完成性”，儿童对世界具有无限的开放性和可能性，并呈现出无可限量的发展潜力。“未完成性”也意味着儿童处在生长、成长中，儿童生性活跃并处于不断成长中，通过对文化的学习和适应才能渐次完成自己，形成具有主体意识的个体。儿童需要同客观世界、同他人、同自我进行交往与对话，儿童也正是在这些过程中学习、实践，促使个体得到持续变化和成长。

儿童是天生的游戏者、表现者，有意思、有意义的学习将更多地成为一种过程化、表现式的学习方式。儿童的表现欲是儿童个性突出、有生命活力的表现，他们具有自我实现的心理动机，往往愿意向他人展现自己的独特性和存在感。当儿童的表现欲得到满足时，产生的愉悦感能激发他们自主探索、自觉学习的积极性，促进他们最大限度地表现自我、展示自我。儿童的表现欲是求知的心理基础和积极因素，透出他们对自然与社会的无限好奇，他们正是通过种种表现，例如言语、肢体、情绪等表达，以及探究、尝试、创造等活动，尝试和检验自身力量，儿童的天性和活力正是在实践表现中得以充分展现的。为了儿童的身心发展，我们应该相信每个孩子都有表现欲望和表现能力，具有无限的发展可能，我们要正确对待并注意保护儿童的表现欲，让儿童在不断的自我表现中发展自我、完善自我，促进每个孩子都能有精彩的表现和可能的成长。

二、儿童生长的生命在场

人被置于生活所展开的现实世界，在同客观世界、同他人、同自我的交往与对话中，获得个体适应社会以及改造生活的能力。儿童是表现的主体,我们要为儿童提供资源、条件、环境,让儿童在适切的剧场空间里表现自我、发展自我。然而对于许多儿童而言,获得全面的生命表现的条件往往是不充足的,社会性发展的过程也常常由于实际经验的局限,导致了儿童发展的不平衡、不充分。以剧场空间观照儿童生活,儿童的生活场域将具有丰富独到的教育意蕴,剧场空间为“人的全面发展”拓展了无比广阔的生命在场。

儿童生长的生命在场可以从以下三个维度建构:一是跟客观世界的交往与对话,建构客观世界意义。客观世界即自然存在和人的社会存在。人们认识客观世界一般从感性认识到理性认识,再用理性认识去指导实践。儿童跟客观世界的交往与对话意味着通过接触、观察、操作,扩展自己的知识经验,提升自己的认知水平,建构客观世界意义。二是跟他人的交往与对话,编织自己同他人的关系。儿童的活动不是孤立存在的,往往蕴含同他人之间的关系,如师生关系、伙伴关系。即便存在着个人独立空间,也在与他人的相互联系中交织着某些隐性的关系。儿童跟他人的交往与对话意味着交流、沟通、分享、互动,通过跟他人的交往与对话,实现个体的成长和进步。三是跟自身的交往与对话,探索与塑造自我。人与自我的关系最终目标是实现身心和谐。儿童跟自身的交往与对话意味着能客观地认识自身的优点及不足,懂得成长是一个变化发展的过程,并努力使自己健康成长。

儿童剧场空间建构,涵盖了多维度的社会情境,丰富了儿童社会化进程所需要的生命在场,还给儿童建立了一种可以完全自由、轻松地展现自己、宣泄不同情绪的途径。剧场空间突破了传统育人模式,将创造种种表现机会,调动儿童多种感官参与,提供给儿童极其丰富的体验机会,让儿童在“做”中成长。儿童在轻松、愉悦、积极的环境下进行学习,开展积极的思维和情感活动,加深理解、体验和表现,将个人内在的素质充分地展示出来,并获得表现的喜悦。同时,通过同伴之间彼此交流和合作学习,相互激励,共同提高,儿童在表现自己中不断自我认识、自我完善,增强儿童的集体交往意识,促进儿童的合作能力、自信心、责任心、适应性等方面的发展。

三、儿童生长的表现可能

儿童处于发展的关键期,具有活泼好动的特点,要较好地实现其全面发展,需要从多个方面进行培养。重儿童的生命表现,意在强调以学生的表现为中心,让学生在民主、和谐、宽松的氛围中活动、学习、探究,让学生的表现天性得到充分的展示。

1. 言语表现

现代心理学研究表明,言语表现是人精神健康成长、健全人格所必需,言语表现活动应该成为儿童生活的重要组成部分。剧场空间给了儿童言语表现以丰富而立体的环境。儿童通过积极参与故事的发展,体会角色的语言情境,提高了儿童重复使用语言、反复调整语言的能力。儿童在戏剧活动中,发展自我创新,儿童之间互相学习,发展出不同的语言交流模式，也极大地丰富了儿童的语言积累和生成。戏剧活动中对儿童语言情绪、表情丰富、交流意识的要求，还可以使儿童对语言使用的精确性更为敏感。儿童可以调整自己的语音语调，这能够促进儿童越来越准确地使用语言工具来表情达意。我们应唤醒他们的言语表现欲求，引导他们感受言语表现的乐趣，创造充满诗意的言语人生。

2. 肢体表现

肢体表现即身体语言，是指经由身体的各种动作，或通过人体部位的协调活动来传达人物的思想、表情达意的沟通方式。广义的身体语言包括多重感官功能的激发和强化。一个人要向外界传达完整的信息，单纯的语言成分只占7%，声调占38%，另外的55%信息都需要由非语言的体态来传达。儿童阶段对事物的认知通常运用感官刺激这一最直接的方式，对于情感的触动，往往是通过视觉、听觉、触觉等感官体验的共同作用而升华，因此我们要重视通过身体表现来学习，以儿童视觉、听觉、嗅觉、触觉以及情感认知五大方面感官知觉为切入点，通过设计手段，调动儿童在展示空间中的互动体验感。剧场空间营造出使他们可以通过身体去直接感受的空间环境，是最直观和最有价值的身体力行的互动体验。例如场景视觉营造的某种环境，视觉体验的同时可能会引起对记忆中某个场景感官的记录，此时所感受到的就不仅仅只是眼前看到的以及正在互动的内容，儿童的其他的感官知觉也会随之被调动，实现儿童对信息更深入的认知和理解。

3. 想象力、创造力的发展

儿童天生拥有丰富的想象力，儿童可以随时随地进入新的创造环境。儿童在参与戏剧活动时需要调动以及回顾生活中的经验，并且选择经验来展现并非真实的场景，这样的展现过程对于儿童的思维具有极大的开放度，可以使儿童的想象力和创造力得以提升。五花八门、种类繁多的戏剧游戏有助于加强扮演效果，不仅可以增加扮演的趣味、新鲜感及深刻度，更重要的是使其想象力一直保持旺盛，成为日后实践创新能力的坚实基础。剧场空间为儿童提供一个虚实结合的世界、一个生动成长的场域，以儿童喜闻乐见的体验形式，通过角色扮演扩展儿童的人生经历，激发儿童的想象力和创造力。

4. 积极自我、交往能力的发展

在剧场空间，人的思维、行动、感情等各种生活元素同时受到触动，无论是对完整人格的塑造，还是拥有幸福快乐的童年，都有着深刻的意义。戏剧内容涵盖了多维度的社会情境，极大地补充了儿童社会化进程所需要的教育环境，给儿童建立一种可以完全自由、轻松地展现自己的剧场空间。一方面，建立积极自我的概念，戏剧活动不断给每一个人提供拓展、经历、表达的机会，重视儿童人格成长与创作能力之表现，鼓励自我概念与自我表达，对自己产生信心。另一方面，培养理解他人的同理心，在设身处地地假想情况下，能促进思想的成熟，避免过度自我中心的主观意念。通过角色的扮演，参与者可释放出情绪，促进身心健康。戏剧活动多需群体合作来共同表现，要接受他人意见，通力合作,促进人际沟通技能的学习及团队合作精神和能力的培养。

5. 多元智能的开发

心理学家加德纳提出多元智能理论,智能是人在特定情境中解决问题并有所创造的能力。他认为每个人都拥有八种主要智能:语言智能、逻辑—数理智能、空间智能、运动智能、音乐智能、人际交往智能、内省智能、自然观察智能。我们每个人都有自己的优势智能组合。戏剧为综合艺术,将多种智能应用于戏剧活动中,儿童在戏剧活动中主动体验、合作、探究、获取、表现、分享,能够发现自己的潜能和特长。这样的活动时常鼓励儿童展示自我、学会合作、学习交往等等,有利于发现、发展儿童某种智能水平,促进他们智能的发展。

6. 人生价值观的培育

戏剧是人学,是最接近人类活动的一门艺术活动,是对人们真实生活的写照,其关乎人的本质、人的个性、人的价值。戏剧通过表现人物的心理、时空等方式追求富有人性内涵的人文精神和审美价值,来完成人生价值指向。因此将其应用于学生的教育可以让儿童建立正确的态度与价值观,儿童通过扮演去面对人生中许多境况,经历、拓展他们在真实人生中可能遭遇的各种情况,让他们以适切的态度去面对各种事务,做出决定并处理。可以协助儿童了解社会、建立应有的价值体系,从而塑造学生人格,释放人之天性,改善心智模式。戏剧活动对于情绪反应、人性表现等都有某种程度上的要求,作为儿童艺术审美活动的重要部分,对提高艺术上的认知、批评等审美能力极有价值。戏剧教育与学生乃至人类的思维都是相符合的,是人文素质和艺术素质教育实施的重要载体。

教育的目的是发展人。培养"全面发展的人",需要解放人性,赋予自由,最终达成真善美的统一。美国学者大卫·库伯提出了"体验学习圈"的理论,即个体在体验中学习,遵循由"体验"到"反思内省",再到"归纳""应用",最后再次"体验"的多次循环过程,在这种"体验"的循环往复中,个体得到进步和提升。剧场空间给予学生体验的机会,以活动主体的亲身经历和亲自实践为基础,形成连续的"体验学习圈",追寻剧场体验背后的深层意义和价值,以此丰富个体的实践体验,实现个体的成长。剧场空间的出发点是"育人",落脚点依然是"育人",剧场空间仅仅是育人得以转换实施的载体。这种转换的人学理论依据在于,学生作为"未完成的人""成长中的人"和"全面发展的人",可以在角色解读、角色体验和角色评价中逐渐生成,从而达成预期的育人成效。儿童置身于剧场空间,不但能够提升他们的主体性,而且能够发展他们与自己、与他人、与环境的应对解决问题能力,在向真、向善、向美的旅途中,强化文化基础、人文底蕴,做到自主发展、学会学习、健康生活,最终参与社会、担当责任、进行科学实践创新,进而实现全面发展。在表现中生长,剧场空间为我们实现教育改革的核心素养目标提供了新的思路和方法。

第三章 儿童戏剧活动开发

戏剧不仅是对现实生活的再现，更是对美好未来的期盼与向往。戏剧是有态度的艺术表达，任何一出戏，无论写实到什么程度，都透出人们对真善美的向往、对美好生活的渴求。戏剧活动正是通过演出、观赏的过程，营造出一个超越现实的世界，这个世界体现着人性之美的追求，带给观众一种审美体验，提升人的认识，促进人与世界的和谐交融。戏剧作为凭借舞台表演的直观性艺术，具有全面育人的艺术审美功能。

舞台是演员的梦想，对于学生来说，舞台价值也不可忽略。舞台之于教育文化的意义在于：一是自信表达。为学生搭建舞台，鼓励学生将所学、所长在舞台上尽情地表现出来，这既是对成果的一种检验，也向他人传递了自我。要培养学生敢于表达的自信心及敢于秀出自己的胆量，从而激活学生的知识结构与性情系统。二是多元选择。根据学生的特点设计多样化的舞台，让每一个学生都能找到属于自己的表现机会，不仅不自卑于与他人的差异，而且还得意于自身的独特，学会悦纳与自我赏识。因此，我们将一般意义上散点的戏剧活动进行课程化设计与改造，使其成为具有主题性、序列性和综合性的戏剧校本课程。我们根据小学年龄段特点，在戏剧活动领域主要开展绘本戏剧、读者剧场和戏剧创演等戏剧阶梯项目。

第一节 初阶：绘本戏剧

绘本是公认的非常适合儿童阅读的书籍，对小学低年龄段儿童发展具有重要的促进意义。绘本戏剧就是根据绘本故事改编成的短剧，具备戏剧的基本要素，也就是我们常说的“起承转合”的故事情节。绘本内容的再现和表演，有助于儿童更好地理解文本信息，并在创意性的发挥中丰富想象力、提高创造能力。绘本戏剧无疑是适切一二年级儿童的剧场活动方式。

一、绘本特点

绘本作为一种图文并茂的图书样式，是以绘画为主，并附有少量文字的书籍。无论图画还是文字，绘本都很有张力，它具有不同于一般图书的特点与优势。

绘本的图画具有叙事能力。绘本的主体是图画,绘本的图画与传统的插图不同,传统的插图虽然不失精美,但画面呈现往往是点状的,也是固化的,而绘本通过图画来讲故事,绘本中的图画具有连续完整的特点,所有图画连在一起构成一个独立的故事作品,因此这些生动有趣的图画就具有了讲故事的能力。绘本通过图画语言来展开故事情节,儿童通过书中的图画来读懂故事的内容,并在阅读的过程中自然而然地调动自己的生活经验,丰富自己的阅读感受,使得读者获得情感和经验的共鸣,理解作品的表达意义。

绘本的文字简洁灵动。绘本文字简洁明了,不同于纯故事文字,一般要为作品留出一定的空间,精美的图画配上恰当的文字说明,构成一个完整的故事。绘本的文字有多有少,虽然每本书的文图构成比例不同,但优秀的绘本,其文字都考虑了情节、场景、人物的变化。绘本中的图、文不是简单的说明与被说明的关系,绘本用简练的文字构筑出引人入胜的故事,用风趣活泼的语言吸引人们阅读。绘本中图画配上恰当的文字,可以起到画龙点睛的作用,文字蕴含深层次的涵义,对故事的真善美加以诠释,加深绘本的教育意义,引导儿童对故事的感悟和体会。

绘本富含张力和空间。绘本作为一种综合性艺术形式,无论是写实的、夸张的,还是抽象的表达,总能用简单的画面和文字表现深刻的内涵,主题一般富有哲理而充满趣味。优秀的绘本图画具有不同层面的空间性,给儿童以多层面的视觉呈现,形成多种不同意义的阅读空间,儿童在其中能找到自己的乐趣。松居直在《我的绘本论》中认为,应该用"文×图"来表达是准确的,而不是"文+图"的形式来诠释。乘号是图画和文字之丰富内涵与张力的展现,绘本简洁的形式、丰富的内涵、无限的内容延伸都为儿童发展创造无限的动力。绘本能为儿童提供有意义的背景情境,激发儿童学习兴趣,培养儿童多元智能,帮助儿童建构精神世界。绘本有趣的故事情节和画面构图潜藏着起、承、转、合的节奏设计,将绘本与儿童戏剧活动相结合,即是绘本故事的戏剧化,是低年级开展戏剧活动的有效方式。

二、绘本解读

绘本戏剧是由绘本生发出来的戏剧活动,我们首先要对绘本故事进行戏剧解读。绘本内容广泛,从大类上分,可以分为人与自我、人与他人、人与世界等三大种类;从主题上细化,主要包括身体与动作、成长与自我认识、食物与健康、自然环境与生物、文化与节日、现代社会生活、交通与发展、幻想与创作等等。绘本反映关于生活和我们这个世界的真相,了解绘本的主题类别,有助于对绘本主旨和内容的整体把握,带着问题在故事中寻找答案。

绘本的完整结构包括封面、环衬、扉页、正文和封底。封面是绘本的外观,绘本的封面通常是一幅和故事主题相关的图画,上面还有书名、作者和出版社等信息。翻开封面,有一张紧连着封面和内文的衬纸,内文之后还有一半和封底相连,这就是前后环衬。

环衬都是经过精心设计的，它们的色调、内容与绘本所讲述的故事密切相关。前后环衬遥相呼应，有的为故事营造氛围，有的为阅读提供暗示，有的则是主题的凝练和提升。扉页又叫主书名页，通常在环衬之后出现，简单写出这本书的书名、作者、出版社名称等信息。扉页上还会有图画，有时会设置一些悬念，引导读者深入阅读，有时要读完绘本才能心领神会。绘本的正文由文字和图画共同讲述一个故事，篇幅在十几页到二十几页不等，有些绘本还把故事的结尾延续到了封底上。一本绘本从封面、环衬、扉页、正文到封底，就如一出戏，从序幕、人物出场到故事结束，完整地展现了故事的经过。阅读绘本，关注到绘本扉页、封面、封底，正文以及环衬等部分的结构特点，有助于读者整体把握作者意图。

三、故事结构

绘本中的所有图画连在一起本身就是一个完整独立的故事，这个故事包括若干情节点，因此适宜的解构绘本的方式是列出这些情节点，把握故事的发展过程。

如何把握绘本故事中的情节点以及各种可供戏剧扮演的基本元素呢？以故事的起承转合来理解绘本故事是比较容易掌握的方法，即先将故事中的人物、时间、地点等要素提取出来，再将故事的经过大致归纳为主要情节点，即起、承、转、合的发展经过。

起，即叙述情境，告诉人们主人公是谁，可以通过预示即将发生的事情将人们带入情境之中。

承，是发展阶段，发生了某些事件改变了主人公的现状。在大多数故事里，这个所占的篇幅最大，情节不断向前推进。

转，就是发生转折，冲突发生，这是故事的高潮部分，也是解决问题的过程，将带领人们体验故事的精彩部分。

合，结局与启示，故事逐渐放缓，并接近尾声。故事发生到这里，一切都变得明朗起来。

如此一来，故事的开始，建立一个初始情境。在开始出现问题，在中间发生转变，在结尾回归。不论简单还是复杂的绘本故事，大体上都可以建成故事的起、承、转、合等各部分内容，用这样的思维工具可以快速准确地梳理故事情节，为后续的表演活动做好准备。

以绘本《蚂蚁搬家》为例：

主角：蚂蚁小巴。

起：蚂蚁家族快乐地生活在一起。天气突然要下雨，蚂蚁家族要搬家。

承：一向团结的蚂蚁却有了不同的声音，达成一致后蚂蚁家族开始搬家。

转：困难越来越大，从大坑到小溪再到洪水，好多蚂蚁面对困难时都很害怕，想退缩。蚂蚁小巴一次次想出办法，让整个队伍继续拥有力量。

合：洪水过后，雨过天晴，蚂蚁队伍更加坚强，他们对未来更加充满信心。

以绘本《小魔怪要上学》为例：

主角：一只小魔怪(食人魔的孩子)。

起：小魔怪意外得到一本书，可是他根本看不懂，小魔怪要去上学。

承：小魔怪去了学校，学习读书、写字，不再大喊大叫，变得很快乐。

转：小魔怪给爸爸妈妈读了一本教大家怎样做出好吃的饭菜的书，小魔怪享受到美味的食品。

合：在小魔怪生日的那天，他带小朋友来家里做客。他的爸爸妈妈不再吃小孩子了。小魔怪的一家变得很可爱。

以绘本《我也可以飞》为例：

主角：一只小鸟。

起：小鸟想学飞行，爸爸妈妈说他太小了，小鸟却认为在学习飞行之前可以学习其他本领。

承：小鸟遇到蚂蚁，学习爬树；遇到松鼠，学习在树上跳；遇到小鱼，学习游泳。

转：小鸟学本领都没有成功，每一次都是失败的，最后小鸟气馁了，伤心地哭了，这时候蜜蜂出现了。

合：小鸟和蜜蜂在一起，学会了飞行。

四、空间营造

绘本的一张张具有叙述张力的图画中蕴含着角色的生活空间，绘本戏剧的空间营造就是从形象思维到立体展示，目的是创造剧中环境和角色外部形象，渲染空间氛围，放置需要出现的布景元素，运用实的布景为绘本戏剧服务。

空间营造是戏剧的物质框架，利用平面景观或半立体、立体景观及相关平台，组成富有节奏的舞台空间，给观众完整的心理视觉感受。对舞台结构来说，不管它是一组平台、一幅幕布、一块布景，还是一个完整的舞台场景结构，其价值在于所有的造型手段是否能为剧情提供更好的表现力，重现角色的生活空间。

在空间场景的创设中，通过简单而鲜明的道具，借用儿童的想象完成场景的转换。建构空间，让学生熟悉故事场景，在进行主题活动时，学生会很熟悉且快速地进入状态，并能创造出更多的内容。

五、戏剧表演

绘本作品类型丰富多样，以其内涵丰富的特性与无限的拓展延伸空间为戏剧表演提供了文本资源。在按照故事结构梳理故事情节的基础上，把绘本故事改编成剧本，加以舞台表演的方式和技巧，通过儿童的表演来传达故事精神和内容，有开始、发展、高潮和结尾的剧情结构，这样就将绘本作品转化为绘本剧。绘本剧一般时长十分钟左右，是由灯光、服装、道具、化妆等戏剧元素呈现的戏剧形式。

绘本戏剧表演集语言、形体、音乐、美术等元素于一身，能够全面提升学生的艺术素养。可以抓住场景、角色、行动等剧场元素，展开丰富的想象，进行戏剧表演，让孩子通过肢体、语言、表情等多种方式进行创造性的表现，在亲身经历的过程中获得绘本中的信息，建构个性化的意义。小学低年级阶段是儿童从幼儿生活向小学生活过渡并逐步适应学校生活的重要时期，借助绘本戏剧生动的艺术形式，通过角色扮演和戏剧情境可以促进儿童的交际、表达、情感、想象力、集体意识等素质的养成，以正确的价值观引导儿童形成良好的品德和行为习惯，在充满探究与创造乐趣的童年生活中，正确地认识周围的人和事物，构建和提升儿童的思想品德和价值观念，促进儿童主动而健康地发展。

六、案例选编

1. 胖国王

【故事简介】

一位国王只喜欢大吃大喝，又不喜欢运动，结果因为太胖出了问题，于是御医、御厨开始为国王设计减肥计划，大家都来帮忙。故事的主人公胖国王在减肥过程中，数次想要放弃，幸好皇后、公主、厨师等群策群力，耐心相待，帮助胖国王坚持到底，胖国王终于享受到减肥成功的滋味。

第一幕　上朝

时　间　某一天

地　点　朝廷

人　物　国王、大臣、王子、卫兵、女仆等

卫　兵　精神抖擞地举起屏障出场。

卫　兵　国王上朝。

国　王　（大腹便便地走上来）我们的国民丰衣足食，人人过着幸福美满的日子。

卫　兵　（轻声）我们的国王陛下，国家富强了，他大吃猛喝，结果现在胖得连路都走不动了。

国　王　嗯，你每次比我吃得少吗？

女仆1　国王您太累了，坐下休息会儿吧。

国　王　（托着腰）哎哟，你就不能帮我找个高一点儿的凳子。（想要弯腰，可是弯不了）嗯，我的鞋带怎么松了……

女仆2　（边说边弯腰帮助国王系上鞋带）陛下，让我来吧。

卫　兵　上朝啦！

［大臣和王子上场。

大　臣　参见陛下。

王　子　参见父王。

国　王　免礼，有事议事，无事解散。

大　臣　（快速走上前，弯腰鞠躬；手拿报告，放置胸前）尊敬的国王陛下，我给您汇报一件奇怪的事情。昨天下午，我看见灰太狼又去了羊羊村。我怀疑灰太狼又想使什么坏了……

国　王　（质疑口吻）哦，是吗？

大　臣　（递上报告）我把这件事情写成了报告。

国　王　（拿起报告，点头示意）嗯，知道了。

大　臣　（拿回报告慢慢向后撤退）

王　子　（快速走上前，弯腰鞠躬；手拿报告，放置胸前）尊敬的父王陛下，上周我们举行的讲故事比赛，小朋友们表现得很棒。（递上报告）我向您汇报一下，这是冠军的照片。

国　王　（拿起报告）这个冠军看起来很眼熟嘛，（连连点头）嗯，不错，不错！

大　臣　（上场）国王，国王…… 最新的经济数字表明，我国的土豆产量大大增加，而且个大皮薄……（看看国王，国王低头睡着了）

大　臣　哎，国王睡着了。（摇着头退下）

旁　白　大臣们都没有注意到，国王陛下拿起奏折，在不知不觉中轻轻地打起了呼噜。哎，可怜的大臣们有那么多好的发现、有那么多好的想法，国王却一个字都没有听进去。只因他太胖了，只要坐下来就想睡觉。

第二幕　劝　告

时　间　中午

地　点　皇宫

人　物　国王、王后、御厨、御医、王子、公主、仆人等

[时钟敲响。

奴仆 1　午餐的时间到了。

女仆 2　国王该吃饭了。

国　王　（兴奋地醒过来）吃饭了，太好了，御厨，今天又有什么好吃的？

御　厨　陛下，我今天为您准备的是：德国香肠、红烧鸡腿、草莓派蛋糕、菲力牛排、芒果布丁、麦香奶茶、甜甜圈、芝士比萨、巧克力花生派，都是您喜欢的，您满意吗？

国　王　太好了，都是我喜欢吃的。（大口地吃了起来，一会儿就将食物一扫而空）

御　厨　看着我们的国王吃东西，我真是太有成就感了。

国　王　啊，我怎么有点想睡了？

旁　白　在我们的国王又要昏昏入睡的时候，我们温柔贤淑、苗条大方的王后和美丽的公主出场了。

王　后　（怜爱地走到国王身边）我们的国王很善良，也非常可爱，可就是太胖了。

公　主　母后，父王这么胖可不健康。

国　王　王后，你来啦。

王　后　参见陛下。

公　主　参见父王。

国　王　哎，我刚吃了午饭，就想睡觉，哎哟，（国王捂着肚子，被王后搀扶入座）哎哟，哎哟，肚子好疼呀！

王　后　您再忍耐一下，我马上传御医。（招手喊御医，然后退场）御医……

［御医上场。

御　医　（帮助国王把脉、听诊）国王陛下，我这就给您诊疗。哦，国王陛下，您的身体不健康，是因为太胖了，不仅活动不方便、嗜睡，还容易得糖尿病、高血压、高血脂、颈椎病、腰椎间盘突出、心脏病、冠心病……这样下去不得了呀。

王　后　行了，行了，那该怎么办？真是担心死我了。（差点晕倒）

公　主　大家一起来帮忙想办法。

御　厨　（带上食谱入场）为了陛下的身体健康，以后的饮食要少吃肉多吃素。我们为您专门准备了食谱。

御　厨　（女仆1端上）薯条、巧克力、甜甜圈、冰激凌、汉堡包，还有草莓派这些热量比较高的食物，您以后就不要再吃了。

国　王　（咽着口水点头）嗯。

御　厨　（女仆2端上一份只有一片蒸鱼、两片青菜、半瓶牛奶、三个小番茄的套餐）您要坚持吃像这样的减肥餐，才有利于您的健康。

国　王　这个也太……

大　臣　陛下，我还建议您要多运动。

王　子　对呀对呀，多运动。父王您看，最近我练了一套少林功夫，您要不要和我一起练？

国　王　哦？给为父瞧瞧。

［音乐起，王子展示少林棍法。

国　王　王子，你，你什么时候瞒着我出家了？

王　子　没有，我是俗家弟子。

女　仆　陛下，您还是和我们一起跳早操吧，又减肥又有趣。

王　后　哦，你们都跳什么操呀？

女　仆　您看好了。（跳肚皮舞）

国　王　这个我可跳不来，哎。

公　主　父王，您还是和我一起转呼啦圈吧！

国　王　嗯，这个好玩，就练这个，还是我的宝贝公主会出主意。（大家一起欢呼）

第三幕　坚　持

时　间　某一天

地　点　皇宫

人　物　国王、王后、公主、御医、卫兵等

［国王在王后和公主的陪伴下，在大臣们的鼓励下，吃减肥餐，每天坚持转呼啦圈，身体一天天地健康起来，只是还是很胖。

王　后　您为什么减不了肥呢？这到底是怎么回事？陛下！

国　王　（正在偷偷吃草莓蛋糕）王后，有什么事吗？

御　医　亲爱的王后，我必须告诉您，为了陛下的身体健康，今后在三餐之间不能再吃零食了，这件事情只有您来监督。

王　后　说得有道理，陛下，您没有藏什么零食吧？

国　王　没有，当然没有啦！

卫　兵　王后，这是我发明的零食探测仪。您看！（在探测仪的帮助下，找到了国王藏在柜子里、地毯下以及壁画后的零食）

国　王　（瞪着卫兵）你这个小子！

王　后　嗯？

国　王　挺会搞发明创造的，封你为科技大臣吧！

卫　兵　噢，谢陛下。

国　王　我实在是受不了了，天天不让我吃甜点，我实在是受不了了。

御　医　亲爱的国王陛下，您要忍耐一下，您瞧瞧您的国民正期待着您，希望能看到一个健康强壮的国王。您就再坚持一下吧！

旁　白　听了御医的劝告，国王心想，我一定要坚持、坚持、再坚持，坚决不放弃。

国　王　（过了一会儿）哎呀，我实在是受不了了，（边说边做动作）天天让我爬楼梯，天天让我转呼啦圈，搞得我腰酸背痛，实在受不了了。（说完坐下）

御　医　（入场）亲爱的国王陛下，您就再忍耐一下，加油，加油，加油！坚持就是胜利呀！我们来唱首歌给您打打气吧！

［众人出场演唱加油歌曲《好男儿加油歌》。

国　王　嗯，那好吧。我就再坚持一下吧！

旁　白　在大家的加油鼓励下，国王坚持着。

旁　白　我们的国王真的瘦了，看来他的坚持没有白费！所有的人都认为我们的国王变瘦变帅了！国王自己也非常高兴。

国　　王　（在万众期待下出场）招手致意！

［幕落。

供稿　黄　玲　江苏省淮安市淮海路小学

2. 蚂蚁搬家

【故事简介】

要下雨了，蚂蚁的家在低处，为了蚁族的安全，蚂蚁要搬家。一路上，蚂蚁们遇到了大坑和小溪，还有洪水来袭，他们团结一致，克服各种困难，最后重建家园。

时　　间　一天午后

地　　点　蚂蚁的家

人　　物　小巴、胆小蚁、蚁后、蚂蚁 1、蚂蚁 2、蚂蚁 3

道　　具　粮食包、软木头、纸船、两颗大蘑菇

第一幕　天要下雨，准备搬家

旁　　白　在一个风和日丽的午后，蚂蚁家族快乐地生活在一起。

舞　　蹈　先是两只小蚂蚁在打斗。接着两只蚂蚁晒太阳盘坐在地上拍手做游戏。最后蚁后出现，跳到大家中间。

小　　巴　（侧着身子，歪着脑袋出场，音乐消失）

小　　巴　（挥手）大家好！我叫小巴。我的身后就是我温暖的大家庭。我是我们家族的保卫者。你们瞧，大家在一起多开心呀！

小　　巴　（抬头看天空，四处张望，跑向蚁后）母后，看这天气像是要下雨，我们的窝在低处，会被雨水冲走的！为了咱们蚁族的安全，咱们赶紧搬家吧！

胆 小 蚁　（畏畏缩缩，往后退，边退边蹲下来）我可不想搬家，搬家太累啦！要走那么多路，还要搬那么重的粮食，我们就在这里躲躲吧。说不定雨没那么大！（其他的蚂蚁七嘴八舌，你看看我，我看看你）

蚁　　后　（皱眉思索一会儿）嗯。我还是同意小巴说的。雨水会冲塌我们的家园，冲散我们大家，太危险了！我们还是听小巴的。小巴来做队长，大家都听他指挥，赶紧收拾行囊，准备出发！

其他蚂蚁　（站成一排，面向蚁后，敬礼挺胸齐声喊道）是！准备出发！

［胆小蚁不情愿，垂头丧气、慢慢吞吞地从洞中走出来，跟大家站成一排。

音　　乐　向前冲——搬家舞曲

舞　　蹈　蚂蚁们背上粮食，舞蹈展示有序搬家。跳完全体退场。（灯光熄）

第二幕　遇到了大坑和小溪

胆 小 蚁　（惊吓的表情，手指着前方，也就是面向观众的方向大叫起来）天呐！这

么大一个泥坑！我们怎么过得去呢？

蚂蚁 1 对啊，泥坑这么大，我们这么小。（说完蹲下去）

蚂蚁 2 万一我们不小心掉下去了，会摔得粉身碎骨的！（说完蹲下去）

蚂蚁 3 我们爬不过去了，粮食怎么办呢？（说完蹲下去）

［三只蚂蚁和胆小蚁一起哭起来。

小　巴 大家不要惊慌，我有一个好办法！我刚刚看到那边有一根很大的树枝，你来抬前头，你去抬后头，其余都在中间。

蚁　族 好的！（所有蚂蚁搬起木头面朝舞台开始跳舞）

胆小蚁 （大叫起来，惊吓的表情）天呐！这么大一条江！我们怎么过得去呢？（双手环抱）

蚂蚁 1 对啊，这条江这么宽，我们这么小。（双手环抱）

蚂蚁 2 万一我们不小心掉进去了，会被水流冲走的！（双手环抱）

蚂蚁 3 小巴，你有什么办法吗？（双手环抱）

［三只蚂蚁和胆小蚁齐刷刷看向小巴。

小　巴 嘿嘿，看我的。

［所有蚁族推来一个绿色的、像树叶一样的纸船。

蚁　族 哇！我们有船了！小巴真厉害！（齐呼）

音　乐 划船音乐

舞　蹈 纸船面向观众，所有蚂蚁在纸船的里面，坐着做划船等舞蹈动作。跳完把纸船推到后面。（灯光熄）

第三幕　洪水来袭

胆小蚁 原来搬家也没有想象中那么难嘛！没有什么是可以难倒咱们蚁族的！

［走上前来，双手叉腰，头抬得很高，边说边晃脑袋，表情得意。

音　效 打雷声

胆小蚁 啊！我害怕！（立即蹲下，双手抱住头，眼睛不敢睁开）

蚁　后 看来，这是要下雨了！我们的处境很危险。（表情严肃地站着说）

［所有的蚂蚁惊慌失措，都害怕地缩在了一起；小巴皱着眉头环顾四周。

小　巴 大家不要惊慌！我们排好队，一个接着一个往前跑，跑到森林里面我们就安全了！（左右各看一下，双手摆手）

［小巴站到队伍的最前面，胆小蚁站在第二个，蚁后第三个，后面的每只蚂蚁都双手抱住前面蚂蚁的腰。

音　乐 紧张的背景音乐

［所有蚂蚁环绕舞台整齐地跑一圈，边跑边跳几个简单的舞蹈动作。声音渐渐变小。

小　巴　（大声喊道）看！那里有很多巨大的蘑菇，我们躲到蘑菇下面！

［所有蚂蚁往蘑菇那边跑去。

第四幕　雨过天晴，重建家园

［所有蚂蚁躺在地上做睡觉状。

胆小蚁　哇，这里的景色好漂亮啊！（背着东西向四周看，做出夸张惊讶的表情）

蚂蚁 1　这里的土地好柔软！（放下东西，开心地在地上打滚）

蚂蚁 2　这里的空气真清新！（左右转圈）

［蚂蚁 3、小巴和蚁后都起身。

蚁　后　雨停了，天放晴了，经历过这一场风吹雨打，相信我们蚁族在未来会更加坚强，我们的家园会更加美好。只要我们在一起，只要我们团结一心。

［六只蚂蚁围成一圈，蚁后面向观众。低头做祈祷状。

［幕落。

供稿　黄　玲　江苏省淮安市淮海路小学

3. 月亮的味道

【故事简介】

夜晚高高地挂在天上的月亮是什么味道呢？波兰画家麦克·格雷涅茨笔下的这个大月亮，画得也确实是“好吃”。这是一本关于玩，也就是游戏的书。首先，为了够到月亮，动物们一个叠一个，搭起了天梯。这天梯可真够险的了，为什么这么说呢？因为被踩在最下面的，不是大象，而是一只小小的乌龟。你看，一页一页地翻过去了，天梯不但没有倒，反而愈竖愈高了！乌龟叫来大象、大象叫来长颈鹿、长颈鹿叫来斑马……尝到了月亮的味道，动物们一个挤着一个，心满意足地睡着了。这时候的月亮变成了一弯月牙，画面的颜色也充满了温暖。

时　间　夏天的一个晚上

地　点　森林里

布置及准备　有圆月的背景、树墩七个、山坡（用台阶代替）

人　物　乌龟、袋鼠、狐狸、兔子、老虎、大象、长颈鹿、月亮、大树妈妈、蝴蝶、花朵、小树、小草等

第一幕　美丽的月亮

地　点　森林空旷处，大树围绕着

布　景　有圆月的背景、树墩七个、山坡（用台阶代替）、大树

旁　白　美丽的大森林，是动物们的家。夏天的夜晚，忙碌了一天的动物们，喜欢到空旷的草坪上聚会，这里又凉爽又热闹，可以和好朋友一起跳舞玩耍，这是他们每天最快乐的时光。瞧，小动物们已经围着大树妈妈撒起娇来，

蹭蹭痒，爬到大树背上……真是一群淘气又可爱的小家伙。

大树妈妈 （伸手招呼）孩子们，森林舞会开始啦，让我们找个伙伴跳支舞吧！

[音乐响。

全体动物及花草齐声 来啦来啦。（一边找舞伴整队形）

[音乐响，全场舞蹈。开场舞蹈结束后，花草各自归位，动物们趴下休息，仰望天空。

乌　龟 （伸个懒腰）这草地软绵绵的，躺着好舒服呀！

动物们 （齐声）嗯，真的好舒服！（轻音乐《小白船》）

小　草 （呵呵笑）好痒，好痒！

旁　白 （催眠曲）这草地柔软得像一张大床，小动物们已经进入甜美的梦乡。（呼噜声）只有小乌龟趴在草地上，伸长脖子，仰望天空，神情专注。

第二幕　想尝月亮

乌　龟 哇，今天的月色真美啊！不知道月亮会是什么味道呢？真想尝一口啊！

旁　白 小乌龟非常向往月亮的味道，决定爬上山坡去尝一尝。

乌　龟 我慢慢地爬，我慢慢地爬，我要去尝月亮。（上山坡配节奏乐。第一次滚下来，有咣当的响声，动物们翻身）

旁　白 月亮看见乌龟想爬上来捉它，觉得很有意思！

月　亮 大家都休息了，这个小不点还真有精神，居然想尝月亮！

乌　龟 革命尚未成功，同志仍需努力。（第二次滚下来）

旁　白 乌龟动静太大，吵到了梦乡里的小动物们。

动物们 （揉揉眼睛齐声说）小乌龟，你怎么了？

乌　龟 对不起，对不起，我吵醒你们了。

动物们 没关系，小乌龟，你在做什么呀，怎么摔跤了？

乌　龟 月亮那么美，我想尝尝月亮的味道，哪怕就一小口！

小兔子 月亮（看月亮），月亮会是什么味道呢？

小老鼠 它真像妈妈烙的白面饼，吃起来一定又软又香。

长颈鹿 月亮？它一定比树叶的味道更好，咬上一口，甜蜜蜜的，一下就化了。

小　兔 （欢快地）它要是颗薄荷味的棒棒糖那该多好呀，又清凉又爽口，那是我的最爱！

袋　鼠 我觉得月亮就像蛋糕上面的奶油那么美味，可是妈妈说了，吃多了奶油容易长蛀牙。（失落地回去）

狐　狸 我也吃过，一定就像奶油的味道，嗯，（咂咂嘴，流口水的样子）太好吃了！

大　象 我希望它的味道有香蕉那么好！

乌　龟 可是它是圆的呀！

大　象 它有时也会变得像香蕉那样弯弯的。（大家都笑起来）

乌　龟　月亮的味道一定比这些东西的味道还要好，要是我们能够尝尝该多好！

老　鼠　可是，月亮在那么远的地方，我们哪里够得着呢？

大　象　我的鼻子长，让我来试试。（激动的音乐，大象努力向月亮方向伸长鼻子，其他动物也一起望向月亮的方向）

大　象　小乌龟呀，你这想法挺好，可是太难了！（摇头）

月　亮　（捂嘴偷偷乐）我在这么高的地方，他们哪能够得着呀！

长颈鹿　要不让我来试试，我的脖子长，说不定能成功。（激动的音乐）

动物们　加油加油！（为长颈鹿鼓劲）

长颈鹿　（放松下来）哎！不行了，脖子都快断了，还差得远呢！

动物们　还差得远呢。哎，看来这月亮的味道是尝不到了！

袋　鼠　天越来越黑，我们应该回家了。

动物们　（附和）是啊，回家吧，太晚了妈妈会担心的。

第三幕　尝到月亮

时　间　第二天晚上

地　点　森林里山坡旁边

人　物　同第一幕

布　景　有圆月的夜晚背景，远处有山坡

旁　白　第二天傍晚，动物们又来到草地上聚会。（大象、长颈鹿在踢球，袋鼠、狐狸在跳拉手舞蹈，兔子、老鼠坐在草地上玩拍手游戏，小花、小草在跳圆圈舞）

乌　龟　（边唱歌边走过来）啦啦啦，月亮的味道顶呱呱，啦啦啦，今天就能尝到它。（跟大象打招呼）朋友们，朋友们，我有好主意了。

动物们　（都围了过来）快说说，什么好主意？

乌　龟　（指着不远处的山坡）瞧，月亮就在山顶上，我们爬上山坡，不就可以摸到月亮了吗？

兔　子　（高兴地拍手）是真的呢？小乌龟你真有办法，我要和你一起去。

动物们　（一齐附和）我们都要去，人多力量大，努力就会成功。

袋　鼠　小乌龟爬得慢，我可以把他放在我的袋子里，这样就更快了。

动物们　（呵呵笑起来，唱歌）向前向前向前，我们的愿望就要实现。

旁　白　动物们来到山坡上，想到马上就可以尝到月亮的味道了，他们可真是高兴啊！

乌　龟　看啊，月亮离我们近多了，我去试试，肯定伸手就可以摸到它 。

动物们　小乌龟，你一定行，加油，加油！

乌　龟　还差一点，还差一点，大象，你快上来，你到我身上来，说不定我们就够得着了。

大　象　好啊，我来了。（大象从侧边过去站在第一个台阶上，伸手努力够月亮）

旁　白　月亮可有些调皮哦！它想逗逗这些想来抓住它的小家伙们！

月　亮　哼！来呀，来抓我呀，看你有什么本事。

大　象　长颈鹿，快上来，用上你的长脖子，一定行！

长颈鹿　（爬上山坡，站到第二层楼梯上）看我的，我就不信抓不到你！

月　亮　我跳，我向上跳，看你们还够得着吗？长鼻子和长脖子对我来说都是没有用的。（骄傲的语气）

袋　鼠　你们别泄气，只差一点点了哦！看来得我出马！

狐狸、兔子、老鼠　袋鼠出动，一定成功，你们要小心呐！（袋鼠满怀信心地伸出手，月亮又轻巧地往高处移动了一点）

乌　龟　（喘着气着急地问）够着了没有？摸到了吗？

袋　鼠　刚才它就在我手边。嗖的一下就跑了，小乌龟你再坚持一下，狐狸狐狸，快来帮忙。

狐　狸　（面对观众，得意地说）来了来了，终于轮到我一显身手了，大家为我加油吧！（边走边说）我一定能摸到你！

月　亮　小样儿，不一定吧！就凭你。（轻敌地说）

旁　白　听到狐狸的话，月亮又是轻轻一跳，大家想想，狐狸能摸到月亮吗？

小　兔　兔儿兔儿白又白，两只耳朵竖起来，月亮月亮等着瞧，看我就把你来抓。（轻快地跑到第四层楼梯伸手去摸月亮，可月亮刚好从兔子的手边跳开了）

老　鼠　吱吱吱，我小老鼠来也，大家努力，一定成功。（跑到最高处，但没伸手去抓，而是静静地看着月亮）

月　亮　嘿嘿！这么个小不点儿，也来凑热闹，他肯定捉不到我的，我就待在这不动，看他能做什么！

旁　白　小老鼠和月亮互相对着看，就在这时，小老鼠突然伸手抱住月亮，咬下一块。（咚的一声响）

老　鼠　（捧着月亮，欣喜若狂地喊着）我们成功啦，我们成功啦……

[动物们依次从山坡下来，围着老鼠，高兴地拍手叫好。小动物们、小花小草们一起拉手跳起圆圈舞，欢快的音乐。

旁　白　老鼠将月亮一口一口分给每个朋友，每个动物都小心而珍惜地品尝，露出陶醉的神情。

老　鼠　（满足地说）比妈妈烙的饼还香还软！

长颈鹿　树叶，树叶都没有这个好吃！

兔　子　真是又清凉又爽口，要是每天都能尝尝该多好呀！

袋　鼠　嗯，比蛋糕上的奶油还要诱人。（嘴馋地说）

狐　狸　甜蜜蜜的，但是吃了应该不会长蛀牙！嘿嘿！（可爱地笑）

乌　龟　我在月亮里品尝出了你们说的各种好味道，真是太棒了，真是个开心的晚上。

动物们　我们一起努力，愿望就能实现。

花草们　我们一起努力，愿望就能实现。（音乐：《团结就是力量》）

旁　白　大家经过努力，终于尝到了月亮，森林里一片欢腾，动物们手拉手跳起了快乐的舞蹈。

［音乐响：集体狂欢舞《嘻唰唰》。

［幕落。

供稿　黄　玲　江苏省淮安市淮海路小学

4. 石头汤

【故事简介】

三位神仙来到一个饱经苦难的村庄，村民们长年在艰难岁月中煎熬，心肠变得坚硬，不愿接纳任何人。可是，神仙们用煮石头汤的方法，使村民们不自觉地从自己家里拿来了各种调料和食物，真正煮成了一大锅美味的汤。他们让村民们不知不觉地付出了很多，更明白了付出越多回报越多的道理。

第一幕　初次到访

时　间　一个暴风雪的傍晚

地　点　野外的一个小村庄

人　物　福、禄、寿三位神仙、农夫、茶商、秀才

旁　白　福、禄、寿三位神仙为人们送来幸福、吉利和长寿。在一个暴风雪的傍晚，他们化身为三位禅师，来到人间旅行。三位禅师走在野外的一条小路上，一路讨论着幸福是什么，一阵钟声把他们吸引到一个小村庄。这是一个人情淡漠的村子，村民们不和陌生人交往，邻居之间彼此猜忌，村子里死气沉沉。

［幕启，三个和尚从村口过来。天黑了，年老的农夫扛着锄头从田里回来。

阿　福　这位施主，请问这里可有地方容我们三人落脚休息片刻？

［农夫身着黑衣，扛着锄头，面无表情。听到话略停一秒，加快脚步急匆匆离开，没有回答。

阿　福　（惊讶）他怎么了？我们又不是坏人。

阿　禄　可能有什么急事吧。

阿　寿　(看了看农夫急急忙忙离开的背影)再找找其他家吧,今天太冷了,夜里可能要下雪。

[阿福走近一户人家,门口晒着茶叶。

阿　福　请问有人吗?

茶　商　(看了看阿福,嫌弃)走远点,没钱。

阿　福　(竭力解释)我们不要钱。

茶　商　(“哐”的一声关上门)该去哪去哪!

旁　白　屋里传出说话声,一个小女孩的声音传来:“外面是谁啊?”茶商回应:“要饭的!”

[天更黑了,开始下雪了,三人冻得有些发抖了。

阿　福　(难过)再找不到地方就要冻死了。

阿　禄　那家有灯光,我去试试。(敲了敲窗户)

秀　才　(打开门,皱着眉头,因被人打扰而愁苦)请问何事?

阿　禄　(双手合掌)冒昧打扰,实在唐突,只是天寒地冻,我们师兄弟三人想请您行个方便,让我们暂住一晚避避风雪,您看……

秀　才　家中地方太小,况且晚上我要读书,实在抱歉。(急匆匆关上门)

阿　福　他们怎么都这样?(着急气愤状)

阿　寿　(看了看越来越大的风和越来越暗的天空,忧心)他们原本不是这样的,我们想想办法吧。

[幕落。

第二幕　石头汤聚会

时　间　当天深夜

地　点　小村庄的空地

人　物　福、禄、寿三位神仙、小姑娘、小男孩、农妇、农夫、茶商等

旁　白　和尚解下了背上的小锅,点起了火。一个穿黄色裙子的小姑娘跑来,她好奇地看着三个陌生人。

[幕启。

小姑娘　我悄悄给你们带了馒头,吃完赶紧走吧,晚上很冷的。

阿　寿　感谢你,可爱的小姑娘,为了报答你,我要煮一锅最美味的石头汤送给你。小姑娘,你能给我们找三个又滑又大的石头吗?我要用它们来煮汤。

小姑娘　(睁大眼睛,张大嘴巴)我只见过妈妈用胡萝卜煮汤、用洋芋煮汤,可从没见过用石头煮汤。

[小姑娘找来了石头,还叫来了自己的小伙伴,他们凑在一起看和尚煮汤。

阿　福　谢谢你小姑娘,佛祖保佑善良的人。

阿　禄　师兄，这锅太小了，要是有一口大锅就好了。

小男孩　（刷地跑了出去，边跑边说）我家有，我去拿。

旁　白　小家伙的家长听说了这件事，觉得不可思议，就跟了出来。还有小家伙们在大街上大喊大叫引来了不少大人，他们觉得这比母猪会飞还可笑。街上聚集了不少人。

阿　禄　（小心翼翼地把怀里的石头放进锅里，慢慢搅动，像是自言自语）什么汤没有盐巴、没有胡椒也不好吃啊。

小姑娘　（唰地跑了出去，边跑边说）我家有，我去拿。

阿　寿　石头汤要想好喝，最起码要放盐巴、一点点八角、一点点茴香。

小男孩　（跳起来）我家有，我去拿。

阿　福　这跟我心中的好汤差远了，最起码要放一点点胡萝卜。

农　妇　我家地窖里还有一些胡萝卜，我就拿来。

阿　福　嗯，如果汤里放上洋芋，啊，汤熟了，洋芋那个香味啊，嗞嗞（口水声），真是妙不可言啊！

茶　商　我家有，我家有洋芋，我去拿来。

阿　寿　我最喜欢放一点点蘑菇在里面了，都说蘑菇炖的汤最鲜美了。

农　夫　我今天刚采了些蘑菇放在家里，我这就拿来。

阿　寿　我多么怀念洋葱的味道啊。

秀　才　我家刚刚好有洋葱，我去拿来。

阿　禄　豌豆，大家知道吧，我想在场的每一位都会赞同放上豌豆，汤会更好喝吧。

旁　白　村子里的人都对石头汤产生了极大的兴趣，他们纷纷把自己家的包心菜、木耳、豆腐……都丢到锅里，汤的香味越来越诱人。

［村民纷纷拿出自己东西的场景，互相讨论，叽叽喳喳，指着锅咽口水，旁白同时进行。

阿　禄　大家快看看这锅汤真是应有尽有啊，闻闻这汤的味道是多么鲜美啊。这时候要是有一张长长的餐桌就好了。

老妇人　我家有好大的餐桌，很多年没用过了，谁和我去搬？

小男孩　我，我，我！

阿　寿　啊，汤熬好了，真香啊。佛祖教导我们，分享会使人快乐，大家快搬几张桌子吧。

所有人　好，好，好！

［两边的桌子都摆好了，人们坐在餐桌旁。

旁　白　人们看着浓浓的石头汤，心中无限感慨，想不起上次大家聚在一起这么开心是什么时候了，好像记忆里从来没有这么单纯地快乐过。

老爷爷　我家里还有珍藏的女儿红，我这就拿出来。

茶　商　我家里还有我媳妇蒸的又大又白的馒头，我这就拿来。

少　女　我刚刚烤了些酥饼，大家一起吃吧。

旁　白　大家拿来了各种各样的食物，吃得很开心。

［悠扬的音乐响起，人们跳起了欢快的舞蹈。

老爷爷　（用力把烟锅子在凳子上磕了磕，清了清嗓子）我们村子原先也是这样的快乐，再苦的日子，你帮衬着我，我帮衬着你，大家都把自己的东西拿出来分享，从来没有饿过肚子。现在，感谢三位师傅，是他们重新教会了我们分享啊！

大　家　（边点头边说）是啊是啊。

旁　白　汤煮好了。村子里的人聚集在一块儿。他们带来了白米饭、馒头，他们提来了茶水和灯笼。在记忆里，他们很久没有像现在这样聚在一起享用过大餐。盛宴过后，他们说故事、唱歌，一直到深夜。他们不再锁上门，而是热情地邀请和尚们到家里去住，让他们睡得非常舒服。

阿　福　谢谢你们让我们来做客，你们是最大方的人。

村民们　应该谢谢你们，是你们让我们懂得了分享。

和尚们　快乐就像煮石头汤一样容易啊！

旁　白　村民们都学会了分享，于是他们在艰苦的日子里也没有失去快乐。

［幕落。

供稿　郑梦园　江苏省淮安市清江浦实验小学

第二节　中阶：读者剧场

读者剧场在最简单的形式下突出主要的观演关系，避免常见演出的繁琐过程，得以节省时间和精力，也可以避免资金困扰，相对简单又能满足多方面需求，是一种便捷、易于操作的戏剧形式。三年级以上学生可以通过读者剧场开展戏剧活动。

一、何谓读者剧场

读者剧场即朗读者的剧场，采用朗读的形式呈现故事内容，一般由两位或两位以上朗读者手持剧本，将故事的内容分成旁白和人物角色，在观众面前以声音及表情来介绍故事。读者剧场以团体朗读故事来揣摩角色特点，可以创意地展现故事作品。我们可以将含有丰富情节的课文改编成剧本，也可以选取课外优秀剧本，供学生演练。读者剧场是朗读与戏剧的跨界创意结合，是发挥学生想象力和表现力的有效载体。

读者剧场在表演时，不需要灯光、音响等设备，不需要戏服或道具，也不像戏剧表演需要背诵脚本台词，而是直接以手持剧本口述、朗读的方式进行。观众靠听和看来接收信息，通过聆听朗读者的诵读、观看朗读者的表情及简单的肢体动作来想象剧本的场景和艺术世界。在读者剧场中，每位学生都能参与，每位学生都能得到鼓励，各种阅读水平的孩子都有机会声情并茂地朗读，并且享受这个过程。

读者剧场可以理解为质朴戏剧在实践中的应用。质朴戏剧也叫贫困戏剧，最初是由波兰戏剧革新家耶日·格洛托夫斯基在二十世纪六十年代提出的。格洛托夫斯基在他的戏剧中，去掉剧本、音乐、华丽的服装、逼真的布景、舞台灯光，甚至镜框式舞台，最后只剩下演员的表演和观看表演的观众，并将这种去掉所有多余成分的戏剧称为“贫困戏剧”。他力图使演员和观众建立更亲密的关系，取消了舞台和观众座席的界限，使观众置身于整个演出活动中。英国戏剧大师彼得·布鲁克也曾说过：“我可以选取任何一个空间，称它为空荡的舞台。一个人在别人注视之下走过这个空间，就足以构成一幕戏剧了。”还有，我国传统戏曲舞台“一桌二椅”简单布景、表达的时空变化都是通过演员的表演和唱词交代的实践形式，主要依托声音表现创造故事空间，表达剧情意蕴。

读者剧场结合了读剧和演剧，实质上也是读演关系的转化，故事内容可以各不相同，但是故事的表达方式可以更质朴，剥离一些时代感或者多余的元素，由读到演，用尽量简单的道具和人物来讲述故事，让观众能够想象出他们心中的戏剧场景。

二、读者剧场的现实意义

读者剧场的现实意义在于能够很好地实现儿童自主参与，主要表现在以下几个方面。

一是参演人数灵活。可以一人读演一个角色，一个小组一个小组地展示；也可以多人同时读演一个角色，以更大的群体读演；还可采用先分后合形式，先小组读演，再集中展示，扩大儿童戏剧活动的参与面。如果说传统戏剧只限于精英参与的话，那么读者剧场则能够实现人人参与。

二是演出时空因地制宜。演出场地没有限制，可以在教室前面排列进行，也可以在其他场地举行，或站或立都不受影响，时时可演出，处处皆舞台，扩展了儿童的学习场景。

三是每位学生都能得到鼓励。学生表现力得到有效增强，通过阅读与改写剧本，把戏剧作为发展学生的媒介，注重激发学生的创新能力，有着背景音乐与戏剧剧情的烘托，学生的身心得以陶冶，有助于发展他们创造与表现的能力。

四是体现了生生、师生间高度的互动性。整个活动过程中强调讨论式学习、合作式学习，培养学生的自主表现、语言交流、互相协作等能力，他们的人际交往与合作能力在读者剧场的互动中得以培养与发展。

在读者剧场的活动中，阅读是基础，与一般性阅读活动不同的是，读者剧场中表演任务能够引发学生多次阅读作品并得到不断提升。一开始学生会自己默读，然后会和小组同学一起练习，并轮流担任不同的角色以体验不同的感受。学生朗读时不再求快求准，而是根据自己对文本和人物的理解，通过声音变化塑造人物的情感、性格。在角色创新的过程中，引发学生对文本深层次的思考，培养学生的表达技巧与思维能力。读者剧场提供了人人参与的学习机会，教师与学生在有趣的读者剧场活动中产生了良好的互动，学生对剧本进行修改和创造，教师指导学生参与活动并使学生能力得到提升。读者剧场创造性地整合读演过程，是一种具有开放性的学习形式，因其简便、富有实效而具有普及推广价值。

三、读者剧场的操作流程

读者剧场的整个流程与正常排戏类似，也会有剧本分析、选配角色和排练演出等阶段，基本流程如下。

1. 选择题材

选择的题材要符合学生认知发展特点，有一定的品质内涵，富有趣味性，能激发学生的阅读兴趣。一般所选素材要有个性鲜明的角色，情节生动有趣，有大量的对话，适宜表演。选择题材也要跳出传统剧本的框架，不仅是小说类，诗歌、歌曲等体裁也可以用读者剧场来呈现。读者剧场选材广泛，课内外选材均可。当然，在中年级仍然以故事类为主，剧本难易根据学情和教学目标来定，容量也可以根据课时灵活安排。在大多数学生能够接受的基础上，可以选取具有一定挑战性的故事题材，避免低幼化，否则学习能力较强的学生会感到乏味无趣。总之，读者剧场剧本的素材要兼顾不同程度的学生，这是学生大规模参与的前提。

2. 编写剧本

教师要指导学生制作剧本大纲，为了清晰明了，可通过表格呈现，内容包含故事主题、角色、场景、事件、场次顺序等，对人物、事件、时间、地点也可作相应的文字说明。接着采用教师范读、学生倾听或学生自主轻读的方式熟悉文本材料，在师生初读的基础上提取表格所需信息，将所读到的相关内容填写在表格中。

在通读故事、了解内容之后，教师可对学生进行分组，每组以 4～6 人为宜，小组成员采取异质分组的形式，按读演能力混合编组。分组后，同一小组内的学生读演能力有高有低，这样的差异化是为了增强合作式学习的效果，有利于学生学会理解和尊重，互相学习，互相帮助，充分发挥小组的作用。在学生分好组之后，就开始以小组为单位编写剧本，依照表格中可利用的信息，进行读者剧场剧本的梳理和创作。如果故事太长，可以节选片段，或者缩写故事；如果故事短了，可以围绕文本主题丰富故事内容，增加人物对话，还可以对故事的叙述人称进行变换，使得故事便于朗读和表演。

在完成对文本的修改、编写后，要统整剧本格式，回顾剧本大纲使之更像演出剧本，若是初次接触剧本，教师可提供剧本样式让学生观看学习，如角色、场次、台词、舞台提示等，让学生有直观感受。对于成型的剧本，学生要进行试读，检查有无错别字、是否通顺明白等，随后定稿备用。

3. 演练修正

在演练环节，要引导学生了解剧本排练演出的相关分工和程序，从个别练习到小组合练，需要建立一定的规则，保证学生练而不乱。可以根据学生实际水平在小组内分配角色，也可以尝试自选角色后协调确定，若是组员差异不大，还可以随机分配角色。在选定好角色后，每位学生要找到自己所担当角色的对话部分，并标示出来，以便下面的读演练习。在演练过程中，要给予学生足够的练习时间，以确保他们在演出中能够流畅地读演自己所承担角色的内容。

小组每个成员在自主练习中要积极代入角色，不断深化对自己所扮演角色的理解，想象自己表演时的动作、神态、语气、语调，然后通过流利地朗读表现出来。小组合练时，成员之间要交流各自对人物形象的认识，互相倾听，修正自己的表现，提高读演水平。教师也要就文本解读、角色示范等方面给予个别指导，及时给出意见与建议。此外，还可以让学生将剧本带回家中练习，可以邀请家长参与，这样既解决时间不足问题，也可以运用家校合力提升演练成效。

4. 朗读表演

当学生练习到一定程度后开展表演活动。教室即剧场，在教室前面摆放一排椅子当表演席，学生座位当观众席，表演的学生在教室前面排成一排，面对观众进行表演。鼓励学生声情并茂地朗读，以丰富的情感、恰当的语气、顺畅的朗读释放自己的表达欲，并且享受这个过程。

除了流利的朗读，教师还可以引导学生利用身体在表演中加入剧场元素，如离开前排表演席表示暂时离场，模仿戏曲表演中手掌相对展开表示开门，还可用声音模拟风雨声、鸟叫虫鸣等，增强表演效果。现场观众通过朗读者的声音表现来感同身受，充分理解故事内涵，在聆听朗读、观看表情的同时发挥自己的想象力，形成自己对故事的解读。读演尝试带给学生良好的朗读体验，能够激发学生的朗读主动性与热情，提升学生的朗读体验与表现能力。

5. 评价提升

读者剧场提供学生在公开场合展现自己的机会，让学生将书中文字转化成口语呈现，要通过有效评价促进表演提升。教师引导学生制评价量表，评价维度涉及学生的参与度，朗读的清晰度、流畅度，表现力以及小组合作程度等，便于多元评估。针对学生存在的问题，每次评价可以有所侧重，如朗读方面存在的突出问题是语气平淡、韵律感不足等，朗读者不能做到用有声的语言传达所读文本的深刻含义，就很难引起听者的情感共鸣。评价时要特别注意朗读需符合各自的要求，如旁白的语言要自然、明确，语调平稳；人物对话能表现人物的性格、身份和思想感情，这样通过朗读强化阅读提升，通过角色扮演帮助学生理解文本中的要素，有利于增强学生当众表现的信心、口语能力及合作意识。

写排演日记，记录自己参加读者剧场的经过，也是学生自我反思、自我评价的一个方式。排演活动中个人经历的事情、独特的感受，磨戏的酸甜苦辣、心得体验都是个人成长的财富，学生将在这样特别的诉说空间里经历成长。

四、案例选编

1. 在牛肚子里旅行

【故事简介】

《在牛肚子里旅行》选自统编版小学语文三年级上册第三单元，原作品作者是张之路。张之路，著名作家、剧作家，国际安徒生奖提名奖获得者(2006 年)。《在牛肚子里旅行》以童话的方式给小朋友们讲述了一个科普小故事：一天早饭后，一对蟋蟀朋友红头和青头玩起了捉迷藏。红头先藏，他悄悄地藏在一个草堆里，青头同他说话，红头也不答应。大黄牛也来到了这片草地，他低头吃草，却误把躲在草堆里的红头吞进了肚子。惊慌的红头大声求救，青头想去救他，却被牛尾巴一下扫到了地上。青头痛极了，他忍痛爬起来，不断地鼓励和安慰红头，红头最终在青头的帮助下从牛肚子里出来了。

时　间　一天早饭后

地　点　青青草地

人　物　青头、红头、大黄牛

旁　白　在美丽的青青草地上，有两只可爱的小蟋蟀，一只叫青头，另一只叫红头。他们是一对非常要好的朋友。有一天，刚刚吃过早饭，青头便向红头提议玩游戏……请听故事——牛肚子里的旅行。

[幕启，清晨的森林一片生机勃勃，太阳露出了和蔼的笑脸，鸟儿在枝头高唱着歌。

青　头　红头红头，咱们来玩捉迷藏吧！

红　头　好呀！青头，那我先藏，你来找。行吗？

青　头　(一边说，一边转过身子闭上了眼)好吧！

旁　白　红头四面看了看，悄悄地躲在一个草堆里不做声了。

青　头　(大声地)藏好了吗？

旁　白　红头不说话，屏住了呼吸，只露出两只眼睛偷偷地看。他心想，我要是一答应，就会被青头发现，所以还是先乖乖藏好吧。

红头在草堆里默默观察着青头的动静，却忘了注意身后的情况……正在这时，一头大黄牛从红头后面慢慢走过来。红头做梦也没有想到，大黄牛突然低下头来吃草。可怜的红头还没有来得及跳开，就和草一起被大黄牛吃到嘴里了。

红　头　(大声呼叫)救命啊！救命啊！青头，快救救我！

青　头　（惊讶地）你在哪儿？

红　头　我被牛吃了……正在他的嘴里……救命啊！救命啊！

旁　白　青头大吃一惊，他赶紧蹦到牛身上想看个究竟。可是那头牛用尾巴轻轻一扫，青头就重重地摔在地上了。

青　头　哎呀！好痛！痛死了！

旁　白　摔在地上的青头不顾疼痛，一骨碌爬起来，隔着牛肚皮对着红头大声喊道……

青　头　红头，躲过他的牙齿，牛在这时候从来不会仔细嚼的，他会把你和草一起吞到肚子里去……

红　头　（带着哭腔）那我马上就会死掉！

旁　白　红头的声音越来越小，原来，他和草已经一起进了牛的肚子。然而，一旁的青头一点儿也没放弃，他跳到牛肚子上，隔着肚皮安慰红头。

青　头　（温柔地）红头，不要怕，你会出来的！我听说，牛肚子里一共有四个胃，前三个胃是贮藏食物的，只有第四个胃才是管消化的！

红　头　（悲哀、绝望地）可是，你说这些对我有什么用呢？

青　头　（肯定）当然有用，等一会儿，牛休息的时候，他要把刚才吞进去的草重新送回嘴里，然后细嚼慢咽……你是勇敢的蟋蟀，你一定能出来的！

红　头　（虚弱地）谢谢你！

旁　白　红头的声音小得几乎听不见了。他咬着牙不让自己失去知觉。红头在牛肚子里随着草一起运动着。从第一个胃到了第二个胃，又从第二个胃回到了牛嘴里。终于，红头又看见了光亮。可是他已经一动也不能动了。

［青头爬到牛鼻子上，用他的身体在牛鼻孔里蹭来蹭去。

大黄牛　阿嚏！

旁　白　哈哈！牛打了一个喷嚏。红头随着一团草一下子给喷了出来……红头看见自己的朋友，高兴地流下了眼泪。

［大黄牛下。

红　头　（紧紧抱住青头）谢谢，谢谢你，青头……

青　头　（笑眯眯地）不要哭啦，今天的事就算你在牛肚子里做了一次奇特的旅行吧！

旁　白　牛肚子之旅在此告一段落了，青头和红头在青青草地又会发生什么有趣的故事呢？欲知后事如何，敬请期待！

［幕落。

供稿　薛　晚　江苏省淮安市清江浦实验小学

2. 慢性子裁缝和急性子顾客

【故事简介】

《慢性子裁缝和急性子顾客》是选自统编版小学语文三年级下册第八单元的一篇课文,原作品的作者是周锐。周锐是一名儿童文学作家,其作品曾获宋庆龄儿童文学奖、冰心儿童文学奖等多项大奖。本文讲述了一个精彩而幽默的故事——急性子顾客让慢性子裁缝做一件上衣,急性子顾客一次又一次地要求改变衣服的款式,而慢性子裁缝每次都爽快地答应,到最终也还没开始裁布料。故事讽刺了急性子的急躁和慢性子的拖沓。

第一幕　初次到访

时　间　冬天

地　点　裁缝店里

人　物　裁缝、顾客

旁　白　故事发生在冬天。裁缝店里走进一位顾客。

[幕启,裁缝坐在桌旁缝制衣服。顾客由室外进入店内。

顾　客　(快速走进来,把一卷布料放到桌上)我想做件棉袄。我已经跑了三家裁缝店了。第一家说要到秋天才能做好。第二家问我有没有等到夏天的耐心。数第三位师傅强些,但他最早也要到开春才能交货。我可等不及,都没让他们做。告诉您,我和别的顾客不一样,我是个性子最急的顾客。请问师傅,您准备让我什么时候来取衣服——秋天?夏天?春天?

裁　缝　不,就在冬天。不过,我指的是明年冬天。

顾　客　(噌的一下子跳起来)这么慢啊!

裁　缝　我和别的裁缝不一样,我是个性子特别慢的裁缝啊。

顾　客　那就算啦,我还是去找刚才的师傅吧。(夹起布料,作势要走)

裁　缝　别走,我知道您是个急性子。依我看,我做的活儿最适合您这种性子的顾客啦。

顾　客　(纳闷的表情)为什么?

裁　缝　照您的性子,您肯定会一拿到衣服就穿在身上,不是吗?

顾　客　那当然。我可不会把新衣服藏在箱子里。

裁　缝　那么,您要是在别的季节拿到新棉袄,也不得不由着性子穿上。可是您无论在秋天、夏天还是春天穿一件棉袄,人家都会笑话您的。我呢,决不会让人笑话您。非但如此,在您穿上我做的美观大方的新棉袄的时候,大家还会围着您直夸奖,甚至羡慕您呢。

旁　白　这位顾客歪着头想了想,不得不承认裁缝说得有道理。于是,做衣服的事就算说定了。

[幕落。

第二幕 犹豫不决

时 间 冬天

地 点 裁缝店里

人 物 裁缝、顾客

旁 白 不料，这位顾客第二天又跑到裁缝店来。

［幕启，裁缝坐在桌旁缝制衣服。顾客火急火燎地由室外进入店内。

顾 客 我不做棉袄了！等到明年冬天，时间实在太长啦。

顾 客 把我那棉袄里的棉花拽掉，改成夹袄，让我提前在秋天就能穿上合时的新衣服吧。

裁 缝 不要棉花了，行啊。为您服务，没说的！

旁 白 顾客满意地走了。第三天，这位顾客又来了。

顾 客 师傅，把我那夹袄的袖子剪去一截儿，改成夏天能穿的短袖衬衫吧，我实在等不及了。

裁 缝 （点点头）剪袖子，只要“咔嚓咔嚓”两剪子，好办得很，没问题。

旁 白 顾客离开了裁缝店。

［幕落。

第三幕 拿定主意

时 间 冬天

地 点 裁缝店里

人 物 裁缝、顾客

旁 白 又过了一天，顾客又来到了店里。

［幕启，顾客由室外走进店里，裁缝坐在店里。

裁 缝 怎么，您那件短袖衬衫还能改成什么？

顾 客 对不起，麻烦您再给我改成春装吧。袖子嘛，把上次剪下来的再接上去就是啦。

裁 缝 接上去的袖子多难看啊。（摇了摇头）

顾 客 那您别管，只要能让我早些在春天穿上。您别忘了，我可是个急性子顾客啊。

裁 缝 亲爱的顾客，我要对您负责。我不会让您穿上这样难看的衣裳，这也坏了我的名声啊。

旁 白 顾客泄气地垂下了头。

裁 缝 （拍拍顾客的肩膀）您放心，凭我的手艺，不用接袖子也能给您做出一件最漂亮的春装。

顾 客 （感动地说）那太谢谢啦。您真的不用接袖子？

裁　缝　（自信地）根本不用。（微笑着说）因为您的布在我的柜子里搁着，我还没开始裁剪呢。

顾　客　（惊讶、恼怒地瞪大了眼睛）你这……

裁　缝　您可别忘了，我是个慢性子裁缝啊。

旁　白　欲知后事如何，敬请期待！

［幕落。

供稿　李生霞　江苏省淮安市清江浦实验小学

3. 为中华之崛起而读书

【故事简介】

《为中华之崛起而读书》是统编版小学语文四年级上册第七单元的课文。这篇课文讲述了少年周恩来在感受到“中华不振”的现实后，立志为振兴中华而读书的事。作者是陈沚，我国著名艺术家、作家，又名明和，丹阳后巷大陈沚村人。陈沚在课文中描述的是周恩来在少年时代目睹了中国人在租界里受洋人欺负，围观的中国人都敢怒不敢言的场面。彼时，周恩来感悟到中华不振的含义，从而立志要为振兴中华而读书。

第一幕　奉天车站，独自求学

时　间　多年以前

地　点　奉天车站

人　物　周恩来、周伯父、旅客们

旁　白　校园的清晨，微风抚柳，鸟语花香。

［幕启，老师和孩子们在晨光中集体朗诵梁启超先生的《少年中国说》，朗朗的读书声响彻云霄。

周恩来　（背着包裹伴着火车汽笛声走来，四处张望，忽然一喜）啊！伯父，伯父。

周伯父　（拎着包袱，领着周恩来在人群中走着。回头道）翔宇啊，学校我已经帮你找好了，到了学校，切要好好读书，如今只有读书才是出路啊！

周恩来　知道了，伯父。不过伯父，我今日在车上看见有个地方有好多外国人进出，那是个什么地方啊？

周伯父　（停下脚步）那是外国租借地，没事可千万不要到那个地方去玩啊。

周恩来　（不解地问）为什么？外国租借地又怎么了？

周伯父　那是外国人的地方，惹出麻烦都没地方去评理啊。

周恩来　（更不解了）那又是为什么呢？那明明是中国的土地呀。

周伯父　为什么？中华不振啊！

旁　白　伯父叹了口气，继续走在了前面，周恩来站在原地，脑海里不断回荡着伯父的话：中华不振啊！

［幕落。

第二幕　目睹现状，怒而奋起

时　间　一天下午

地　点　租界

人　物　周恩来、同学1、同学2、巡警、妇女

旁　白　周恩来与同学1、同学2星期日夜里进入了租借地。三人走在租界的街道上，被周围的繁华深深地吸引。他们挨个地看街边商铺里琳琅满目的商品，惊叹于一些没见过的商品，互相讨论着是什么东西。

［幕启，就在这时，街道的另一头开始哄吵了起来。

同学1　（朝着闹处走去）我们过去看看发生了什么吧。

［周恩来和同学2点点头跟了上去。

旁　白　人群中，一个洋人趾高气扬地靠在汽车上，汽车边躺着一个小女孩，地上跪着一位中国妇女。

妇　女　（拉着巡警的手，指着洋人哭喊着）就是他，刚刚汽车飞速开过来，撞死了我的女儿，警察大哥，你一定要帮帮我，替我们做主啊。

巡　警　（厌恶地一脚踢开妇女，指着妇女的鼻头）你活该啊，自己的女儿都看不好，反过来还怪别人撞死你女儿，赶快把你女儿抬走，不要妨碍公务。（边说着边开始驱散人群，好给洋人让路）

旁　白　周围的一些中国人都握紧拳头不肯走开，但又不敢阻拦洋人，只能狠狠地瞪着洋人和巡警，看他们远去。周恩来本想上前，忽然想起伯父的叮嘱，只能愤愤地停下脚步。三人站在人群外，没有言语。

周恩来　（望了远去的洋人良久，叹了口气）我们回去吧。

［幕落。

第三幕　为中华之崛起而读书

时　间　课堂上

地　点　沈阳东关模范学校

人　物　魏校长、周恩来、同学1、同学2、同学3、同学4、同学5

旁　白　丁零零，丁零零，快进教室啊。

［幕启，魏校长快步走进了教室。

学　生　起立！校长好！

魏校长　同学们好，请坐。同学们，今天这节修身课的题目是“立命”，每个人都要树立自己的目标，明确自己的志向，这样读书才会有动力。同学们，你们为什么读书？

同学1　当个大官，光宗耀祖，也让父亲望子成龙之心如愿以偿。

魏校长　当个清官吧，同学2。

同学 2 苏轼说:"发奋识遍天下字,立志读尽人间书。"我呢:"挣遍天下所有钱,买尽人间所有宝。"

魏校长 嘘——小声点,别让牛死绝喽。同学 3。

同学 3 (方言)我爹语重心长地对我说:"读书可以明理,别和你娘似的,不认字,胡搅蛮缠,天天把我气个半死。"

魏校长 你爹,也不容易。同学 4。

同学 4 (方言)俺娘说啦,穆桂英呀,花木兰呀,那都是传说,女汉子不吃香,"女子无才便是德",别考第一第二的,认几个字得咧。

魏校长 你娘也是为你好呀。同学 5。

同学 5 校长,您不舒服吗?

魏校长 没事,你们这么有出息,我激动地……有点蒙圈……(擦汗)(周恩来举手)

魏校长 恩来,你还要说啊?

周恩来 为中华之崛起而读书!

魏校长 (眼神一亮)有志者,当效周生啊! 一个十二岁的少年,竟有如此大的志向,必成大器!

旁　白 课堂上的故事在此告一段落,但是周恩来会怎样努力,又为中华民族做出了哪些贡献呢? 欲知后事如何,敬请期待!

[幕落。

供稿　陈嘉欣　江苏省淮安市清江浦实验小学

4. 西门豹

【故事简介】

《西门豹》选自统编版小学语文四年级上册第八单元,改编自褚少孙补《史记·滑稽列传》。褚少孙,西汉经学家,颍川(今河南禹州)人,西汉中后期做过博士,明代人辑有《褚先生集》。课文讲述了一个历史故事:两千多年前,西门豹管理邺城(今河南安阳市北,河北临漳县西)那个地方时,通过调查,了解到那里的官绅和巫婆勾结在一起危害百姓,便设计破除迷信,并大力兴修水利,使邺城又重新繁荣起来,为老百姓营造了一个安宁、富足的生活环境,深受百姓敬爱。

第一幕　接受任务

时　间 战国时期

地　点 魏国王宫

人　物 西门豹、魏王

[幕启,魏王坐在宫殿宝座上,西门豹由殿外上。

西门豹 (行礼)大王万岁万岁万万岁。

魏　王　免礼平身。

西门豹　（起身）谢大王。不知大王召微臣前来，所为何事？

魏　王　爱卿，漳河边上的邺城连年歉收，百姓生活贫苦不堪，地方官吏毫无作为，寡人认为以你的才干能够治理好，你这就准备准备，明日赴任吧！

西门豹　大王放心，微臣一定治理好邺城！

［幕落。

第二幕　体察民情

时　间　几天以后

地　点　邺城街上

人　物　西门豹、侍卫、老大爷

［幕启，西门豹正带着侍卫在邺城微服巡视。

西门豹　侍卫啊，这几天跟随我出来巡视，觉得这儿跟京城有什么不同啊？

侍　卫　大人，依卑职看，这儿田地荒芜，人烟稀少，咱们京城可比这儿繁华多了！

西门豹　（摇头叹气状）唉，这个地方如此荒凉，百姓们一定受了很多苦，不知道问题到底出在什么地方呢？

［这时，迎面来了一位老大爷，颤颤巍巍地挑着重重的担子。

西门豹　（忙快步上前扶住老大爷）大爷，您怎么这么大年纪了还自己挑着这么重的担子？您的儿女呢？

老大爷　（气喘吁吁，擦了一把汗）儿女都去了外乡谋生了，家里就剩我这个老头子跟老太婆了。

西门豹　（疑惑地）您的儿女为何要离开邺城？

老大爷　（满面愁容地）唉，一看你们就是外乡人。这一路你们也看到了吧？你们不知道，这里的长官和地方劣绅狼狈为奸，贪赃枉法，做尽了坏事，年轻人只能出去谋生。这也就罢了，更可恨的是河神娶媳妇。

西门豹　（疑惑地）什么叫“河神娶媳妇”？

老大爷　河神是漳河的河神，每年都要娶一个年轻漂亮的姑娘做媳妇，要是不给他送去，河神就会发怒，漳河就会发大水，把田地全部淹没。

西门豹　这话是谁说的？

老大爷　巫婆说的。地方上的官绅每年出面给河神办喜事，硬逼着咱们老百姓出钱。每闹一次，他们就要收几百万钱，办喜事只花二三十万，余下的钱他们就和巫婆分了！

西门豹　那这娶亲是怎么个娶法？

老大爷　哪家有年轻的女孩子，巫婆就带着人到哪家去选。有钱的人家花点儿钱就过去了，没钱的只好眼睁睁地看着女儿被他们拖走。到了河神娶媳妇那天，他们在漳河边放一条蒲席，把女孩打扮好了，让她坐在蒲席上，顺着水流漂去。蒲席先还是浮着的，到了河中心，就连女孩一起沉下去了。

西门豹 （恍然大悟）原来如此，所以有女儿的人家都逃走了是吧？

老大爷 是啊，这儿人越来越少，这地方也越来越穷。

西门豹 侍卫，你帮这位老大爷把东西送到他需要去的地方吧，我自己回去就行。

侍　卫 是！卑职遵命！

［幕落。

第三幕　河神娶亲

时　间 几天以后

地　点 漳河边

人　物 西门豹、新娘子、士兵们、巫婆、小巫婆们、众官绅、百姓们

［幕启，巫婆披头散发、神神道道地登场。

巫　婆 天灵灵，地灵灵，太上老君快显灵……仙女仙女跳下来，来年保你发大财，发大财！要问我是谁？我是漳河两岸大名鼎鼎、无所不能的巫婆。今天，可是个大喜的日子，因为，河伯要娶媳妇了！

众官绅 （附和）是啊是啊！大喜的日子啊！

巫　婆 （小声）几位大人，今天可是个发大财的好日子，不过，听说刚来的这位西门大人很是清廉，不知道西门大人会不会……

众官绅 （不耐烦）这有什么为难的？没准儿他还不知道这事儿呢！即使来了，也不就是多个人分钱嘛！快点儿吧！别啰啰嗦嗦的！

巫　婆 徒儿们，快把新娘带过来！

小巫婆们 是！

［小巫婆们推着新娘上场。

巫　婆 （大声）快来看啊，快来看啊，河伯娶媳妇啦！

新娘子 （哭哭啼啼地）不要！不要！

巫　婆 （皮笑肉不笑地）哟，能嫁给河伯当神仙，那是你几辈子修来的福气啊！错过了良辰吉时，河伯可是要不高兴了！

新娘子 （挣扎）爹！娘！我不想死……

巫　婆 （怒道）今天可是河伯娶亲的大喜日子，要是你惹得河伯不高兴，河伯怪罪下来，那你们一家都要吃不了兜着走！

吉时已到！河伯娶亲，现在开始！

［巫婆继续神神道道地表演，新娘挣扎逃跑，此时西门豹率领侍卫们正在去往漳河的路上。

士　兵 西门大人到——

［幕落。

第四幕 漳河除恶

时 间 当天

地 点 漳河边

人 物 西门豹、新娘子、士兵们、巫婆、小巫婆们、众官绅、百姓们

[幕启，西门豹率领侍卫们来到漳河边。

众 人 （齐跪下）参见西门大人。

巫 婆 （满脸堆笑地）西门老爷大驾光临，有失远迎！

官绅头 （点头哈腰地）老爷要来也不通知小的，小的们都没来得及准备，恕罪恕罪！您请就座！

西门豹 （假装生气地）河伯娶媳妇这么大的事情，你们怎么不通知我这个地方官？让我也来送送新娘？是不是怕我……

官绅头 （谄媚地）大人公务繁忙，我们不敢惊动大人。

西门豹 （走到椅子处坐下，四下张望）新娘子呢！快把新娘子领来让我看看！

巫 婆 （转身吩咐小巫婆）把新娘子领来让西门大人看看！

[小巫婆领着新娘来到西门豹面前，新娘跪下，小声哭泣，满脸都是泪水。

西门豹 （朝新娘看了一眼，回头望着巫婆，指着新娘，生气地）这个新娘谁选的？

巫 婆 （小心翼翼地）西门大人，是小的选的。大人可还满意？

西门豹 （生气地）满意？哼！我非常不满意！这个新娘不漂亮！河神不会喜欢的！麻烦你现在就去跟河伯说一声，说我要选个漂亮的，过几天就送去！

巫 婆 （愣住）这……

西门豹 （挥挥手）士兵呢！快送巫婆去河神那儿！

巫 婆 （大惊，跪地磕头）大人饶命啊！耽误了吉时，漳河就要发大水了啊！

西门豹 （严厉、不耐烦地）士兵！还不快送巫婆去！

士 兵 （摔人的样子）去吧你！

巫 婆 （在水中挣扎）大人，冤枉啊！大人！我不会水啊！救命啊！

西门豹 （面对心惊肉跳的官绅们）各位少安毋躁，等等看河伯怎么说。

众官绅 （大惊失色）这可如何是好？

官绅头 （小心翼翼地）大人有所不知，河伯娶亲乃是大事，十几年来一直如此，若是您惹得河伯不高兴，那后果不堪设想啊！

西门豹 （点头，似是赞同）是啊！言之有理！我之所以让巫婆去询问，也是为河伯考虑。

官绅头 （下定决心似的）西门大人，河伯娶亲，我等百姓费时颇久，钱财也略有节余，我等也绝非忘恩负义之徒，定不会落下大人的好处！

西门豹 （拍桌而起，大怒）这么久了，那巫婆怎么还不回来？定是笨嘴笨舌，没解释清楚！麻烦你下去亲自给河伯解释！士兵——

众官绅 大人万万不可啊！河伯会发怒的！

西门豹 （挥手）还愣着干什么！

士　兵 （拖人下去）你这狗官，见你的河伯去吧！

官绅头 （咒骂）西门狗官！我做鬼也不会放过你的！

众官绅 （跪下求饶）大人饶命！我们知道错了！开恩呐！这不是我们的主意啊！

西门豹 （起身，慢慢思考状）想要活命嘛，也行！（手指向百姓）去，给大伙解释清楚！

众官绅 （无奈、向百姓们下跪）父老乡亲们，我们错了！给河伯娶媳妇都是骗人的！

［百姓听后议论纷纷。

西门豹 （严厉地）给大家说清楚！

众官绅 （哭喊）那些逼老百姓交来的钱，大部分都被巫婆和头儿吞了，我们只得了一小部分，我们统统拿出来赔偿给大家！只求大人饶命啊！

西门豹 （面向百姓，大声）父老乡亲们，你们都看到了吗？你们都听到了吗？世上根本没有河伯！河伯娶亲，那是巫婆、劣绅他们骗钱的把戏啊！（众人恍然大悟状）

百姓们 （愤怒）原来是巫婆和官绅把我们的钱贪污了！我们上当了！（扔菜叶、扔石头）

众官绅 （磕头求饶）饶命啊！我们再也不敢了！

新娘子 （拜谢）谢谢青天大老爷，谢谢你救了我的命！

百姓们 （齐拜谢）谢谢大人为我们做主！

西门豹 （扶众人）乡亲们快快请起！这是我应该做的！

旁　白 此后，西门豹发动老百姓开凿水渠，把漳河水引到田里，庄稼得到灌溉，百姓们年年获得了好收成，日子渐渐好了起来。

［幕落。

供稿　郑知仪　江苏省淮安市清江浦实验小学

5. 小王子（节选）

【故事简介】

《小王子》是法国作家安托万·德·圣·埃克苏佩里于 1942 年写成的著名儿童文学短篇小说。本书的主人公是来自外星球的小王子，是一个神秘可爱的孩子。他住在被称作 B－612 的小星球，是上面的唯一居民。小王子离别自己的星球和所爱的玫瑰花，开始了宇宙旅行，最后来到了地球。在撒哈拉沙漠，小王子遇到小说的叙述者飞行员，并和他成了好朋友。本书就以那位飞行员作为故事叙述者（剧中的旁白），讲述了小王子从自己的星球出发，前往地球的过程中所经历的各种事情。作者以小王子的孩子式的眼光，透视出成人的空虚、盲目、愚妄和死板教条，用浅显天真的语言揭示了人类的孤独寂寞、没有根基、到处流浪的命运，同时也表达出作者对金钱关系的批判和对真善美的讴歌。

本剧根据《小王子》相关章节改编，在这几章中，小王子先后遇到了国王、虚荣人、酒鬼和生意人，月亮、星星这两个角色是为了调节舞台气氛，由改编者后加进去的。国王是小王子在离开自己的星球后拜访的第一个小星球——325 星球上仅有的居民。这个国王称自己统治一切，他必须被尊敬，不容忤逆。然而，事实上他徒有虚名，他只是自己一个人的国王。虚荣人居住在小王子拜访的第二个星球，他坚持要大家崇拜他，对别人的意见充耳不闻，只愿听见赞扬声。酒鬼是小王子离家后遇到的第三个人，他为了忘记让自己难为情的事喝酒，而喝酒又是让他感到难为情的事，因而非常矛盾。生意人是小王子遇见的第四个人，是一个滑稽的大人，他认为自己拥有星星，便坐在那里不停地数星星，却没有为星星做过任何有益的事，他是小王子唯一批评过的大人。

第一幕　一个人的国王

时　间　很久很久以前

地　点　325 星球国王宫殿

人　物　小王子、国王、星星

旁　白　就这样，小王子继续踏上了旅程。离他最近的是 325、326、327、328、329 和 330 号小行星，他开始访问这些小行星，他首先来到了 325 星球……星球上住着一位孤独的国王，他身穿装饰着貂皮的紫色长袍，坐在简单然而气派的宝座上。

［幕启，金碧辉煌的宫殿里空空荡荡，国王孤独地坐在宝座上，小王子由星星带上。

星　星　小王子呀，你为何要来到 325 星球呢？

小王子　（坚定地）我想找到合适的职业，也为了学习知识。

星　星　那这样，就让我给你带路吧！

国　王　（惊喜地）呀！有个子民过来了。

旁　白　小王子环顾四周，想找个位子坐下，可整个星球已是座无隙地，所以他只能继续站着，由于很累，他打了一个哈欠。

国　王　你难道不知，在国王面前打哈欠是违反礼仪的行为吗？

小王子　（不好意思地）我忍不住，我很久没有睡觉了……

国　王　那我命令你打哈欠。快点！再打几个啊。这是命令！

小王子　（涨红了脸）你吓到我了……我打不出来……

国　王　（磕磕巴巴地）那我……命令你有时候打，有时候不打……如果我命令某位将军变成海鸟，而他没有服从，那不是将军的错误，而是我的错。

小王子　（胆怯地）我可以坐下吗？

国　王　我命令你坐下。

小王子 陛下，我有个问题想问您。

国　王 我命令你问我。

小王子 （好奇地）陛下，您都统治些什么呢？

国　王 一切。

小王子 星星也听您的话吗？

国　王 当然。

小王子 （惊奇地）请您帮帮忙，请太阳下山吧……

国　王 你会得到你想要的日落，但不是现在。

小王子 （打哈欠）我在这没事了，我要走了。

［幕落。

第二幕　自我崇拜

时　间 很久很久以前

地　点 第二个星球街道

人　物 小王子、虚荣人、月亮

［幕启，荒芜的星球上，虚荣人行走在空旷的街道上，小王子由外上。

旁　白 第二个星球上住着一个虚荣的人。

虚荣人 哦，有个崇拜者来看我来了。

小王子 早上好，先生，你的帽子可真滑稽。

虚荣人 那是用来答谢别人的敬意的。当别人向我喝彩的时候，我就举帽致意。

小王子 那可真不错。

虚荣人 可惜从来没有人经过这条路。

小王子 为什么？

虚荣人 鼓掌，向我鼓掌。

小王子 （向虚荣人鼓掌，虚荣人举帽致意。又鼓掌，再致意。连续不断地鼓掌，不停地致意）这样吗？

虚荣人 是的……GOOD……对的……RIGHT……好的……

小王子 这可比国王有意思多了……看他就像是一个机器人被我遥控……可是，怎样才能让他停下来呢？

虚荣人 谢谢……你好……YES……你，鼓掌，不要停，小子。

小王子 喂，你够了没有。

虚荣人 （骄傲地）你真的非常崇拜我吗？

小王子 崇拜？什么？为什么？

虚荣人 难道你不认为我是这个星球上最英俊、最体面、最有钱和最聪明的人？——也是最谦虚的人。

小王子　可你是这个星球上唯一的人呀。
虚荣人　你不是还照样要崇拜我吗?!
小王子　就算我崇拜你,可这有什么好让你高兴的呢?
虚荣人　你崇拜我,你真的崇拜我——
小王子　大人怎么都那么奇怪?
月　亮　小王子,你有什么疑惑啊?
小王子　为什么大人这么奇怪?
月　亮　这个嘛,这个嘛,我也不知道。也许,等你成了大人,你就会知道了吧。
小王子　那你是大人吗?
月　亮　嗯——我还没有长大。等我收集到1000颗流星的时候,也许我就会长大了吧!
[幕落。

第三幕　自相矛盾

时　间　很久很久以前
地　点　第三个星球
人　物　小王子、酒鬼
旁　白　第三个星球上住着的是爱喝酒的人,这次拜访的时间虽然很短,却让小王子伤感了很久。
[幕启,漆黑的星球,偶尔有一丝光亮,一个酒鬼喝着闷酒,小王子由外上。
小王子　你在这儿做什么呀?
酒　鬼　我……我在喝酒。
小王子　干吗喝酒呢?
酒　鬼　喝酒……喝酒能使我遗忘。
小王子　遗忘什么呢?
酒　鬼　遗忘……遗忘我的耻辱!
小王子　什么耻辱?
酒　鬼　耻辱……耻辱就是——他们说我是个酒鬼!
小王子　我不明白。(酒鬼不再说话)唉,这些大人真是不可思议呀。
[幕落。

第四幕　路遇生意人

时　间　很久很久以前
地　点　第四个星球街道
人　物　小王子、生意人

[幕启,喧闹的街头,人们忙忙碌碌,一位生意人边走边念叨,小王子由外上。

旁　白　第四个星球属于做生意的人,这个人特别忙。小王子到的时候,他忙着数着属于自己的星星,连头都没有抬起来。

小王子　这些大人确实奇怪。

生意人　2+3=5,5+7=12,12+3=15……

小王子　早上好,你的烟熄了。

生意人　早上好,15+7=22,22+6=28……嗯,我没空再……28+3=31,31+……再点火了……31+7=38……这样一来,一共是501,622,738颗了!

小王子　五亿颗什么呀?

生意人　哦,你还在呀!五亿零一百万……我无法中断,2+5=7,有那么多的事等着我做……5……没时间跟你啰嗦,我有要紧事做!

小王子　蘑菇!

生意人　(终于抬起头)啊?

小王子　五亿零一百万颗什么呀?

生意人　不是五亿零一百万,是五亿零一百六十二万两千七百三十八颗……

小王子　颗什么?

生意人　我在这个星球上一辈子了,只被打扰过三次。一次是二十年前,不知从哪儿掉下来一只昏了头的鹅,它的叫声四处回荡,害的我加错了数;第二次是一年以前,我得了风湿病。这是第三次,我刚刚加到五亿零一百六十二万两千七百三十八颗……颗……小东西,那种天上的,看得见的那种……叫什么来着?

小王子　苍蝇!

生意人　不!是会发光的那种小东西。

小王子　萤火虫!

生意人　不是!不是!常常使懒人做梦,给夜行人和航海家指明方向,或者有人迎面给你一拳的时候,在你脑袋边四处乱转的那个。

小王子　星星!

生意人　没错,我说的就是这个。

小王子　那么,你数这五亿颗星星干什么?

生意人　五亿零一百六十二万两千七百三十八颗,这事关重大,必须精确。

小王子　到底干什么?

生意人　什么干什么?

小王子　是呀?干什么?

生意人　没什么。我拥有了它们。

小王子　你？拥有？它们？

生意人　没错。

小王子　一个人怎么可能拥有那些星星呢？

生意人　（焦急）那你说它们应该属于谁?!

小王子　这我不清楚。

生意人　所以，它们就得属于我，因为是我第一个想到了这一点。

小王子　听起来不错。可是，你拥有了它们又能如何？

生意人　我要反复核算它们，管理它们。

小王子　要是我拥有一条围巾，我可以把它系在脖子上；要是我拥有一本书，我可以把它装在兜里。可你无法把那些星星从天上摘下来……

生意人　但是我可以把它们存在银行里。

小王子　什么意思？

生意人　那就是我把它们统计出来，然后写在一张纸片上，再把这张纸片放进柜子里锁起来。

小王子　就这样？

生意人　是呀。

小王子　很有诗意。不过也没什么了不起的。

生意人　我讨厌什么诗意。

小王子　大人们真的都很奇怪。

［幕落。

供稿　孙嘉悦　江苏省淮安市实验小学

6. 三借芭蕉扇

【故事简介】

《三借芭蕉扇》由《西游记》第五十九章改编，原作者是明朝的吴承恩。吴承恩字汝忠，号淮海浪士，又号射阳山人，淮安府山阳县人。《三借芭蕉扇》讲唐僧师徒西天取经，火焰山是必经之路，火焰山火大且非同寻常，只有芭蕉扇可以扇灭。悟空向土地公公询问后向铁扇公主借扇，但铁扇公主因红孩儿与之记仇，一扇子扇飞了悟空。后来悟空又变成小虫进入铁扇公主的肚子里折腾，铁扇公主给了一把假扇。之后悟空变成牛魔王骗走真扇，牛魔王变成猪八戒将其骗回。随之悟空大战牛魔王，红孩儿出现，矛盾化解。铁扇公主借出芭蕉扇，悟空扇灭火焰山，唐僧师徒向西赶路。

第一幕　路遇火焰山

时　　间　夏日的一天

地　　点　火焰山

人　　物　师徒四人、土地神

［幕启，唐僧师徒四人在赶路。

旁　　白　一天，唐僧师徒四人来到了火焰山。这山有八百里火焰，四周寸草不生。

猪 八 戒　（一手扛着钉耙，一手用袖子擦着头上的汗，艰难地走着）真热啊！快把我老猪烤成猪肉干了！

沙　　僧　（挑着担，憨厚地）二师兄说得对，这里可不是一般的热！

唐　　僧　（双手合十，愁眉不展地）悟空，前去看看，是怎么回事？

孙 悟 空　（抓耳挠腮，一手遮眉，眼睛向前望去）好的，师傅，待我前去打探打探。土地老儿，土地老儿，快出来！

土 地 神　（弯腰，恭恭敬敬地）不知大圣叫小神出来有什么事？

孙 悟 空　这里怎么会这么热？

土 地 神　这都是当年大圣您大闹天宫的时候把太上老君的炼丹炉打了下来，形成这火焰山。想过火焰山，只有向铁扇公主借芭蕉扇。

猪 八 戒　（头撇了过去，埋怨道）猴哥，这都是你惹的祸，你自个儿去借扇子吧。

孙 悟 空　沙僧，你好生看好师傅，我去去就来。（驾着筋斗云去往芭蕉洞）

［幕落。

第二幕　一借芭蕉扇

时　　间　当天

地　　点　芭蕉洞

人　　物　孙悟空、铁扇公主、侍女甲、侍女乙

［幕启，铁扇公主在洞内喝水，两侍女立在左右，孙悟空驾着筋斗云来到芭蕉洞口，敲门，侍女甲开门。

铁扇公主　来者何人？

孙 悟 空　嫂子，别来无恙，我是悟空，想借嫂子宝扇一用。

铁扇公主　哼，想要宝扇？让我砍三剑就借给你。

［孙悟空伸头，铁扇公主连砍十几剑。

孙 悟 空　嫂子，你已经砍了十几剑了，快把宝扇借给我吧。

铁扇公主　（狡黠一笑）是吗？你站好了，我这就给你。

旁　　白　铁扇公主掏出芭蕉扇，向悟空猛地一扇。孙悟空大叫一声，被扇出去很远。

［幕落。

第三幕　受赠定风丹

时　　间　当天

地　　点　灵吉菩萨道场

人　　物　孙悟空、灵吉菩萨、仙童甲、仙童乙

［幕启，灵吉菩萨道场，烟雾缭绕，菩萨正在潜心修炼。悟空由旁上。

孙 悟 空　好厉害的芭蕉扇，一下子就把俺老孙扇出五万多里。

灵吉菩萨　大圣，今日来我山谷，有何指教？

孙 悟 空　我和师父去西天取经，想找铁扇公主借芭蕉扇，好灭掉这火焰山，谁知被她扇到这儿来了。

灵吉菩萨　不用担心，我给你一粒定风丹，那芭蕉扇就扇不动你了。

孙 悟 空　多谢菩萨。（吞下定风丹，驾着筋斗云离去）

［幕落。

第四幕　二借芭蕉扇

时　　间　当天午后

地　　点　芭蕉洞

人　　物　师徒四人、铁扇公主、侍女甲、侍女乙

［幕启，孙悟空驾着筋斗云上。芭蕉洞口，再次敲门，侍女乙开门。

侍 女 乙　公主，那泼猴又来了！

铁扇公主　哦？（惊讶）他还敢来？（轻蔑）这次我可要让他再也回不来。

［铁扇公主上，拿出芭蕉扇猛扇，孙悟空纹丝不动地站在那儿，脸上露出得意的神情。铁扇公主吓坏了，随即退回洞府，重重地把门关上。

孙 悟 空　这下怎么进去？有了！我先变作个小虫儿前去打探打探。

旁　　白　铁扇公主惊魂未定，让侍女倒杯茶来压压惊，孙悟空见势便躲在茶水里，钻到了铁扇公主的肚子里面去。

孙 悟 空　快把芭蕉扇给我！

铁扇公主　（惊奇的样子，四处看）不给，就是不给！

［孙悟空在铁扇公主的肚子里来回翻跟头。

铁扇公主　（痛得直打滚）哎哟，痛死我啦，痛死我啦！给你，这就给你，求求你快快出来吧！

孙 悟 空　（孙悟空一跃，接过扇子）多谢啦！

旁　　白　孙悟空驾着筋斗云快速来到火焰山。

猪 八 戒　师父，猴哥回来了。

孙 悟 空　（用力一扇，火焰立起晃动）咦，怎么火势竟变大了？（后退一步，再一扇，火势更大，师徒们吓得往后退）

沙　　僧　大师兄，扇子好像有问题啊。

唐　　僧　悟空，这扇子是假的吧？

孙 悟 空　（扔掉芭蕉扇）哼，居然借我假扇子，看我怎么收拾你。

［幕落。

第五幕　三借芭蕉扇

时　　间　第二天

地　　点　芭蕉洞

人　　物　孙悟空、猪八戒、铁扇公主、牛魔王、侍女甲、侍女乙

［幕启，芭蕉洞前，孙悟空变成牛魔王的样子，再次敲门。

侍 女 甲　（开门）大王回来了！

牛 魔 王　我听说孙悟空来借我们的宝扇，你借给他了吗？

铁扇公主　（大笑）借是借了，不过给他的是把假扇，也许他们现在已经被烧死了呢。

牛 魔 王　真扇子呢？拿来给我瞧瞧。

铁扇公主　（拿出芭蕉扇）在这儿呢。

孙 悟 空　（变回原形）哈哈哈，你看我是谁？

铁扇公主　（吓得跌倒在地）你，你！

孙 悟 空　俺老孙这就去扇灭火焰山八百里火焰！

［孙悟空骗走芭蕉扇后，铁扇公主在洞里发火，这时真正的牛魔王来到了洞府。

牛 魔 王　宝扇还在吗？

铁扇公主　（要打他）泼猴，你还敢来！

牛 魔 王　那猴子来过了？

铁扇公主　他变成你的模样，把我的宝扇骗走了。

牛 魔 王　我要想个办法才行。（变成猪八戒的模样，追上孙悟空）猴哥，师父让我来接你。这就是宝扇吗？让我来拿着吧。（接过扇子）

［牛魔王变回原样，拿剑向孙悟空砍去，二人打斗起来，猪八戒也来助阵。

牛 魔 王　别打了，别打了，我把扇子借给你就是了。

孙 悟 空　（拿芭蕉扇用力一扇，火焰熄灭了）咦，这扇儿果真厉害！

［再用力一扇，天上刮起了轻风。再一扇，天下起了雨。唐僧双手合十，念起经来，徒弟三人手舞足蹈。

旁　　白　扇灭了火焰山的大火后，孙悟空把扇子还给了铁扇公主，师徒四人继续西行。

［幕落。

供稿　潘　婷　江苏省淮安市清江浦实验小学

第三节　高阶:戏剧创演

在具有一定戏剧活动的基础上,学生可以开展戏剧创演活动,用戏剧的方式表达自己。戏剧创演通过舞台行动过程创造人物形象,其更多的是一种体验活动,具有时空统一性及鲜明的形象,增强了创造性和感染力。这样的创演活动主要包含课本剧、儿童剧和想象性戏剧几种形式,一般适用于五六年级学生。由于其具有一定难度,可以组织学生以社团的方式开展活动。

一、课本剧(二度创作)

课本剧即对书本中故事文本进行改编。内容可以从语文、英语、道德与法治等学科课程中撷取,也可以来自课外读物,如历史故事、自然故事、科幻故事等等。这类以文本为基础而进行的戏剧创演,我们一般称之为课本剧。

这类文本多以记叙为主,故事文本有着完整、曲折的情节,人物形象鲜明、生动,语言通俗易懂,深受儿童喜爱。解读故事类文本,进行课本剧创作,可以从传统的六要素中进一步清晰起来,聚焦情节、场景、角色这些显著的戏剧元素,将文本故事立体化、剧场化。

1. 情节——矛盾的冲突性

情节是指文本所提供的特定环境中产生的一系列生活事件发生、发展,直至解决的整个过程。故事中的矛盾冲突是形成情节的基础,也是推动情节发展的动力,冲突双方的人物性格,则直接决定了情节进展的走向。解读文本时,抓住情节发展的线索,把握其来龙去脉,将有助于我们在分析文本时统观全局,全面地把握作者的意图。

《九色鹿》这篇课文整体上可分为前后两部分,前一部分讲九色鹿救落水的调达,后一部分讲被救的调达出卖九色鹿。调达不仅没有知恩图报,反而忘恩负义,人物之间的相互关系和人与环境间的矛盾冲突构成了故事发展的情节线索。文本解读中要善于发现基本矛盾冲突,厘清故事前后曲折变化,在一波三折的情节延展中认识人物形象。

2. 场景——时空的集中性

场景是以人物为中心的环境描写。在故事类文本中,场景是由人物在一定场合相互发生关系而构成的生活情景,故事就是由一个一个的连续场景构成的。场景作为人物活动的舞台,影响乃至制约着人物的性格和行动,也为塑造人物形象和表现文本主题服务。解读故事类文本,要善于截取人物生活的时空交集面,梳理好特定时代、特定情境下的人物关系。

《半截蜡烛》记叙了第二次世界大战期间,法国伯诺德夫人一家在危急关头为保住蜡烛里的秘密和敌人做斗争的故事。这个故事发生在特定的场景中,一个晚上,伯诺德夫人家中，蜡烛、油灯、摇曳的烛焰……半截蜡烛本是一件不起眼的生活用品，在这里却攸关一家人的性命。解读文本时，要找出相关语句，集中还原这个特定的场景，让学生置身其中感受由半截蜡烛随时可能引发的危险，从而进入一个惊心动魄的故事。

3. 角色——语言的个性化

老舍先生说过："要知道对话是人物性格的'声音'，性格各殊，谈吐亦异。"人物语言包括人物的独白和对话，独白是反映人物心理活动的重要手段，对话是两人或多人的交流谈话。人物语言符合各自的角色，成功的人物语言，不但要有个性化，而且还要能体现出人物说话的艺术性，鲜明地展示人物的性格，生动地表现人物的思想感情。

苏教版第十二册课文《孔子游春》，记述了孔子带弟子到泗水河畔游赏，并借河水教诲弟子的故事。孔子观水沉思引起弟子们的好奇和探询，孔子意味深长的回答，弟子们听后的反应，畅谈志向时，子路性急开腔，颜回熟虑作答，真是"如闻其声，如见其人"。教学中要引导学生化身人物、揣摩语言、准确地表达人物的思想感情和性格特征。

课本剧最大的特点是以课本内容为底本，通过改编表演的方式，靠学生的语言动作完成戏剧表演。通过角色扮演和戏剧情境培养儿童的交际、表达、情感、想象力、集体意识等素质。

二、儿童剧(原创剧)

内容基于儿童生活经验且受到儿童喜爱的戏剧称为儿童剧。为了有别于有文本依托的绘本剧、课本剧，这里主要指取材于生活经验、寄希望于儿童成长的原创剧。

儿童剧一般通过具体、鲜明的形象与活泼、明快的情节向儿童展现深刻的主题，进行真善美的感染。儿童剧在创编方面要更能直观地、快捷地、形象地将更多的内容传达给孩子们，使孩子们在视觉、听觉、感觉等综合感官作用下有耐心地、高效地接受并吸收，从而培养他们积极的创造精神，发展他们的意志力和想象力，让他们开启人生体验、启迪生命价值。

儿童剧的服务对象主要是儿童，因而它应从儿童的角度去观察世界。比如明空戏剧精心准备的科技儿童原创剧《我是机器人》。2018 年 4 月 14 日，《我是机器人》在济南山东剧院上演。这是一部充满爱的力量的儿童剧。故事讲述了被誉为"机器人之父"的苏博士研究出了一款名为"超能战士"的新型机器人，立刻引起了某国际组织大老板道格的注意。道格派出雌雄大盗潜入苏博士的家窃取"超能战士"的制造技术。雌雄大盗听说制造方法放在一个月亮形状的盒子里，就绑架了苏博士的儿子小小苏，从而要挟苏博士交出月亮盒子。"超能战士"阿拉罗为了保护小小苏，和大老板道格展开较量而受伤。原本不理解父亲工作的小小苏也终于了解了父亲的理想和使命，决定长大后要做一个像他父亲一样的人。《我是机器人》将充满科技力量、未来感十足的机器人搬上舞台，演绎了一个精彩的童话故事，将科技渗透到儿童的生活当中，为大家带来前所未有的视觉与情感体验，并在孩子们的心田埋下了一颗智慧的种子。

这样的儿童剧具有以下特点：一是故事性。儿童总是从有趣的故事入手，引人入胜的故事让他们着迷，他们随着丰富、传奇的情节，走向内容理解、认识人物形象。二是直观性。儿童剧中艺术形象鲜明、生动，在场景塑造中运用形态、声音、色彩等时空艺术手段，来增强直观感受，让孩子感到亲近可信。三是动作性。儿童剧的人物动作性、行动性较强，戏剧动作的主线要求清晰、简明。人物思想的表达不宜用大段的对白、独白，那样会显得枯燥无味，而是要更多地借助于人物的舞台动作，通过动作丰富人物形象。四是趣味性。儿童剧的趣味性来自剧中的儿童情趣，即典型地反映出儿童天真、幼稚可笑而又可爱的特性，能给人以幽默感的语言和行为，体现出不同性格孩子的特点。

在学校的社团活动中，指导老师可以指导儿童尝试创演戏剧，可从选题开始，指导儿童编剧、学习导演、选演员、练习排练。指导儿童做人物小传，设置人物形象和人物个性。让儿童学会编故事，设置情节点、矛盾冲突，让故事具有一波三折的效果。指导儿童选脾气性格相近的演员，善于运用演员的特长，引导演员分析角色形象。

在学校戏剧节活动中，我们创作了《戏剧节里的"水孩子"》《寻找》等剧目，在编创、展演过程中，孩子们淳朴、率真的本性得到自然地流露，开朗活泼的性格得以养成。这些创演活动提升了孩子们表达的自信，让我们见证了孩子们的成长。

三、想象性戏剧(过程剧)

想象性戏剧即指现在热门的创作性戏剧，儿童在教师的引导下，以戏剧结构为框架，以戏剧实际操作展开学习探索的组织形式，用身体资源如肢体、声音等创造戏剧的角色、创设故事情境、演绎故事走向，把学习者的内心与外在世界结合起来，自在而有趣味地学习，发展想象力、创造力以及解决问题的能力。想象性戏剧关注整个学习过程中个体与群体的发展，它不以表演为目的，过程就是它的目的与结果。

我国台湾的戏剧研究者提出的创作性戏剧程序包含计划、解说与规范、演练、评论、复演五个阶段。这种戏剧方法按照经过设计的戏剧程序，根据群体的年龄层次、特定需要、能力与兴趣等因素，由教师在戏剧课或一般课程中，组织团队实施，以戏剧或剧场的技巧，建立群体参与的互动关系，引导学生发挥创造力与相互合作的精神，促进学习意愿与教学效果的达成。

当前相关戏剧研究专家认为想象性戏剧的进程是：① 故事之导入，引起动机，暖身活动，介绍故事；② 故事之发展，讨论与练习；③ 戏剧之分享，计划与呈现；④ 故事之回顾，反省与检讨；⑤ 故事之再创，二度计划与戏剧呈现。想象性戏剧需要专业教师引领，从感官练习、戏剧性游戏、即兴表演、说故事、戏剧扮演，到创作性戏剧成果的示范演出，师生在剧内外穿梭，激发创意的表达和想象式回应，促进问题解决和儿童个性成长。

想象性戏剧以儿童作为戏剧创作的主体，在教师的引导下，他们不断产生新的想法，在虚构的情境中将自己内心的想法转变为可视、可听的行动，以寻找解决问题的各种方案。在操作上，教师带领儿童（一般 8～10 名左右），以小组的形式围绕特定主题，依次按照暖身活动、角色塑造、情节创作、分享与交流等流程进行。

比如在一次“冬天里的小鸟”的创造性戏剧主题活动中，教师预先设计了一个情境：一只受伤的小鸟遇到了自私的树和友好的树，由儿童设想接下来发生的故事情节，装扮成受伤小鸟的儿童面对伤痛、寒冷、饥饿，想办法寻找帮助，而面对受伤小鸟的大树也会有自己的想法。

想象性戏剧之所以说它是过程剧，是因为它重视过程展示，每一过程都有着明确的实作目标任务。在暖身阶段，想象性戏剧一般包括自我介绍、动作探索、身心放松、情境想象和趣味游戏等，可以帮助儿童提高注意力，打破初识者彼此间的陌生感，增强同伴间认识、交流、合作的意愿。在建立情境阶段，通过对戏剧情境的创设和互动参与，可以帮助儿童建立起自己与周围个体间在空间和心理上的距离，加深对情境的体验和理解，加强对活动主题的认知，培养和调整自己的情绪，从而较快进入角色。在多角度诠释阶段，通过剧本创作来展现、挖掘更多的故事细节；通过小组演绎拉近同伴间的心理距离，为彼此间交流搭建不同的沟通渠道；通过角色互换来引导儿童增加感情投入，跳出故事情节的束缚，激发他们的想象力、创造力以及独立思维的能力，促进儿童思维的平衡发展。在深化角色认识阶段，儿童通过剧本创设、角色讨论、亲身演绎，能够以角色的身份进入想象世界，有利于他们对剧本的理解。同时，还能够让他们体会戏剧的节奏和情感强度的变化，促进他们社会认知的发展，获得一种愉悦的心理体验。

四、案例选编

1. 狮子和鹿

【故事简介】

《狮子和鹿》选自统编版小学语文四年级上册第八单元，选自《伊索寓言》，是一篇寓言故事，作者是古希腊的伊索。课文讲的是在丛林中，一只鹿遇到狮子而奋力脱险的故事。平时，鹿非常欣赏自己美丽的角，而抱怨四条难看细长的腿。当凶猛的狮子向它扑来的时候，鹿的四条有力的长腿帮它从狮口脱险；而美丽的双角被树枝挂住，让它险些丧了性命。这个故事告诉我们：物各有所长、所短，不要因为它的长处而看不见它的短处，也不要因为它的短处而否定它的长处；还告诉我们，不要光图美丽的外表，更要讲实用，美和实用在不同的环境和不同的条件下都有存在的价值。

第一幕　美丽的小鹿

地　点　森林小河边

人　物　小鹿、小象、小猪、小猴子、小骆驼

旁　白　在美丽的大草原里住着一群天真可爱的小动物，他们天天在一起唱歌、跳舞、做游戏……过得可快乐了！这不，今天一大早，他们又聚在了一起。

［音乐《花仙子之歌》响起，小动物们欢快地舞蹈。

小　猪　伙伴们，你们看，小鹿从西伯利亚回来了！

小　鹿　（梅花鹿一蹦一跳地跑过来，看到大家停下来打招呼）伙伴们，我回来了！

［小动物们都高兴地围拢过来。

小　象　小鹿，你可回来了，我们大家都很想你呢！

小　鹿　我也很想你们呢！

小猴子　唉！我要是也能长出你那样的犄角就好了！

［小鹿摸着自己头上的角，自美状。

小　猪　（哼哼）不光是犄角好看，你们看小鹿多苗条，模特的身材，四条腿又长又漂亮，跑得很快。哪像我，腿短，肥嘟嘟的！

小　鹿　（摸摸小猪的肚子）你胖乎乎的，很可爱。

［小骆驼从旁边急急忙忙地跑过来，冲着大家大声喊。小动物们还在七嘴八舌地羡慕小鹿的犄角和修长的腿。

小骆驼　伙伴们！别说了，哎呀，都别说了。

［小骆驼分开人群。

小骆驼　俺在沙漠的新家布置好了，妈妈说要做好吃的，请大家都去做客呢！

［大家欣喜地向他靠拢："小骆驼，你太可爱了！""我喜欢你！"

小　鹿　（突然发愁说）等等，我从西伯利亚回来路过大沙漠，我的脚丫子太小，一走进沙漠就陷进去了，我绕了好远的路才走回来。今天去你沙漠的家，我又要绕远路了。

小　象　（高兴地摸着自己的腿）我的腿粗脚大，不怕走沙地，我从沙路直接穿过去，我先到小骆驼家吃好吃的！

小骆驼　别吵了！大脚的和我走近路，小脚的和小猪绕远路。

小　猪　小鹿，快走，我都快馋死了！咱们绕远路，去晚了就吃不上了。

［小动物们一同下。

第二幕　不满意的双脚

地　点　小河边

人　物　小鹿、小猪

旁　白　草原上的小动物们都要到沙漠中的小骆驼家做客了，小鹿走得又渴又累，经过小溪边，小鹿在喝水时低头一看，清清的河水映出了她美丽的身影。

小　鹿　这是我修长的腿吗？

[她摆摆身子,水中的倒影也跟着摆动起来。她甩甩头,水中的倒影也跟着甩甩头……对着溪水左右欣赏,摸犄角、左右扭身、摆出不同的姿势,深深地自我陶醉。

小　鹿　啊!我的身材多么苗条,我的角好像两束美丽的珊瑚!长大了我要做模特!

[音乐响起,小鹿情不自禁地跳起舞来。

小　猪　小鹿,别跳了,快赶路,我都馋死了。

小　鹿　猪猪猪,就知道吃,只有吃让你勤快。你就知道卖傻力气,我要走近路。

小　猪　小鹿,你有什么资格神气?你的腿再漂亮,不也是和我的小短腿一样走不了沙漠?我觉得谁的腿能先跑到沙漠吃到东西,谁的腿最漂亮,现在小象腿最漂亮,比你小鹿的腿漂亮。

小　鹿　(被说得急得快哭了,对着水面,看着自己的又细又长的腿,顿时觉得心情很是低落)这脚一点用也没有,连个沙漠都不能走,真是丢死人了!

第三幕　遭遇敌狮

地　点　沙漠边缘

人　物　小鹿、狮子

狮　子　(伸伸懒腰,做摆臂状)今天的天气真好啊!我是非洲之王!我的肚子好饿啊!到哪找点吃的呢?(做寻找食物状)咦!一只小鹿!哈哈!这只小鹿一定非常鲜美!这下我可以饱餐一顿了!(做欣喜状)

小　鹿　怎么会有脚步声?(机灵地支起耳朵,猛一回头)啊!狮子!(做害怕状)

[小鹿在前面跑,狮子在后面追。

狮　子　跑得再快,也逃不过我的手掌心!

[小鹿在跑的时候长腿很灵活,把狮子远远地甩在后面。

狮　子　(边跑边喘着粗气)唉!她怎么能跑这么快?累死我了!

[慢慢越拉越远,狮子越来越慢,停下。同时,小鹿的角被树枝挂住了。小鹿拼命地想要挣脱。

小　鹿　(快哭状)呀!这可怎么办呢?(她一边挣扎,一边往后看。音乐响起)救命!

狮　子　(张狂状)真是天助我也!看你往哪跑!哈哈!

[狮子猛扑上去,小鹿用尽全身力气,使劲一扯,终于把两只角从树枝中挣脱出来,拼命地向前奔去。

[狮子再也没追上。

狮　子　(气喘吁吁地)唉!到嘴的肥肉又丢了!

[垂头丧气下。

第四幕　有用的宝贝

地　　点　沙漠中小骆驼的家

人　　物　一群小动物

小 骆 驼　大家看，这就是我的新家！

小　　猪　哇！你们家好干净好漂亮！

小　　猴　快看！快看！这还有一张蹦蹦床呢！

［动物们欢呼跳跃。

小 骆 驼　请大家随便看看吧！

［小鹿慌慌张张上。急促敲门。

小　　鹿　（大声喊）小骆驼！小骆驼！不得了啦！快开门！快开门哪！

［小骆驼打开门，小鹿进。小骆驼关门。

小 骆 驼　小鹿，你去哪了？出了什么事了吗？

小　　鹿　（上气不接下气状）狮，狮子……差点儿要了我的命！

七嘴八舌　（其他动物从门缝、窗户向外做寻找状）狮子？狮子？哪儿啊？

小　　鹿　刚才狮子追我，我的角一下子被树枝挂住了，怎么也挣脱不了，眼看狮子要追上了，我拼命一扯，才逃了出来。真险啊！（抹一把汗，摸角）

小骆驼等　（拍着胸口做后怕状）太可怕了！

小　　鹿　（一边摸角，一边说）唉！两只美丽的角差点儿送了我的命，可四条难看的腿却让我狮口逃生！

小 猴 子　不能光看美丽的外表，还要讲求实用啊！赶快坐下来歇一歇吧！（拉凳子状）

小　　鹿　（点头，诚恳地）是啊！看来好看的东西不一定好用，有用的东西才是好宝贝呢！

动 物 们　是啊！有用的东西才是真正的好宝贝呢！

旁　　白　孩子们，快来吃饭了！

［动物们欢蹦着齐下。

供稿　黄　玲　江苏省淮安市淮海路小学

2. 陶罐和铁罐

【故事简介】

《陶罐和铁罐》是黄瑞云作的寓言故事，是统编版教材三年级下册的课文。这篇寓言故事讲的是国王御厨里的铁罐自恃坚硬，瞧不起陶罐。埋在土里许多年以后，陶罐出土成为文物，铁罐却化为泥土，不复存在。故事告诉人们，每个人都有长处和短处，要善于看到别人的长处，正视自己的短处，相互尊重，和睦相处。

时　　间　古代、现代
地　　点　某国王的御厨里
人　　物　陶罐、铁罐、刀叉勺筷等厨具、考古学家若干

第一幕

[深夜到了，厨师们都走了，厨房里的好戏上演了。

铁　　罐　(轻松、骄傲地)亲爱的女士们、先生们，大家好！你们一定认识我吧。我就是大名鼎鼎的铁罐，要说能干，整个御厨，数我最牛！要是没了我，御厨准遭殃！

刀叉勺筷　(嘘声一片)切，吹牛！

铁　　罐　(轻蔑地)哼，你们不信，谁敢出来较量较量？

陶　　罐　(惊奇地)伙伴们，你们在干什么呢？

刀　　　　(生气地)铁罐小子太狂妄了，脸皮真够厚的！

叉　　　　(气愤地)铁罐又吹牛了，说什么御厨里数他最棒，离开了他，准遭殃！

勺　　　　(恼怒地)就是就是，总往自己脸上贴金，把我们的功劳全抹杀了，哼，咱们不理他了！

筷　　子　(冷漠地)是啊是啊，我们惹不起，还躲不起吗？陶罐你也别理他了。

铁　　罐　(不满地)走，走，走，你们算什么东西，我还不屑和你们呆在一起呢。

陶　　罐　(着急地)别，别走，大家不要这样嘛，我们都是好兄弟啊！

勺　　　　算了吧，陶罐，就你心眼儿好，平时，铁罐多欺负你呀，你还替他说话？

叉　　　　(赞地美)陶罐，你哪点儿比他差？看你穿着花裙子，亭亭玉立，打扮得多漂亮啊！

陶　　罐　(谦虚地)大家过奖了，如果厨房里只有我自己，而少了大家，那这里不是少了很多精彩的故事吗？(打招呼)你好，铁罐大哥，你辛苦了。

铁　　罐　(不耐烦地)去，去，你又是谁？哦，陶罐小子，想较量较量吗？

陶　　罐　(低声地)没，没有，我只是想问候一下。

铁　　罐　(傲慢地)哼，听说你很漂亮，漂亮顶个屁用？你敢碰我吗？

陶　　罐　(谦虚地)不敢，铁罐大哥。

铁　　罐　(带着轻蔑的神情)我就知道你不敢，懦弱的东西！说不定你一个趔趄就会粉身碎骨！哈哈……

陶　　罐　(不亢不卑地)我确实不敢碰你，但并不是懦弱，我们厨具本来就是为主人服务的，又不是用来互相碰撞的。说到盛东西，我不见得比你差啊。再说……

铁　　罐　(非常恼怒，一手叉腰，一手指着陶罐)你怎么敢和我相提并论，你算哪根葱？你等着吧，要不了几天，你就会破成碎片，我却永远在这里，什么也不怕。

陶　　罐　何必这样呢？我们还是和睦相处吧，有什么可以吵的呢？

铁　　罐　和你在一起，我感到羞耻，你算什么东西！我们走着瞧吧，总有一天，我要把你碰成碎片！

旁　　白　陶罐觉得铁罐简直不可理喻，不再理会他了。

第二幕

旁　　白　时间一天天过去了，王朝覆灭了，宫殿倒塌了，两个罐子也被遗落在荒凉的场地上，上面覆盖了厚厚的尘土。

铁　　罐　哦，我的肚子好痛啊，好像有什么东西在燃烧，火辣辣的！哦，天哪，我的皮肤上怎么长出了这么多的斑点？好恐怖啊！啊……

[铁罐、刀、叉、勺、筷悄悄下场，表示氧化消失了。

第三幕

旁　　白　就这样，又过去了许多年，有一天，人们再次来到这里，掘开厚厚的堆积物，发现了这只陶罐。

考古专家1　(惊讶)啊，快来看呀，这儿有一只罐子！

考古专家2　(高兴)真的哟，是一只陶罐！

旁　　白　考古专家捧起陶罐，掏出里面的泥土，擦洗干净，陶罐和它当年在御厨房的时候一样光洁、朴素、美观。

考古专家3　(赞叹)多美的罐子呀，小心点儿，千万别把它碰坏了，这可算得上是古老的文物了，很有研究价值的。

陶　　罐　(兴奋)谢谢你们，我的铁罐兄弟就在我身边，麻烦你们把它也找到吧，好吗？

考古专家1　(立即)快，我们一起努力，把它挖出来！

旁　　白　可是考古学家们翻来翻去，把附近都掘遍了，却怎么也不见铁罐的踪影。

考古专家2　(恍然大悟)哎呀，我们怎么忘了？铁罐呀，它早就氧化了呀！

陶　　罐　(疑惑)什么是氧化呀？

考古专家3　(一本正经)氧化是一种化学反应，铁在空气中停留的时间过久，就会生锈，慢慢地消失了。

陶　　罐　(伤心)呜……我的铁罐兄弟！

旁　　白　原来铁罐氧化了。这个故事告诉我们一个道理：谦虚和宽容是一种美德，人要看到自己的短处，正视自己的短处，多看别人的长处，不要自以为是，骄傲自满。

供稿　黄　玲　江苏省淮安市淮海路小学

3. 戏剧节里的水孩子

【故事简介】

《水孩子》是英国作家查尔斯·金斯莱所著的一部儿童文学作品，描写一个扫烟囱的孤儿汤姆受到老板格里姆斯的虐待。一天，汤姆被误认为是贼，遭到众人追捕，他逃脱后落入水中变成水孩子。汤姆因为仙女的指点，决心去遥远的地方寻找遭到惩罚的老板。他一路上历尽艰辛，游历了许多奇怪的国度，终于成长为一个热爱真理、正直、勇敢的人。

原创校园剧《戏剧节里的〈水孩子〉》则讲述了一群孩子在学校戏剧节里排练剧本《水孩子》的故事。这群孩子个性鲜明，家庭环境各不一样，他们在排练《水孩子》的过程中互相帮助，逐渐走进水孩子，个个都得到了心灵的成长，成为真正的"水孩子"。

主要人物

男生魏康：水孩子汤姆扮演者，生活在困境中（和奶奶独自生活），不自信，拖拉，懦弱。

男生赵小杰：警察的扮演者，调皮可爱，路路通。

女生陈楠：仙女的扮演者，《水孩子》剧组的导演，乖乖女，有点任性，爱撒娇。

男生金天皓：汤姆的老板（凶狠）格里姆斯的扮演者，性格憨厚可爱，喜欢吃东西。

戏剧节里的同学们若干。

［幕启，下课铃声响，大家开始忙碌，在舞台右侧有个大大的节目单，大家争先恐后地将自己的节目名字贴上去。陈楠拿着《水孩子》剧组的牌子上场……

哈利·波特　（与同学踩着轮滑、骑着扫帚绕舞台）欢迎来到魔法的世界！我是哈利·波特，哈哈。

陈　　楠　啊哈，哈利·波特，太炫了！

哈利·波特　谢谢夸奖，排练去咯！

小 红 帽　我独自走在郊外的小路上……

陈　　楠　小红帽？

小 红 帽　bingo，聪明！

陈　　楠　咦，大灰狼呢？

大 灰 狼　（上场，在陈楠背后吓她）谁找我啊？哈哈哈哈。

陈　　楠　吓死我了，讨厌。（小红帽追着大灰狼下场）

匹 诺 曹　我是欢乐匹诺曹，现在诚实我骄傲，我的鼻子短又小，人人都把拇指翘！我就是想让你们看看我的头套。（下场）

第一幕　迟到

陈　　楠　戏剧节又到，各班好热闹，有人背剧本，有人唱小调。（指着自己的鼻子）您问我干吗？要要切克闹，（双手叉腰，得意）导演满场绕！（拿起小喇叭大声喊）《水孩子》剧组集合啦！集合！人都到哪儿去了？快来集合！

赵 小 杰　（打着哈欠，一脸懒洋洋地入场）来了来了，不就几句台词嘛，我早就倒背如流了。你看，把她急的。

陈　　楠　（一边拿名册，一边点名）赵小杰！

赵 小 杰　到！

陈　　楠　（点名）金天皓！

金 天 皓　（一边向书包猛塞东西，一边冲上台）到到到到到到！

陈　　楠　（哀其不幸地）金天皓，金天皓！天天消耗国家粮食！今天耗完明天耗！

赵 小 杰　明天耗完后天耗！（做环视状，连忙打断）别说啦别说啦，今天的戏演不了了！

［所有人齐刷刷地盯着赵小杰。

陈 、 金　为什么？

赵 小 杰　主演不在，咱们还演什么呀？魏康没来！

金 天 皓　估计他奶奶又生病了吧？

陈　　楠　魏康真可怜，他爸爸妈妈常年在外，只能和奶奶相依为命。

赵 小 杰　（立刻将自己嘴巴捂住）这么可怜……

陈　　楠　（故作镇定地）魏康没来，我们先排，金天皓，从你开始！

［所有人开始进入排练。

第二幕　排练

金 天 皓　（憨厚地）你洗什么脸？（嘿嘿……）我是酒喝多了（嘿嘿……）需要清醒一下，每天都要扫烟囱，不……

［赵小杰跑到金天皓书包那翻东西吃，刚要吃就被金天皓发现。金天皓边瞪他制止，边说台词。

陈　　楠　金天皓，你专心点！

金 天 皓　（发火）怎么了？我怎么演，你都不满意。

赵 小 杰　就是就是，你这是欺负老实人。

陈　　楠　你！你们……呜呜……

金 、 赵　（哈哈大笑）哎哟，导演哭咯，小公主掉金豆子咯！哈哈……

［陈楠终于敌不过他们的揭短，蹲在地上委屈地呜呜哭起来。

［魏康急匆匆地赶来，见金天皓、赵小杰在陈楠旁边闹，立刻制止。

魏　　康　楠楠,怎么了?

陈　　楠　他们……笑话我……呜呜……(朝金、赵狠狠翻一眼,朝他们喊)你俩别闹了!(继续哭泣)

魏　　康　楠楠,其实小公主多好呀!那么多人爱你,把你捧在手心里。你真幸福呀!不像我……

陈　　楠　(突然想到魏康只有奶奶陪伴,止住了哭,缓缓站起身轻轻说)魏康,你……好好好,我不哭了。

魏　　康　(满怀心事地)我还有奶奶。奶奶对我也很好。对不起大家,我迟到了。我们开始排戏吧。

[金天浩和赵小杰对视一眼,也停止了皮闹。音乐响。

金天皓　你洗什么脸?我是酒喝多了需要清醒一下,你每天都要扫烟囱,(踢一脚)扫你的烟囱去!不需要洗脸,洗了也是白洗。

魏　　康　哦,是不需要洗,对不起老板。对不起,对不起。

[魏康开始爬上烟囱擦拭,这时刮起大风。

金天皓　刮大风了,快点干活,别偷懒!我先进屋躲躲。

[金天皓进屋。魏康抱着烟囱在风中摇摆,风把烟囱刮断了,魏康抱着烟囱滚到了一片水汪汪的河里。

旁　　白　河水翻滚,波涛此起彼伏。魏康慢慢站起来,立在水面上,正诧异着,突然远处一个声音响起。

仙　　女　孩子,去远行吧。当你走完这条河,你就会成长为真正的男子汉!

[魏康突然哭起来,从开始眼眶有泪,接着开始抽泣,逐渐放声大哭。大家都惊诧,纷纷安慰他。

陈　　楠　魏康,你怎么了?

金天皓　魏康,你怎么了?

魏　　康　水孩子多好呀!他没有烦恼,想到哪里就到哪里。我真想变成水孩子呀!

赵小杰　我也想做水孩子。

陈　　楠　我也是。

金天皓　我也是。

赵小杰　如果我是水孩子,我就干自己想干的事情。陈楠,你呢?

陈　　楠　如果我是水孩子,(沉思状)我要证明我能独立做好自己的事情,让爸爸妈妈刮目相看。

金天皓　如果我是水孩子,我就和格里姆斯拼命,把他打倒。

魏　　康　(心领神会)无论遇到什么困难,都要勇敢地面对。

陈　　楠　这就对了!汤姆刚开始胆子很小,但后来变得很勇敢啊,而且一直都很善良,所以他才能做水孩子。

陈　　楠　独立而勇敢，仁慈而善良。

魏　　康　独立而勇敢，仁慈而善良。

大 家 齐　独立而勇敢，仁慈而善良。

大 家 齐　让我们一起来做水孩子！

第三幕　《水孩子》出演

旁　　白　汤姆变成了水孩子，在仙女点化下，爬过山谷，走过海底，逐渐成长起来。他的老板格里姆斯因为长期欺压孩子被仙女关在了一个荒芜的岛屿上。此时的汤姆，决定营救老板，他历经千辛万苦，终于找到格里姆斯所在的监狱场所——天外天荒岛。

地　　点　监狱

［格里姆斯跟烟囱绑在一起，满脸都是烟熏的黑印。他的嘴里叼着一个烟头，里面没有烟，他使劲吸着，眯着眼睛。

格里姆斯　我的小烟斗呀，我的小烟斗。

警　　察　（在他头上狠狠敲了一下）格里姆斯，正经点儿。有位年轻的先生要见你。

格里姆斯　（被敲得前后左右摇晃起来。他想用手揉揉脑袋，可是手被绑在烟囱上，怎么也抽不出来。他苦着脸，抬头一看）哎哟，小汤姆，你没死？你是想来看我的笑话吗？

汤　　姆　（诚恳）不，我是来帮你的。

格里姆斯　（一脸不屑地）去你的帮助。

警　　察　你别帮他，他是自作自受。

格里姆斯　都是我自找的？哼，都是我自找的。是我自己要进监狱的吗？是我自己要进这个鬼烟囱的吗？是我自己要过这种天天挨打的日子吗？

警　　察　（再一次敲格里姆斯头）你这样对待汤姆的时候，是他想要的吗？

汤　　姆　警察先生，如果，我去搬开砖块，他能获救吗？

警　　察　应该吧。

［汤姆使劲去抓那些砖，可是砖块纹丝不动。

汤　　姆　（急哭了）怎么不行呀？

格里姆斯　（感动地）汤姆，你真的要帮我？你真是个心地善良的孩子呀。我那么对你，你却……赶紧走吧，只要我在的地方，雨点就会变成冰雹。（打雷的声音远远传来……）

警　　察　（赶紧逃离现场）

汤　　姆　我不会丢下你的。

格里姆斯　（悔恨，开始抽泣）汤姆，我……我……快走吧！

仙　　女　格里姆斯，不会再下冰雹了，因为你的心不再冰冷。

[烟囱倒塌，老板自由，水面开始波起浪涌。

仙　　女　汤姆，你历经艰险，完成了旅程，成为了真正的男子汉。独立而勇敢，仁慈而善良。

[汤姆、格里姆斯二人造型。

[警察和导演一起上场。

大 家 齐　独立而勇敢，仁慈而善良。

[所有人在水浪中舞蹈。

[幕落。

供稿　杨清璇　江苏省淮安市清江浦实验小学
　　　黄　玲　江苏省淮安市淮海路小学

4. 寻　找

【故事简介】

《寻找》是一部原创儿童剧。故事讲述了热爱舞蹈的悦悦，受伤后变得胆小自卑，再也没有勇气说出自己想要跳舞的梦想。一个偶然的机会，悦悦穿越到一个动物农场，看到鸭子学骑自行车，她帮助小鸭子成功地学会骑自行车，小鸭子实现了在别人看来似乎不可能的梦想，并且成为农场大家庭中的一员。悦悦也从自身进行了改变，勇敢地追求梦想。

人　　物　悦悦、小鸭子、小蜜蜂、大蜜蜂、奶牛、鸡大婶、狗警官

第一幕

同学1　我喜欢绚丽的色彩，我想成为一名画家。

同学2　我向往梦幻的太空，长大后，我想成为一名宇航员。

同学3　我喜欢帮同学们解答难题，我希望自己能做一名人民教师。

同学1　悦悦，你呢？

悦　　悦　我……我……我没有梦想。

同学2　怎么会呢？你不是喜欢跳舞吗？

同学3　是呀。我还看见你买的舞蹈鞋了呢！

悦　　悦　我，我，我不行的，我做不到，你们别问了，我不行的，不行的……

第二幕

[开头梦幻、神奇的音乐，持续3秒。小鸭子上场，环顾四周，确定无人后兴高采烈地来到东方神鹰前，悉心地擦拭着。悦悦上场，被眼前的场景迷惑了。

悦　　悦　这是哪里啊，我是在做梦吗？（转身看到了穿着奇怪的小鸭子，打了招呼）嗨——

小鸭子　（吓着了）噶……

悦　　悦　噶？你是谁啊，你们在表演节目吗？

［响起脚步声5下左右。

小鸭子　（跑近听）狗警官的脚步声，我得躲躲。

［鸭子躲到了东方神鹰的后面。

悦　　悦　这人怎么这么奇怪啊，算了，我也躲躲吧。

［狗警官上场。

狗警官　5、4、3、2、1，开会啦！人呢？难道是我来得太早了？

小鸭子　你往那边去点。

悦　　悦　哎哟……

狗警官　谁？站住！小鸭子，还有一个？哈哈……小主人！

悦　　悦　小主人？我吗？

狗警官　您不就是我的小主人嘛！哦，我知道了，您是来这里视察工作的。

悦　　悦　额……是的……

狗警官　好，我现在就开始召集人开会！

狗警官　开会啦，开会啦！

动物们　来了来了……

小蜜蜂　早上好，奶牛大妈。

奶　　牛　早上好，小蜜蜂。

［鸡大婶推着婴儿车冲过来，小蜜蜂和奶牛急忙让开。

小蜜蜂　鸡大婶，你小心点！

大蜜蜂　我说一大早，你们嚷嚷啥呢！

狗警官　就是，吵什么吵！没看有人来视察工作吗？

动物们　小主人……

狗警官　咦，正常点！开始点名！

鸡大婶　1号，本农场最大的蛋业供应家庭！

蜜蜂家族　2号，本农场最勤劳的采蜜能手！

小鸭子　3号！噶……

狗警官　你……回去回去！下一个。

奶　　牛　4号，产奶最多，农场之最！

狗警官　嗯，放心的，好喝的！

［动物们笑，小鸭子笑得最大声。

狗警官　闭嘴！小主人，不好意思，让您见笑了。小鸭子，你怎么可以在这么神圣的东方神鹰面前，大吵大笑呢，你是想让我们大家都受灾吗？

动物们 就是，就是。

悦悦 东方神鹰？就这辆破车？

狗警官 主人，您怎么能说这是辆破车呢？这可是我们开心农场的“镇场之宝”啊！

悦悦 镇场之宝？

鸡大婶 相传在60年前，也就是您的爷爷，骑着这辆东方神鹰，将所有的物资运了出去，卖了好多钱，这才有了我们开心农场。可以说，没有东方神鹰就没有我们。您说，东方神鹰神不神奇？

动物们 神奇！

鸡大婶 伟不伟大？

动物们 伟大！

悦悦 可这就是辆破车啊！

动物们 哎……

小蜜蜂 小主人，您怎么能这么说东方神鹰呢，您再这么说，我们就不高兴听了。

动物们 就是！

狗警官 好了好了，我们还是继续开会吧。小主人，这边请！今天例会，两个内容：①汇报上周成绩，② 开启新一周展望。谁先来？

鸡大婶 当然是我了。上一周，我和我的家庭成员们，一周为农场输送了208个鸡蛋。接下来，我们的目标是，生更多的蛋，多多地生好蛋，突破300大关！

狗警官 不错，下一个。

奶牛 我是没啥可说的，主人说，上一周我和我的姐妹供应了整个村子的奶！

狗警官 整个村子，小主人，整个村子一共15户人家，每户每天400毫升，这样算起来，一共就是4万2千毫升啊！

悦悦 这么厉害！

狗警官 你们大家是不是应该——

[动物们鼓掌。

狗警官 下一个！

奶牛 小鸭子，该你咯。

[小鸭子低头。

狗警官 蜜蜂家族，你们来说吧！

蜜蜂家族 好的。

大蜜蜂 上一周我们采取了新的采蜜方式，这是我们的新产品，听说主人要销往外地哦！

悦　　悦　好甜啊！

小 蜜 蜂　因为订单很多，本周我们一定会很忙很忙的，大家要为我们加油啊！

动 物 们　加油，加油！

狗 警 官　总的来说，我们农场的每位成员都各司其职、勇于奉献，我提议，大家为自己鼓鼓掌！今天的会就到这里。

悦　　悦　等一下，小鸭子还没说呢。

狗 警 官　小主人，您是不了解情况，不是不让他说，是他——

动 物 们　没得说。

大 蜜 蜂　在我们开心农场，他是最没用的一个，对农场一点贡献都没有。

悦　　悦　不可能啊，每个人都有他存在的价值。

小 蜜 蜂　他腿短，跑得不快。

鸡 大 婶　哎呀，他是男生，不会下蛋！

大 蜜 蜂　他的羽毛又短又黑，十分难看！

狗 警 官　哎呀呀，就连这两天公鸡大哥难得生病，让他接班打个鸣，那声音真是——

动 物 们　噩梦一般！

小 鸭 子　对不起大家，我吓着你们了。

悦　　悦　不对不对，每个人都有他自己擅长的事。小鸭子，你肯定也有自己想做的事，对不对？

鸡 大 婶　怎么可能？

小 蜜 蜂　他在我们开心农场，什么事都不干。

悦　　悦　你们别这样啊。（拉过小鸭子）小鸭子，你也想为农场做点什么，对不对？

［小鸭子点头。

悦　　悦　那你就勇敢点说出来啊！

小 鸭 子　嗯……

悦　　悦　勇敢点，大声地说出来！

鸡 大 婶　那你就说说呗。

小 蜜 蜂　对呀，不说我们怎么知道呢。

奶　　牛　小鸭子勇敢点。

小 鸭 子　我想学骑车！

［动物们哄堂大笑。

奶　　牛　小鸭子，不是大妈说你，你平时在农场无所事事也就算了，现在还冒出这么个不切实际的想法来！你这短小腿、厚脚蹼，怎么骑车！哎……

鸡 大 婶　小鸭子，你妈妈为什么不管管你啊，就让你这么天马行空地长到大。你看看我家宝宝,早就能帮我到路口拾鸡蛋啦!

大 蜜 蜂 小鸭子,大家都忙得很呢,你就别瞎胡闹啦!

悦　　悦 你们先别否定,听听小鸭子怎么说!

狗 警 官 小主人,大家真的很忙,还有好多的事要做。今天的例会就到这,各自去忙吧!小主人,要不您到那边去休息休息?

[悦悦摆手。悦悦看看躲在车后的小鸭子,不知道该怎么安慰他。

悦　　悦 小鸭子,不知道为什么,我总觉得我跟你很像。你知道吗?我也有自己想做的事情,但是我没有你勇敢,根本就不敢。我特别想安慰你,可是——

小 鸭 子 (走出来)嘎……

[小鸭子走到悦悦的身边。两人都低着头,不知道怎么安慰对方。

悦　　悦 小鸭子,我觉得你的梦想特别好。你不是想学骑车吗,来!试试!

小 鸭 子 可,它是东方神鹰啊!

悦　　悦 什么东方神鹰啊,就是辆破车!

小 鸭 子 不不不不……

悦　　悦 小鸭子,你们不是说这是我爷爷的车吗?

小 鸭 子 嗯。

悦　　悦 那我就可以做主呀!来来来,坐上来!上来呀!小鸭子,你不试试,怎么知道自己能不能骑呢?你坐这边,我在后面扶着你,好不好?

小 鸭 子 嗯。

[从舒缓到高昂的音乐,配合学会骑车的过程,大约1分钟。

悦　　悦 来,对,骑上去,扶好龙头,准备下坡啦!就这样,保持住,对,拐弯,对!

悦　　悦 (松开了手)小鸭子,你太棒啦!

小 鸭 子 小主人,你!我会骑车啦!

悦　　悦 对,你会骑车啦!

小 鸭 子 来,小主人,我载您!

悦　　悦 好!出发!小鸭子,我太崇拜你啦!

第三幕

[欢快、愉悦的音乐,配合动物们热烈兴奋的场面1分钟。

[动物们把自己的产品搬给狗警官。

鸡 大 婶 狗警官,小心点。小鸭子,有你真好!我的蛋啊,少了多少无谓的颠簸,谢谢你哈!

鸭　　子 鸡大婶,您放心,我一定完成任务!

奶　　牛 小鸭子,你待会儿慢点骑,别把牛奶弄撒啦!

鸭　　子 牛大妈，您放心吧！您今天辛苦啦！

蜜蜂家族 还有我们的蜂蜜！

狗 警 官 好了好了，大伙放心，有小鸭子在，我们农场再也不用担心运输问题啦！

悦　　悦 好啦好啦，我们该走啦！

动　　物 小心点，一路顺风！

奶　　牛 小鸭子，慢点骑！

鸭　　子 知道啦！

［骑了一会儿，小鸭子停下来。

悦　　悦 咦，你怎么停了？

鸭　　子 小主人，您看我车上挂的什么？

悦　　悦 舞蹈鞋？

鸭　　子 快穿上试试！

悦　　悦 我不行的。

鸭　　子 小主人，您不试试，怎么知道自己能不能跳呢？

悦　　悦 你跟我学！

鸭　　子 快试试吧！

悦　　悦 试试就试试！

［悦悦起舞1分钟。

［幕落。

供稿　黄　玲　江苏省淮安市淮海路小学

杨清璇　江苏省淮安市清江浦实验小学

第四章 剧场空间课堂教学变革

课堂是进行教学活动的场所，教学是教师将知识和技能传授给学生的过程，课堂教学是由教师的教和学生的学所组成的师生在课堂上的共同生活。一般的课堂教学研究多集中于教学活动的历时性展开，而忽略教学活动的共时性存在，忽略课堂时空对教学活动的影响和作用。以剧场空间观照课堂教学，课堂作为教学的特定空间，它是学生习得知识、技能和身心发展的重要场域。如果说剧本只有通过剧场演出才能得以真正完成，剧本只有进入观众的头脑和记忆才能实现意义，那么教学方案也是开始于教师的头脑中，只有进入学生的体验才能实现有效的学习，而课堂正是这一过程发生的地方。

课堂从本质上说是某个具有“实时”性的场，教学活动的每个环节都是课堂上建立的特定场景。课堂目的是使学生在学习过程中，能够掌握知识与技能，让学生有独立思考、合作学习的机会，于学习过程中经历、发现与创造，通过经验构筑和对话反思提升为学习成果。在教学过程中，要注重课堂中的场景设计，以学生的问题展开教学，加强活动设计和情境创设，引导学生亲历学习的过程，通过多种感官体验获得个人在身体、情绪、知识上的参与和收益。

第一节 课堂剧场的基本特征

从人的在场性考量，课堂教学是一种师生双方共同参与的剧场活动，要强化课堂的空间意识，将传统学习环境要素的外延有所扩展，情境、情感、学习氛围、人际关系等软环境也成为其中一部分。学生置身课堂，身体是感知媒介和通道，学生在轻松、愉悦、积极的环境下学习，通过身心加深理解、体验和表现，从而获得良好的学习效果。我们要聚焦师生行动的共时现场，探析课堂剧场的基本特征，研究教学活动开展的过程逻辑。

一、有主体在场

课堂教学中的人，既指学生也指教师，学生不是教学的唯一主体，因为学习不等同于教学。教学是师生带着问题展开学习探讨，教师的教与学生的学两类活动由学习问题结合而成。在传统的教学中,教师支配、控制学生学的过程,当下倡导教让位于学,产生了一些新的观念和术语,需要指出的是,教学是教师的教与学生的学的统一,其实质是交往、互动,过分强调一方就会遮蔽另一方的存在。学生与教师是教育教学活动的复合主体,双方在不同的活动中各有担当和任务,彼此又互为主客体。

学生是学习的主体,学生在学习活动中有主体性参与,要自主地经历发现问题、解决问题的学习过程,开展积极的思维和情感活动,与教师进行课堂角色对话与能量转换。教师是推进课堂教学开展的关键人物,引领学生一步步地迎接学习挑战,最终进入解决问题的深度学习,教师要激发学习动机,提供学习资源,加强针对性指导,并促进学生形成相应的能力结构。在课堂上,教师、学生双主体"在场",在教学推进的不同阶段有不同的作为,双方在教学中具有主动性和创造性。

二、有场景创造

问题解决离不开情境调动,情境能够体现知识发现的环境、氛围和过程,交织着相互之间的关系,暗含着知识应用的条件,并体现知识在生活中的意义与价值。课堂教学的情境主线又是通过一个个"场景"推进的,这一个个具体"场景"由浅入深、层层递进,带动学生思维提升和情感发展。

课堂教学中要积极创造学习场景,引领学生进入情境探究。课堂教学场景创造,既可以营造真实场景,也可以进行虚拟创设;既包含空间物质,还包含人的行为规则与主题,表现人在一定条件下的情感和行为方式。教师把学生带到具体的场景之中,这些场景就成为师生、生生的交往载体、互动平台。教学中设计出师生相关却又不同的活动内容、活动方法,有助于促进探究问题的互动教学,每个学生在原有的学习起点上进行知识建构,同时能够锻炼利用知识去理解、分析和解决真实世界中的问题的能力。创造课堂场景,开展情境化学习可以摆脱枯燥的讲解灌输,引发学习动机和持续的学习兴趣,帮助学生在情境中理解课程知识,增强学生在相应情境中运用知识的能力,使得学习方式得到改革与创新,激发学生的课堂参与和学习能动性。

三、有学科语言

教学语言是课堂剧场的"台词",各学科教学具有各自的教学目标与任务,拥有独特的教学资源和教学方式,不同的学科教学具有不同的学科语言形式。学生掌握学科语言和学科思维方式的程度,影响学生解决学科问题的方法和能力水平。

教师要根据学科知识的逻辑规律和学生的认知能力,整体建构学科知识体系,选择恰当的教学内容、有效的教学方法和恰当的评价方式,引导学生将信息资料、问题反馈、个人见解汇聚到教学主题上来,充分体现学科语言特点,提升学生的学科素养。准确、合适的学科语言可以创造学习氛围,显现学科特质,顺畅地将学习过程向前推进。如语文学习中引导学生掌握阅读与表达的一般规律和基本方法,以加强对听说读写能力培养的指导;理科学习中有文字、符号、图表、模型等表述方式,来培养学生的逻辑思维、抽象思维以及创新、动手实践能力。教学中,教师要增强学科语言意识,引导学生主动参与、亲身实践、合作探究,在具体的学科教学中强调学习的过程性和体验性,重视促进学生认知、情感、技能的全面协调发展。

四、有故事弧线

引人入胜的课堂教学不是平直运动的,而是如一场好戏,富有起伏变化,呈现一定的“故事弧线”。课堂的故事弧线要贴合学生的“最近发展区”,符合学生身心发展规律。课堂每一阶段有着清晰的设计意图,并包含教学实践可能性的教学预设与生成,活动与活动之间转换、关联、流畅,教学过程中重点、难点突出,是一种即时创造、产生新质、促进发展的运动形态。

课堂教学潜藏着起承转合的故事弧线,大体以激活、研习、对话、演绎、延展等方式展开。首先是激活学生探索新知的欲望;接着从文本阅读开始,体现自主研习,这是学生读悟又生疑的过程;然后是对话,通过课堂师生、生生互动,寻求解决问题的适切方法;再通过演绎,师生以新的视角分享学习所得,进行多向度交流;最后延展,总结提升结构化学习成果,并尝试进行转化与运用。学生是学习活动的主体,教师是学习活动的组织者,教师要不断地捕捉、重组课堂教学信息,合理调整教学节奏,把有价值的信息和问题转化为教学的生长点。一堂课向前推进,每阶段配置合适的时间,师生以各自的角色现场互动、各有作为,使得教学成为一个生动而有趣的学习过程。

第二节　剧场方法应用举隅

儿童是天生的游戏者,游戏化的学习方式将成为更有意思、更有意义的学习。剧场空间课堂教学变革,既要有理念引领,还要有方法工具来撬动。在学科教学中融入剧场元素,能够顺应当前教育变革的实践逻辑,适应课堂教学的微观视角。

剧场方法融入学科课堂的主要意义在于:一有自由空间。为学生营造一个自由宽松的环境,让他们敢于发表自己的观点,敢于表现自己,鼓励学生展开想象的翅膀,培养学生的创新意识与实践能力。二有角色参与。让学生在学习活动中有主体性参与,自主地经历发现问题、解决问题的学习过程,与教师进行课堂角色对话与能量转换,引导学生在角色对话中认真体悟,获得知识、能力、情感及道德上的多重发展。三有学习趣味。提供有趣味的学习情境,调动学生的多感官参与,激发参与动力,提高学习意愿。四有持续成长。这样的学科教学旨在促进学生的可持续发展,而不是当下追求的看似热闹的课堂氛围,要对学生在学习中的表现进行拓展与深化,努力将具体的活动与行为凝结为学生的各种能力与积极品质,为学生的长远发展奠基。

就戏剧与剧场技巧应用于教学活动而言，根据港台地区相关领域的实践经验概括、整理出来的有暖身活动、定格呈现、讲故事、角色扮演、动作重奏、四格漫画、思路追踪等多种方法，这些方法改变了以往的知识传递方式，从教与学中寻找“学”的突破口，尝试让知识在自我表现的情境中达到认识、理解与内化。融入剧场方法的教学实践，是从学习活动的内在逻辑去实现课堂教学的变革，其遵循脑科学和具身认知等学习科学理论，值得各科教师创造性运用。

1. 暖身活动

一般是指活动开始之前所做的一些简单肢体动作、发声练习、专注练习或团体游戏等活动，主要目的是便于参与者能够把精力集中于将要进行的课堂教学活动中。良好的暖身活动作引导，可以让儿童自然而然地进入到相应的学习情境中去。

2. 定格呈现

定格是动作的刹那间“凝结”，由活动到静止，把生活中的画面凝固。学生运用肢体形态，静止一个凝固的视像画面，从中具体地呈现生活及事件。学生可以依据照片或绘画呈现画面，也可以按文本的描述来创造画面；可以通过集体讨论来共同创造画面，也可以有先后次序地、自由即兴地运用身体投入到画面中去创造一个场景的定格画面。

3. 讲故事

故事有连贯性，富有吸引力，能感染人，经常被运用在课堂教学当中。运用讲故事的技巧可以引发儿童对故事的兴趣，亦可运用剧场技巧来推动情节发展，或以角色身份讲故事演绎过程。讲故事一方面能促进讲故事者善用情感、语音与动作表达，另一方面能为听故事者带来娱乐与认知。

4. 角色扮演

角色扮演是指参与者在故事世界中通过扮演角色进行互动，参与者通过对角色的扮演，可以获得快乐、特别的体验以及宝贵的经历。扮演者被赋予一个假定的角色，在模拟的过程中经历生活，体验不同的生活环境与社会角色，进入情节及矛盾与冲突，促进自我认知。

5. 动作重奏

对于以动作表现为主题的内容，可以通过动作解构，请参与者选出几个动作定格，按次序排列，再按次序串联成一连串的动作。为了清楚地呈现这一过程，可以做慢镜头处理，由参与者做连贯表现。也可以加上音乐节拍，或快或慢，设计为律动游戏。比如，足球场上、沙滩上、灶台前、暴风雨中、讲台上等，将此方法融入习作教学中，学生会很感兴趣，能有效解决习作内容与表达问题。

6. 四格漫画

将一个故事用四个篇幅简单勾画出来，这个方法适用于梳理故事情节，完整地展现故事内容。四格漫画在表现上主要强调叙事，先从故事起因开始，然后是发展、高潮，最后是结局。这四格还可以理解为事件的起、承、转、合，其在形式上已经清晰地界定出四个场景，也就是故事或情节的推进。

7. 思路追踪

一种在扮演或定格时向角色进行提问的手法。通过有启发性的问题，引发角色扮演者的观点与立场，从而使参与者更了解角色的心理、动机及思想，借此扩展思路，使情节和内容更丰富有趣，从而使整个思想活动发展至更深、更高的层次。

8. 教师入戏

教师通过扮演某个特定的角色，带领学生进入虚拟的世界，从而加快学生心理上进入真实的体验，加深活动探索的成绩与效果。教师在进入角色与恢复、真实与虚拟之间建立学生思考问题的多元视角。教师通过入戏发问，可使学生建立不同角度的思考观点。

9. 墙上角色

将角色画在黑板或纸上，每个人看到画后对角色特征进行描述，并在教师的引导下扮演角色的行为片段，建立角色的性格，也可以运用报纸上的新闻图片做角色的探索。

10. 专家的外衣

以专业人物的身份进行角色扮演活动，通过专业人士的服装、角度、角色应有的专业方向、知识、技能来挖掘问题，寻求解决方案，解决困难，完成任务。目的是使学生能持有专注及理性的态度，以认真的态度进行角色扮演，分析问题并寻求解决方法，加深学生对人物及未来社会的认识，以帮助学生自我实现。通过医生、考古学家、科学家、警官等专家的身份进行更有效果的询问及探索行动。“专家的外衣”可以搭配“教师入戏”以强化教学手段。

11. 坐针毡

教学活动中由一位学生以某种角色的身份坐在椅子上，其余同学以半圆形环坐其对面，大家就相关问题轮流提问，他则有问必答，直到询问结束。坐针毡者必须要探索扮演角色的动机、思维原则及想法，并通过投入所扮演角色的主观态度及立场去表达和阐述观点，从而产生主观投入又实际上“离岸”的客观及理性效果。因扮演者所坐位置仿佛在被审问、有如坐针毡的感觉而得名。

12. 物件灵感

运用物件刺激学生去想象，把幻想发展并延伸成故事。例如，以音乐刺激幻想，请学生想象出当中的色调、气氛、人物、事件，并再延伸出故事；或加入另一段音乐，再组合成新的故事；一件旅游纪念品，请学生创作异地的历险故事。一封信、一篇日记、一段新闻等，都可以延伸应用于教学，探讨和发展材料中蕴含的主题、事件和内涵。

13. 建构空间

教师通过实地参观、网络的虚拟参观（虚拟地图或虚拟博物馆、美术馆等）、书刊或纪录片，混合各类素材向学生介绍角色生活的地方。学生凭记忆在纸上画出角色生活的空间，并运用想象力通过“定格呈现”“片段重演”等方法用身体或简单物件（桌、椅等）来重现角色生活的空间。

14. 日记信札

这些是学生以角色或自己的身份写的东西，作为反思活动，或由教师引入教学活动中以增添张力，或用作证据，或让学生撰写后做评估之用，或可作为连续几节课的学习记录。

15. 时空跳跃

在不同的时空里看待同一件事，常被用于“反思”的步骤，作感受和体会。可以与一篇日记、一幅画面、二人对话，甚至“定格呈现”等结合使用。

16. 讨论

适当及有启发性的讨论，不论入戏与否都能得到活泼、有创意的结果。讨论可以使想法得到发表和归类，参与者表达意见、反复讨论、进行各种思考及评估，以使计划或过程继续向积极、正面的方向发展。入戏讨论是一个既可保持趣味，又能对情节发展产生助推的方式。

17. 即兴创作

在教师的引导下，参与者在不同的游戏、活动和同伴互动冲击下即兴创作故事情节。教师一般都有一个策略计划，把学生引导到适当的情绪及气氛中，使学生自然生成故事、情节、片段及解决困难的方案。教师会运用 Who（人物）、Where（地点）、When（时间）、What（事件）、Why（原因）、How（发展经过）的 6W 戏剧元素，加上焦点、张力、对比、象征等戏剧要点，及起、承、转、合的戏剧结构，去创造故事片段，以达到更佳的戏剧效果。

18. 人体雕塑

两人一组，分 A 及 B，A 站立不动为“雕塑”，B 为“雕塑家”。B 用手扳动 A 的身体，让 A 做出不同的姿态，成为一件雕塑。A 和 B 可以互换身份。

19. 3D 动画

表演者要对身处的环境、其他人的身份及所进行的事情有所意识，并用慢动作、正常速度、对白等让定格画面动起来，呈现出一幅活生生的事件场景。当参与者能互相配合、有默契地把场景做出来时，将比立体画更精彩、更生动。

20. 片段重演

顾名思义，即把某事件重演出来，这事件通常具有重要性，一般三五人为一小组，重演合适的内容，参与者通过重演片段来更好地思考、联想、反思、想象、延伸。

这里列举“定格呈现”“思路追踪”“动作重奏”“四格漫画”等几种方法的应用，来展现剧场空间理念下的独特的教学方式。

定格是动作的凝固，教学中，定格呈现常常与暖身活动结合使用。执教《中国国际救援队，真棒》的过程中，老师带领学生用身体表现地震中的情景，活动中忽然叫停，学生则以各自的动作现场定格。接着，老师展开“思路追踪”，即在定格时向学生提问其表现的是什么，有的说是倒下的电线杆，有的说是歪斜的楼体，有的说是躲避的行人……这样的身体表现和观点陈述，不仅直观地呈现了地震场景 ，而且便于了解学生的表现动机，促进学生的思想活动向更高层次发展。这些方法简单易行，引领学生“做”进文本，改变阅读教学中教师一方着力、学生游离于文本之外的现象，加深学生对文本的体验和理解。

在作文教学中，我们对于以动作表现主题的段的练习，一般会给出“先、接着、然后、最后”等连接词引导学生写段，或是让学生列出表示动作的词语，然后按顺序写下去，这样的练习对于学生来说难免机械枯燥，我们可以创造性地使用“动作重奏”法，即选出几个动作定格，按次序串联成一连串的动作。如描写厨房中妈妈做菜，学生兴趣盎然地进行动作重奏，这样的作文自然千姿百态，充满生活气息，从而避免模式化的雷同文的产生。这样的动作重奏，可以扩展应用到更多领域，如体育教学、科学教学、美术教学等等，学生能够获得举一反三的本领，我们的教学才是授之以渔。

阅读教学如何长文短教，“四格漫画”将有助于学生抓取场景，迅速把握故事要领。学生作文往往头重脚轻、详略不当，如若以四幅简单的漫画作支架，至少可以解决叙事的完整性、条理性问题，再辅之以文章“橄榄型”常识，引导学生将笔墨花在第二、三幅图上，有利于突出重点。脑科学研究告诉我们，在人类所有的感官认知里，视觉的信息记忆效果最好。“四格漫画”将文字转化为场景图像，也契合了脑的视觉认知规律。

在课堂教学中，还可以设计剧场游戏来开展教学。剧场游戏既简单又直接，弹性大，亦不需要太大成本，只要有简单的规则、参与者及场地，就可以衍生出不同形式及内容。剧场游戏玩的性质跟一般游戏没有区别，参与者要通过游戏达到“剧场性”要求。剧场游戏中所产生的剧场性，是参与者以身体力行的方式玩出来的。大多数的剧场游戏，较少侧重语言，参与者自己的身体就是游戏的工具，而不是靠说话或思想来行动。这样让不同能力的参与者在公平、自由及自在的情况下表达自己。通过剧场游戏，参与者可以舒展身体、提升能力、加强身体协调性、提升节奏感、加强空间感、提升合作性等，这样寓教于乐的游戏化学习对学生有足够的吸引力，是学生喜爱的教学方式。

剧场空间教学方式变革，从根本上改变了传统的课堂教学模式，更多充满戏剧元素的教学方式的转化应用，为学生提供了丰富的实际操作机会，学生的身心资源能得到较为充分的开发和利用。教师在教学中创设有趣味的学习情境，融入剧场方法，调动学生的多感官参与，使学生获得更多的尝试、实践机会，促进学生关于知识、技能、情感、态度、价值观等多方面的持续发展，从而使学生形成有助于终身发展的必备品格和关键能力。

第三节　语文学科剧场方法教学实践

语文课程是一门学习语言文字运用的综合性、实践性课程，教学中应努力体现语文的实践性和综合性特点。语文教学应植根于现实生活，加强教学内容的整合，整体考虑知识与能力、过程与方法、情感态度与价值观，拓宽语文学习和运用的途径，促进学生语文素养的整体提升。然而当前的教学环境中，培养学生的听说读写能力还是依靠大量的课堂和课后练习来实现的。传统的听讲式课堂教学，难以满足现代教学应具有开阔的视野、开放的心态、创新的思维要求，难以实现人们对语言文字运用能力和文化选择能力的更高要求，语文教育的发展面临着变革的课题。

一、语文学科的基本特点

2019 年，义务教育阶段所有年级语文学科全部使用统编教材，相对于以往语文教材大多以人文主题来结构单元，统编语文教材采用的是“双线组织单元结构”，即采取“人文精神”和“语文素养”两条线索相结合的方式编排教材内容。一条人文主题线——“人文精神”重在选文的思想性，发挥语文学科独特的育人价值，以文化育人；一条语文要素线——“语文素养”重在听、说、读、写的基本知识和能力。传统的语文教学长期存在语文工具性与人文性的共存共生之困，有的时候人文性缺失，有的时候人文性泛滥，有的时候人文性成为高大全的思想标签，致使学生并不能回应语文世界的人性关怀。究其原因，情境性缺失，学生没有时间与机会去体验情感，未能尝试移情，情不真切，人文性自然容易落空。

语文教学呈现出一个立体的世界，直接的对象是语言的世界，这个世界的背面是人的世界、生命的世界。统编教材中的人文主题线是按人与自我（人类、生命、人格、人性、人生等）、人与社会（社区、群体、家庭、民族、国家等）、人与自然（自然环境、生态等）三大板块组织教材的，每个板块分若干单元（主题），落实“立德树人”根本任务。所谓“语文要素”就是“语文素养”的各种基本“因素”，包括基本的语文知识、必需的语文能力、适当的学习策略和学习习惯等，这些语文要素分布在每册教材的每个单元之中。语文要素线的明晰，是对以往语文教学偏重于人文意义的匡正，有助于强化语文学科的本体意识。在语文教学中，字、词、句、段、篇是教材文本的呈现形式，听、说、读、写、思是具体的语文学习活动，二者存在着相互流通、转化的过程。就语言学习的规律而言，学习过程主要是输入和输出的互动过程，听和读是输入，说和写是输出，思是信息输入、输出间的纽带。听读、说写，都是思维成品，思维过程不可忽略。培养学生语文素养能力的主要途径是语文实践，让学生在大量的语文实践中体会、把握运用语言文字的规律，因此语文教学是关乎学生体验与表达的实践活动。

二、语文教学亟待教学方式变革

语文教学一直存在着效率不高的问题,“少慢差费”“耗时低效”历来为人们所诟病。一份《中国义务教育质量监测报告》表明,在小学语文、数学、科学、品德与社会四门课程中,合格率最高的是数学,占78.3%,科学为71%,品德与社会63%,语文学科的合格率最低,仅为62.8%,有近30%的学生的语文成绩处于基本合格水平,对一些基本知识和技能掌握不足。这份报告是中央教科所、《中国教育报》于2009年联合推出的《中国教育发展报告》中的一部分,似乎验证了人们对于语文教学效率低下的忧虑。

阅读教学究竟着力于什么?长期以来,我们的阅读教学重心偏离,“进”得去却“出”不来。进得去即课堂教学陷入对课文内容和知识的研习,在指导学生理解掌握课文内容时“精耕细作”,读悟繁复,忘记了“教材无非是个例子”;出不来指忽视课文表现方式及听说读写能力的训练培养,语文学科言语实践特性不显,学生的听说读写实践不力。显然,阅读教学不仅是理解内容和让学生读懂、读透一篇篇课文,而是应该借助一篇篇课文,在大量的言语活动中培养学生能力。作文教学是重点,是难点,是语文教学绕不开的话题。从作文教学的现状来看,学生的作文没少写但成效不大,大多数学生对作文不感兴趣,甚至一部分学生感到畏惧;教师则茫然于作文教学命题、指导、批改、讲评这一次次轮回,对于作文教学的研究普遍投入不够。师生在作文教学上付出了很多劳动,却是“广种薄收”,究其原因是作文教学的规范程度和改革深度不够,作文教学存在着缺乏实践过程的“粗放经营”的现象。

语文课程是实践性课程,应着重培养学生的语文实践能力,而培养这种能力的主要途径也应是语文实践。传统的语文课堂缺乏真实的语言情境,教学活动很少能和学生的现实体验、生活经验相联系,影响了学生语文素养在课堂教学中的落地生根。语文教学改革要打开课堂的教学时空,打通学生语文学习世界与现实生活世界的隔离,为学生提供充分的实际操作空间。在语文教学中融入剧场元素,是剧场方法在教学过程中的应用,这些手段能够沟通听说读写、沟通课堂内外,增加学生语文实践的机会。比如语文教学中即兴创作、教师入戏、说故事、定格呈现、角色扮演、讨论等等,都是常用的剧场方法,这些方式有利于增强对学习目标体验的过程,可以让师生参与到情境活动中来。剧场方法注重的不是表演的结果,而是通过教学情境的创设,引导学生结合现实生活加以感受与体验、创造与提升,从而全面地提高语文水平和语文能力。剧场方法运用于语文教学将会带来变革性的影响,能促进学生变成学习的主体,通过假设调动学生的想象经验,在具体的实作中讨论文本蕴含的意义。数十种剧场方法,让师生“做中学”成为可能,师生在创造性教学情境中用好语文教材这个“例子”,深化语文实践,在实践中领悟文化内涵和语文应用规律,提升学生听说读写的语文能力,并促进学生创新性思维的养成及创新能力的培养。

三、故事类文本教学的打开方式

语文教学与剧场活动具有天然的联系，小学语文教材中，课文多以记叙为主，其中故事类文本有着完整、曲折的情节，人物形象鲜明、生动，语言通俗易懂，深受儿童喜爱。当下，基于文本的阅读教学已引起人们关注。教学这类文本，应根植“故事”特质、适切儿童“表演”天性，将剧场的基本元素融入语文教学，以儿童的自主参与、角色体验、生命创造经历课堂的演绎过程，以教学方式的变革，改善阅读教学质态，提升学生语文学科素养。

1. 浸润式读

最好的语言学习状态，是让学生在自然状态下，不知不觉地忘却强烈的学习目的性，而只以沟通、交流、获取信息为目标。故事类文本教学，可以利用情境、角色、气氛、情节、节奏的设计来让学生融入故事当中，让学生专注在当前设计的目标情境下感到愉悦和满足，而忘记真实世界的情境。

执教《中国国际救援队，真棒》的老师课前带领学生开展暖身游戏，以课文字词做动作定格。课始，创设地震情境，以救援队专家身份入戏；接着，研读报告（课文），分搜索、救助、后勤、急救医疗四个小队进行物资准备；然后，模拟现场施救，以身体定格和思路追踪呈现救援第一天、30 小时、72 小时三个阶段救援情况；最后，以救援专家身份于 72 小时后写一篇救援日记。这样的教学，学生完全沉浸在学习情境中，不仅以浓厚的兴趣全情投入，还激发了学生潜在的创造力，学生根据自己的思考和理解进行即兴表演，为人物创作语言、动作和情绪，丰富了语文学习的过程和成效。

2. 体验式创

传统教学的语言学习对学生来说一般都是外在的，而体验式学习是通过亲身体验过程获得的，是内在的，是个人在身体、情绪、知识上参与的所得，既包括人的感官体验，又包括人的认知体验。体验式学习以学为中心，其优势在于学习过程中的经历、发现与创造，学生通过经验构筑和反思再总结提升为学习成果。

寓言故事《鹬蚌相争》简短精练，运用体验式学习有较大的创造空间，可从以下程序展开：一是教学热身，学生用肢体语言表现鹬、蚌特点，感知角色形象；二是进行文本阅读，化身角色介绍故事的发生情节；三是角色演绎，创演“鹬蚌相争”的经过，并采访表演定格的同学谈感受，情境创设、表演、访谈等形式的运用，帮助学生理解文本中的“猛啄”“牢牢地夹住”“威胁”“毫不示弱”“相持”“筋疲力尽”等关键词语，以便学生更好地融入到角色中；四是续写推进，鹬和蚌的反思，深化寓意理解和故事表达；五是引导运用，由“鹬蚌相争”的来历明白寓言的劝诫作用，并创设生活情境，解决现实问题。

3. 表现式演

语文学习实质上是个输入和输出的过程，在输入阶段，学生感知、体会、形成关于语言学习的方法策略，在输出阶段，学生尝试和运用所掌握的表达方式，形成能力素养。故事类文本教学可以运用表现性手段，优化语文学习的过程。表现性手段原指表演者利用自身的声音、形体、情感等创作工具产生的创作手段，它不涉及服装、道具、灯光等外部条件的利用。故事类文本教学中的表现性手段实际上是基于故事人物所处的特定情境、对人物情感的充分理解和体验，用身体资源进行表现创造，其可以打破一些常规的场景设置和生活动作的选择，用一种更直观、更富有象征意味、更适合于舞台空间的方式来呈现。

《爱因斯坦和小女孩》是一个有趣的故事，讲述了著名科学家爱因斯坦向一个 12 岁的小姑娘学习穿戴和整理，反映了他热爱科学事业和谦逊的美德，也表现了小姑娘的率真、可爱，人物形象十分鲜明。“相撞”“相遇”“相邀”的三次相遇，构成了这个故事的情节链。特写的场景、独特的外貌、风趣的对白，使故事耐读、引人入胜。教学中，可从两大板块推进：创设故事的交际语境，走进文中的三次相遇场景，在“镜头”转换中培养学生的故事思维；通过创编剧本、读者剧场表演等方式，尝试表达，学习交往，发展学生的言语能力，提高交际、合作能力，同时让儿童在直观的、直接的表现中体验角色的内在情感，感受剧演的魅力。

故事类文本的教学手段是多样的，在学生充分理解人物和感受人物所经历的情感体验的基础上，教师可以引导、激励他们去寻找一种契合于角色情感的、非常规的表现性手段，从而激发其舞台想象力和创造力，这样的要求会推动其更积极、更感性地投入到角色的情感体验之中。学生在使用这个手段的过程中，又会强化自己的情感体验，从而增强和锻炼其在表演中的体验和表现的能力。语文学习中，学生全身心投入的表现法在学习动机的激励、学习场景的营造、体验式学习、信息的深层处理等方面优于传统的阅读教学，教师可以借助课堂舞台，给学生以充分的施展空间，让学生自己阅读课文、想象情节、设计矛盾冲突，然后由学生自己表现出来。体验与表现，是故事类文本教学可行而有效的打开方式。

在语文教学中融入剧场元素，反映先进的教育思想和理念，关注文本情境下的教学变革，关注学生个性化、多样化的学习和发展需求，着力发展学生的语文素养。这样的教学有助于师生回归语言生命，让师生在宝贵的教育生活中感受语言的魅力，在丰富绚丽的语言世界中获得人与世界的亲近、获得个体精神的丰富，并最终获得一种诗意的生活方式。

四、语文学科案例选编

1. 带刺的朋友

【教学内容】

这篇课文为统编版小学语文教材三年级上册第 23 课，记述了刺猬偷枣本事高明这件事，字里行间体现出作者对刺猬的喜爱之情。特别是把刺猬偷枣的过程写得具体生动，充分表现了刺猬的聪明、机灵。文章语言生动、明快，用词准确，条理清楚。课后习题明晰了本课的语文要素：阅读时，体会语言的生动；学习运用语言，感受作者是怎样留心观察小刺猬偷枣的,能用自己的话讲述刺猬偷枣的过程。

【教学目标】

1. 能了解故事主要内容及刺猬偷枣的过程。

2. 关注一连串的动词,把刺猬偷枣过程具体讲述出来。

3. 在合作表演中体会人物的特点与情绪,提升运用肢体表达情感的能力。

【剧场方法】

暖身活动、墙上角色、四格漫画、动作重奏、角色扮演、定格呈现、思路追踪。

【教学准备】

课件。

【教学过程】

一、暖身活动

读下面一组词语,用身体或神态演绎不同的字词。

诡秘　就地打了一个滚　归拢　匆匆地　爬来爬去　蹑手蹑脚

二、墙上角色1

1. 学生回忆课文主要内容。

2. 教师将刺猬形象呈现在PPT上。

3. 学生根据课文内容描述自己对刺猬的印象和感觉,并记在刺猬图片旁。

三、四格漫画

1. 读课文,将刺猬偷枣过程想象成四幅画面,每格填什么样的内容?教师根据交流出示相应的画面。

2. 为画面拟上小标题:爬树→摇枣→扎枣→快跑。

四、角色扮演、定格呈现及思路追踪

1. 请各组将四格漫画过程化。

2. 每组按次序来定格呈现,聚焦刺猬偷枣的一连串动作,关注神态,猜想心理等。

第一格:

(1) 表演者表演到"慢慢地往树上爬"时,定格画面。教师让其再次表演"慢慢地爬",同学和教师进行有价值的思路追踪:你在干什么?今晚的景色什么样?为什么会趁这时候来偷枣?

(2) 表演者继续表演,表演到"诡秘地爬向老树杈,又爬向伸出的枝条",进行动作重奏,再次表演。

(3) 聚焦三次爬:慢慢地往树上爬→诡秘地爬向老树杈→爬向伸出的枝条,思路追踪:你在爬树时有怎样的心理活动?把这种心理活动朗读出来。

(4) 采访观众:你看到这一切,心情怎么样呢?(担心、好奇、紧张)把这种心情朗读出来。

第二格:

表演摇枣,定格呈现,思路追踪:你是怎么把枣摇下来的?摇枣过程很顺利吗?

第三格：

(1) 表演扎枣过程。慢动作回放：掉下来→归拢→打滚→扎枣。

(2) 将看到的扎枣过程用有条理的语言描述出来。

第四格：

表演快跑过程。思路追踪：为什么要跑得这么快？

五、动作重奏

1. 读课文，将小刺猬偷枣过程的动词圈出来：爬、摇、掉、归、滚、扎、驮、跑。再按顺序把动词贴到相应的位置上(图略)。

2. 教师请同学准备配音。用“刺猬偷枣的本事真高明啊”这句话作为总起句，来讲述刺猬偷枣的过程。在这中间，我们必须用到“爬、摇、掉、归、滚、扎、驮、跑”这八个动词，可以选用“先”“再”“然后”“接着”“最后”这些连接词。

3. 表演及配音。

六、墙上角色2

1. 教师再现墙上角色1。

2. 教师问，对小刺猬的认识有变化的进行补充。

供稿　王　珊　江苏省淮安市人民小学

2. 小田鼠弗雷德里克

【教学内容】

这篇课文为统编小学语文教材四年级上册第5课，《小田鼠弗雷德里克》的作者是美国的李欧·李奥尼，原文是其创作的绘本故事，并获得美国凯迪克大奖。虽然课文的内容有改动，但文中的插图依然可以看出此篇文章充满着童趣。文中的五只小田鼠是和睦的一家，在深秋时节都忙碌着为过冬做准备，不过它们中的四只收集的是栗子、干草、玉米等物质食粮，本文的主人公弗雷德里克收集的是阳光、色彩、语言等精神食粮。到了寒冷的冬天，当栗子、干草、玉米等食物消耗殆尽，弗雷德里克的精神食粮给了小田鼠们生活下去的希望和热情。课后习题呈现了学习本课的语文要素：尝试从不同角度去思考，提出自己的问题，最后通过分析问题、解决问题而收获对课文的认知。

【教学目标】

1. 能了解故事主要内容及两个主要场景。

2. 能根据需要针对课文内容提出有价值的问题，尝试从不同角度去思考，提出自己的问题，懂得物质食粮和精神食粮同样重要。

3. 合作表演中体会人物的特点与情绪，提升运用肢体表达情感的能力。

【剧场方法】

暖身活动、教师入戏、建构空间、墙上角色、角色扮演、思路追踪。

【教学过程】

一、暖身活动

读下面一组词语，用动作形态、声音来表现，让大家猜猜是哪个词。

静静地　咀嚼　欢快地　嘶鸣　呆呆地　盯着　辽阔

清了清嗓子　打盹　羞涩　没有兴致　鞠躬

二、教师入戏，建构空间

教师代入农夫的角色，借助幻灯片讲述对旧家的不舍：辽阔的草场一片葱绿，心爱的牛羊在咀嚼着嫩嫩的青草，马儿欢快地嘶鸣。一切都让人那么留恋，那草场边年代久远的石墙，那空了的牲口棚和谷仓等等，但是已经深秋，我们不得不带着自己的牲畜，搬到水草更加茂盛的地方去。

三、墙上角色1

1. 生活在这里的小田鼠一家发生了怎样的故事呢？教师与学生讨论故事内容。

2. 教师将搜集过冬食物的四只小田鼠和独自一人的弗雷德里克呈现在PPT上。

3. 学生根据课文内容描述自己对四只小田鼠和独自一人的弗雷德里克的印象和感觉，并记在图片旁。

四、研读课文

1. 教师与学生默读课文。

2. 提问：如果将这篇课文内容变成两个场景，可以怎样处理？每个场景分别是哪部分内容？

(1) 根据学生分的场景，教师在黑板上出示两格图画，展现两个场景，初步对文章整体建立印象，为接下来两个场景活动做铺垫。

(2) 为两个场景拟小标题。预设：深秋时准备、洞穴中过冬。

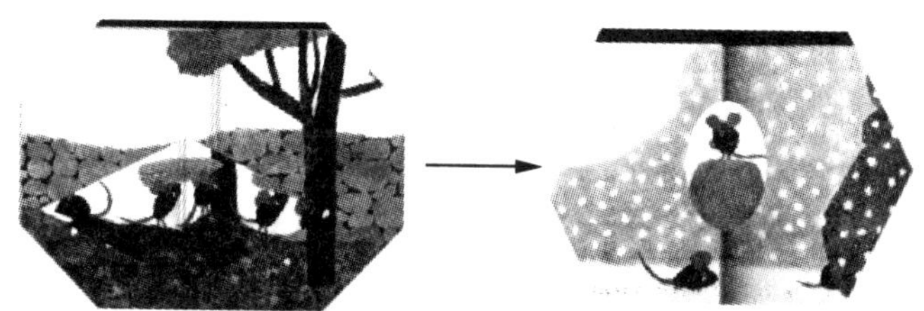

五、角色扮演，思路追踪

1. 小组合作，任选一组场景进行表演。

出示角色扮演提示：

(1) 正确、熟练朗读课文。

(2) 分好角色，每个角色尽量记住自己的台词。

(3) 揣摩人物说话时的语气、动作、神态,可以根据需要适当创新。

2. 小组练习表演。

3.“深秋时准备”展示。

(1) 展示表演。

(2) 思路追踪:教师向角色提问;引导学生向角色提问。对于问题,角色扮演者可以尝试回答。不会回答时,大家可以一起想办法解决。

预设的问题清单:

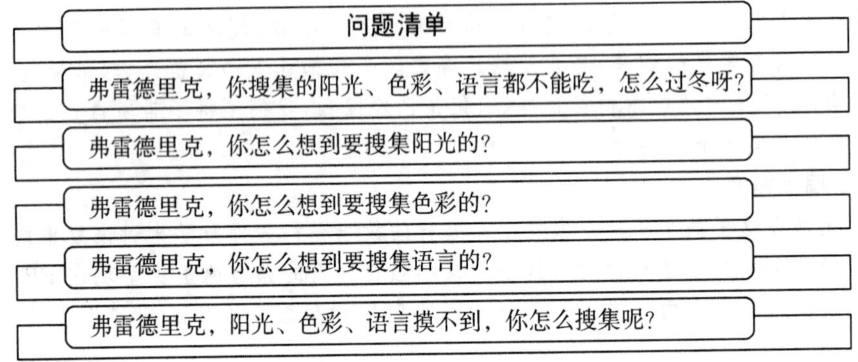
问题清单

弗雷德里克,你搜集的阳光、色彩、语言都不能吃,怎么过冬呀?

弗雷德里克,你怎么想到要搜集阳光的?

弗雷德里克,你怎么想到要搜集色彩的?

弗雷德里克,你怎么想到要搜集语言的?

弗雷德里克,阳光、色彩、语言摸不到,你怎么搜集呢?

4.“洞穴中过冬”展示。

(1) 展示表演。

(2) 思路追踪:研究上一组问题清单,说说对于提问方法的发现。小组合作提出问题。

(3) 片段重演:对于弗雷德里克朗诵诗的片段进行重演,感情饱满地投入朗读,并说说有什么新的思考。

六、墙上角色 2

1. 教师再现墙上角色 1。

2. 提问:对上面的人物认识有变化的进行补充。教师用另一种颜色的笔标注出来。

3. 你觉得弗雷德里克和其余四只小田鼠相比,谁的工作更重要,为什么?

讨论,并点出“物质食粮和精神食粮同样重要”的道理。

供稿　王　珊　江苏省淮安市人民小学

3. 搭船的鸟

【教学内容】

《搭船的鸟》是统编版小学语文教材三年级上册第五单元的第一篇课文。它以一个儿童的视角,写他眼中的翠鸟,语言浅近、朴素,文风恬淡、清新。“搭”乃“乘坐”之意,可以搭船、搭车、搭飞机……搭的对象众多，可主体都是人。但本文搭船的主体却是一只鸟，以“搭船的鸟”为题，一个“搭”字，赋予鸟儿人性和灵性，字里行间充满了童真，让读者感悟到人和动物相处的融洽与和谐。课文从静态描写翠鸟的色彩之美到以连续的文字述说作者的遐想，再到动态角度写翠鸟捕鱼的动作之快，从三个不同的角度展开描写，充分体现了作者细致入微的观察能力和巧妙的表达。

【教学目标】

1. 了解课文主要内容，通过读演翠鸟外形、动作等语句，体会作者仔细观察、抓住特点的方法。

2. 借助直观图像和视频，引导分镜头观察，迁移方法，扩展静态与动态描写。

【剧场方法】

暖身活动、定格呈现、3D动画、思路追踪、即兴创作。

【教学准备】

两段翠鸟捕鱼的视频(先快后慢)。

【教学过程】

一、暖身活动：身体字词游戏

教师说句子，学生把句中的动作表现出来。

句子：我们坐在船舱里。外面下着雨，雨点打在船篷上，“沙啦、沙啦”地响。船夫披着蓑衣，在船后用力地摇着橹。

学生迅速转换角色(我、雨点、船夫)，同步做出各自的动作。

二、定格呈现：观静态外形

1. 读题，解题。

“搭船的鸟”是什么鸟呢？(学写“翠”)

2. 出示水墨画乘船图，营造观察场景。

作者坐在小船上，雨后，无意发现船头站着一只鸟，这引起了他的好奇。

3. 文章中有没有具体写这种鸟的样子呢？画出语句，读中想象。

4. 出示翠鸟图片，和你想象的一样吗？(作者描写得很像)

引导观察：(1) 颜色；(2) 从整体到局部。

5. 小结：作者通过留心观察，详细列举了翠鸟身体上那些细微的颜色差别，从整体到局部，用这些细节向我们展现了一只美丽的翠鸟，它静静地站在那里，犹如在画中一般，给我们留下深刻的印象。

三、3D动画：观动态捕鱼

1. 读课文，提取信息：这篇课文中还有一处关于翠鸟的观察也非常细致，你能不能找出来，用“____”画出？

“我正想着，它一下子冲进水里，不见了。可是，没一会儿，它飞起来了，红色的长嘴衔着一条小鱼。它站在船头，一口把小鱼吞了下去。”

① 指名朗读句子。

② 抓住动词理解“观察细致”:从哪些地方可以看出作者观察细致?

有很多动词——冲、飞、衔、站、吞。

③ 交流感悟:这些动词用得好在哪里?选择一个,说一说。

2. 视频一:翠鸟捕鱼特写。

提醒学生睁大眼睛,注意观察,体会动作的快、准。

3. 视频二:翠鸟捕鱼水下慢动作(图略)。

根据视频观察,口头改写练习,添加动词,辅以动作。

我正想着,它一下子(　　)进水里,不见了。可是,没一会儿,它又(　　)着翅膀,(　　)起来了,红色的长嘴(　　)着一条小鱼。它(　　)在船头,嘴巴(　　)了几下,一口把小鱼(　　)了下去……

4. 朗读句子,感悟“细致的观察”。

5. 小结:两处细致描写,一静一动地把这搭船的捕鱼高手翠鸟写活了。

四、思路追踪:继续寻找“细致”

1. 出示课后习题:除了翠鸟,作者还对哪些事物作了细致观察?你是从哪里看出来的?

“我们坐在船舱里。外面下着雨,雨点打在船篷上,‘沙啦、沙啦’地响。船夫披着蓑衣,在船后用力地摇着橹。”

2. 讨论:你从哪些地方感受到作者观察的细致呢?

(1) 外面下着雨,雨点打在船篷上,“沙啦、沙啦”地响。

(2) 船夫披着蓑衣,在船后用力地摇着橹。

3. 营造场景,朗读表演。

五、即兴创作:观察与表达

1. 出示“火烈鸟”图片,引导学生观察,并尝试用自己的话按照一定顺序描述其外形特点。

2. 组织语言,实践练习:用几句话说一说自己喜欢的动物的一组动作场景。

3. 小结:在作者的笔下,我们看到了一只美丽可爱的翠鸟,我们也可以学习作者,通过留心观察周围的事物并抓住事物特点的方法,为自己的习作添彩。

供稿　丁素芬　江苏省淮阴师范学院附属小学

4. 一园青菜成了精

【教学内容】

《一园青菜成了精》是童谣绘本,是一首趣味十足的北方童谣。绘画家周翔眼光独到,用看似简单、实则功力匪浅的写意手法,将其创改为图画书。现实与想象相结合的情境，配以童谣背景，再巧妙地融入中国元素，毫无斧凿之痕。图画部分的色彩以青绿为主，线条力道十足，表现力丰富，不仅给读者带来视觉感受，还有触感上的软与硬、听觉上的闹与静，甚至连肢体也体验着每个角色的进退、缓急。增一分则太闹，减一分则平淡无奇。在童谣与图画的结合里，彰显青菜们的独特个性，这是一种充满智慧的幽默表达，恰到好处。

【教学目标】

1. 了解童谣绘本《一园青菜成了精》。

2. 通过活动，体会园子里不同蔬菜的特点和情绪；学会合作表演，讨论并运用肢体表达情感。

3. 在活动中感受童谣的独特趣味，激发读演的兴趣。

【剧场方法】

暖身活动、教师入戏、四格漫画、即兴创作、定格呈现、角色扮演。

【教学准备】

课件、剧本框架。

【教学过程】

一、暖身活动

当教师说出一组动作词语时，学生在座位上把动作形态表现出来。

词语包括：大呼小叫　战战兢兢　通风报信　甩扫堂腿　钻泥坑　炸锅

教师可以把词语写在卡片上，学生一边做动作，一边学习新词。

二、教师入戏

教师代入菜园主人的角色，讲述最近几天要出门，菜园没人问。

三、四格漫画

选取绘本中的四幅图，贴在故事弧线中，展现四个场景，代表故事的开端、发展、高潮、结局，初步建立情节印象，为接下来梳理蔬菜大战的红蓝两方做铺垫。

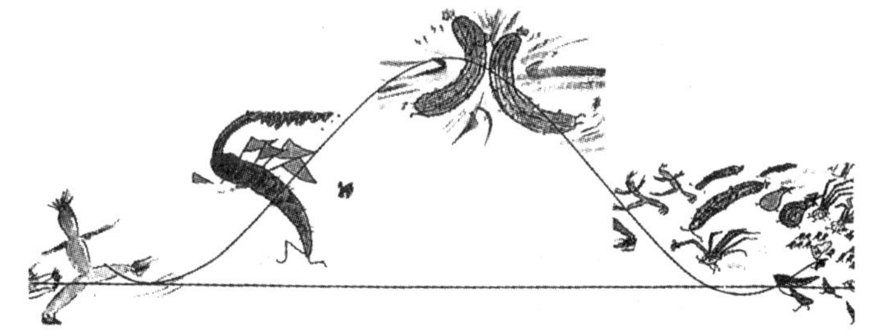

四、朗读童谣，梳理内容

1. 播放北方方言朗读录音。

2. 全班一起朗读童谣，把参战的蔬菜梳理成红蓝两队。

五、即兴创作，定格呈现

1. 学生为自己选择一个蔬菜角色，进入对应的红队或蓝队。

2. 两队的队长组织本队队员即兴创作,每人设计一个符合自己角色的典型动作,定格画面。所有的分动作组成一个整体画面。

3. 两队代表分别诠释自己设计的动作造型,尽量用上暖身环节的词语。

4. 师生讨论角色的心理变化。

5. 根据以上讨论,每位同学为自己的角色设计一两句对白,形成剧本片段。

六、角色扮演,整合剧本

1. 教师提供剧本框架,师生完善剧本。

2. 小组练习表演。

3. 展示表演,互动评价。(互动时教师可引导观众对主要角色展开追问,扮演者一一作答,走进故事深处。互动环节类似于“坐针毡”)

师生创作的童谣绘本剧

一园青菜成了精

时　　间　一个夏日的午后

地　　点　王老汉的菜园地

人　　物　绿头萝卜、红头萝卜、豆芽菜、胡萝卜、小葱、藕王等众菜。

第一幕

[幕启,进场音乐响,王老汉出场,巡逻菜园,摸摸众菜,打了个哈欠,随后倒在地头休息。

旁　　白　出了城门往正东,一园青菜绿葱葱。最近几天没人问,他们个个成了精。绿头萝卜称大王,红头萝卜当娘娘。

绿头萝卜　(威风地)来人呐!

众　　菜　(齐跪)萝卜大王,有何吩咐?

绿头萝卜　(抬头看天)今儿天气不错,我们出去遛遛。传娘娘!

众　　菜　(齐呼)有请娘娘——

红头萝卜　大王,臣妾来了!

[巡逻音乐响起。

藕　　王　(哼哼)瞧他绿头萝卜那样儿,也想当大王,真是园中无青菜,萝卜称大王。那还要看我藕爷答应不答应。

众　　菜　(起哄)不答应!藕爷必胜,藕爷必胜!

藕　　王　(披战袍)那我就出去会一会他!

众　　菜　(齐应)宣战!宣战!

[江南反了白莲藕,一封战书打进京。豆芽菜跪倒念战书——

豆 芽 菜　(慌张地)报告!萝卜……大……大王!南边菜园的藕霸宣战了!

绿头萝卜　（愤怒地）污泥坑里的东西也敢如此大胆，反了！

众　　菜　（齐应）开战！开战！

［胡萝卜挂帅，白菜为先锋，小葱、韭菜为主力，出征应战。

［幕落。

第二幕

［幕启，京剧打斗音乐起。

旁　　白　胡萝卜挂帅去出征，白菜打着黄罗伞，小葱使的银杆枪，韭菜使的两刃锋。

小 白 菜　（急切地）大王，不好了，胡萝卜大帅请求救兵！

绿头萝卜　四季豆，歪嘴葫芦，上！

［歪嘴葫芦放大炮，四季豆角点火绳。“嘭！嘭！嘭！”三声炮响。

众　　菜　（脸煞白）藕爷，救命啊！

……

文本链接：

一园青菜成了精

北方童谣

出了城门往正东，一园青菜绿葱葱。
最近几天没人问，他们个个成了精。
绿头萝卜称大王，红头萝卜当娘娘。
隔壁莲藕急了眼，一封战书打进京。
豆芽菜跪倒来报信，胡萝卜挂帅去出征。
两边兄弟来叫阵，大呼小叫争输赢。
小葱端起银杆枪，一个劲儿向前冲。
茄子一挺大肚皮，小葱撞个倒栽葱。
韭菜使出两刃锋，呼啦呼啦上了阵。
黄瓜甩起扫堂腿，踢得韭菜往回奔。
莲藕斗得劲头儿足，胡萝卜急得搬救兵。
歪嘴葫芦放大炮，轰隆隆隆三声响。
打得大蒜裂了瓣，打得黄瓜上下青。
打得辣椒满身红，打得茄子一身紫。
打得豆腐尿黄水，打得凉粉战兢兢。
藕王一看抵不过，一头钻进烂泥坑。

供稿　丁素芬　江苏省淮阴师范学院附属小学

5. 高尔基和他的儿子

【教学内容】

《高尔基和他的儿子》为苏教版国标本小学语文教材第九册第四单元的一篇记叙文。通过高尔基和他10岁儿子之间发生的“栽花”“赏花”以及“写信教子”几件生活小事，写出了高尔基和他儿子之间的浓浓亲情，表现了高尔基注重培养儿子美好心灵的拳拳父爱。作者围绕一个“爱”字组织材料，用清新的文笔表达深刻的主题。课文先写了父子间的亲情，接着由称赞儿子留下的鲜花，升华到教儿子要给人们留下美好的东西。最后揭示出“‘给’永远比‘拿’愉快”这一生活哲理。写作由浅入深，寓理于事。

【教学目标】

1. 能正确、流利、有感情地朗读课文，背诵课文。

2. 通过复述、表演、欣赏等形式感受高尔基和儿子之间的爱。

3. 联系实际“校园寻芳”寻找身边的美，初步懂得人生的快乐在于付出。

4. 初步学会运用“补白”“独白”“旁白”的戏剧形式，感悟文字蕴含的人生哲理和人物的形象。

【剧场方法】

暖身活动、教师入戏、讨论、思路追踪、专家的外衣。

【教学准备】

剧场表演时用的头饰、绘本视频、轻松的音乐。

【教学过程】

一、暖身活动

观看绘本视频《猜猜我有多爱你》片段，和小兔子一起做动作，并讨论：从这个故事中体会到了什么？

二、“我”要讲述：角色故事

1. 导入：上节课我们认识了高尔基和他的儿子，感受着父子间的拳拳挚爱，融入了生活的点点滴滴。同学们，这节课就让我们在浓浓的亲情中，继续走进“高尔基和他的儿子”的故事吧！（板书课题）

2. 教师入戏：扮演莫斯科日报的专栏作家，将要记录高尔基父子之间的故事。学生可以任选一个角色——高尔基、他的儿子，讲述父子之间的故事。

（板书：栽花、赏花、写信教子、“给”，永远比“拿”愉快）

三、“我”要演绎：角色丰富

播放画外音：阳光下，一个天真烂漫的小孩子专注地栽种各种花草，忙得满头大汗，多么鲜活的画面啊，故事就这样开始了——

1. 小组合作：学生选择自己喜欢的角色，表演故事（提示可选的角色除了高尔基、儿子，还可以有旁白、花草等）。

2. 思路追踪：看完他们的表演，你有什么问题要问吗？师生讨论，写出问题。

预设：儿子种花的时候会想些什么呢？春天来了，花儿开放了，它们是什么样子的？互相会交流什么呢？儿子收到了父亲的信，会想些什么？会对父亲说些什么？

3. 师生自读交流，适当批注，丰富剧本角色和人物对话。

预设1：儿子走了，但儿子种的花开了，高尔基坐在院子里欣赏着，他看到了怎样的美景？

出示文中的描写文字，指名读，交流：从他的朗读中，你感受到了什么？美在哪儿？

相机理解“姹紫嫣红”（各种花朵娇艳美丽）。说说自己还想到哪些词的意思跟它差不多？

讨论：这段文字我们可以怎样表现？（作为旁白，我们应用怎样的语气表述；变换成各种鲜花、蝴蝶、蜜蜂等角色，可以增加什么对话）

预设2：高尔基高兴吗？高尔基为什么这样高兴呢？是什么使他这样高兴？

（1）采访高尔基：您的高兴与我们一样吗？为什么不一样？

扣住“欣赏”“多像儿子红扑扑的脸庞”等词句交流，进一步体会“高兴”——这么多这么美的花是儿子亲手栽种的，在父亲眼里，这一朵一朵的鲜花就是儿子的脸，就是儿子的笑容，就是儿子对父亲的爱！

（2）专家的外衣：教师化身文学教授，告诉学生这种由眼前景物联想到其他人或事的方法，叫触景生情。高尔基看到鲜花想到儿子，不仅可以叫触景生情，还可以叫睹物思人。

（3）再次采访高尔基：看着这么美的鲜花，想到了儿子，您心里会想些什么呢？

感悟“美好”：感受高尔基儿子的孝心、爱心，享受幸福等等。

（4）采访高尔基的儿子：看到父亲这么高兴、幸福，你的心情怎么样啊？

……

4. 小组展示：合作表演“栽花、赏花”部分，相互评价。

四、我要评价：角色品质

1. 教师给学生出示这封珍贵的书信（大屏投影）。

2. 思路追踪：你从这封书信中读到了什么？

预设1：高尔基给予儿子的是什么？他到底想告诉儿子什么呢？

（1）他告诉儿子，他在岛上留下了美好的东西，就是这鲜花。

（2）他告诉儿子，无论在什么时候、什么地方，都要给人们留下美好的东西。

（3）他告诉儿子：“给”，永远比“拿”愉快……

预设2：两个“美好的东西”意思一样吗？

第一个“美好的东西”指的是鲜花，第二个“美好的东西”不仅指的是鲜花这些物质方面的东西，还包括人与人之间的相互关心、相互帮助……

(1) 播放“校园寻芳”短视频,寻找身边的美。

(2) 再联系实际说说“美好的东西”还有哪些? 交流当“给别人留下了美好的东西”时的感受(举例说明)。

(3) 引读:那时候,你会感到所有的人都需要你。你要知道“给”永远比“拿”愉快。

3. 现场组成朗诵团队,配乐读信的内容。

(1) 教师引读:高尔基想对儿子说的话很多很多,可是儿子不在他身边,他只能通过书信的形式,表达心中的情感。读——

(2) 引读:儿子收到父亲的来信,明白了许多,读——

(3) 引读:我们也明白了高尔基的教诲(多媒体把“你”变成“我们”),读——

要是我们无论在什么时候,什么地方,留给人们的都是美好的东西,那我们的生活该会多么愉快呀! 那时候,我会感到所有的人都需要我,因为我知道,“给”,永远比“拿”愉快。

4. 讨论:你认为“给”指什么?“拿”指什么?(“给”是给予、奉献;“拿”是向别人索取、是得到)

五、畅谈收获,总结升华

1. 交流这节课的学习收获。

2. 教师引导总结:是呀,看到别人由于得到自己的帮助而愉快时,我们会感到由衷的欣慰,并且感到自身存在的价值,被人需要是一种幸福、一种崇高的幸福。这就是伟大的高尔基,这就是超越了亲情之爱的伟大父亲,因为他不仅教会儿子爱自己、爱亲人,更教会他爱他人。他让儿子知道,说——

他更想让我们知道——“给”,永远比“拿”愉快。

供稿　杨清璇　江苏省淮安市清江浦实验小学

6. 巨人的花园

【教学内容】

童话故事《巨人的花园》由英国作家奥斯卡·王尔德创作。故事讲述了一个巨人拥有一座非常美丽的花园,但自私的他不准任何人进入,当看到孩子们在自己的花园里玩耍时,他很生气,在花园周围筑起了高墙,将孩子们拒之墙外。从此,花园变得不再美丽,鸟儿不再歌唱,花儿不再绽放,春天不再光临,冰雪封冻了整座花园。一天,由于孩童的再度来到,春天的美景又重现花园,当他把孩子们再次赶出花园后,花园又被冰雪覆盖了。后来,在小男孩的启发下,巨人醒悟了,随即拆除了围墙,花园成了孩子们的乐园,巨人生活在漂亮的花园和孩子们中间,感到无比的幸福。这篇童话旨在通过巨人之口告诉孩子们,人不可以自私,只有和大家一起分享的快乐才是真正的快乐。故事通过对比展开故事情节、揭示道理，学习重点是能够通过想象画面，体会巨人的变化，再现故事情节。

【教学目标】

1. 通过复述、表演、欣赏等方式，感悟文字蕴含的人生哲理，深刻认识到巨人的自私，明白只有和大家一起分享的快乐才是真正的快乐。

2. 初步学会运用“坐针毡”“定格呈现”等戏剧形式，积极主动地参与课堂学习，充分发挥自己的想象力和创造力，培养团队交流、相互协作的能力。

【剧场方法】

坐针毡、墙上角色、定格呈现、思路追踪。

【教学准备】

轻松的音乐、巨人的装束。

【教学过程】

一、暖身活动

1. 初读课文，圈出课文中形容人物心情的字词。

2. 你演我猜：每组派一个代表，任选一个词语，用动作或者表情表演出来，其他小组猜，每猜正确一个，小组积一分。

二、回顾故事，厘清脉络

1. 教师入戏：扮演领头的那名小孩，引导学生进入“巨人的花园”。

提问：你在巨人的花园看到了什么？巨人是什么样子的？

2. 走进文本，阅读故事。

(1) 学生自由读课文，和同桌说说故事的主要内容，教师指名概括，同伴评价。

(2) 根据时间的不同，将故事分成五幕，共同拟小标题，张贴在黑板上。

3. 墙上的角色：出示“巨人”画像，再次阅读课文，小组讨论巨人的性格、形象等。

4. 学生汇报。

三、演绎场景，深入角色

1. 每个小组演绎一幕（教师适当干预，确保每一幕都有学生表演），演绎结束后定格呈现巨人或孩子们此时的内心独白。

2. 坐针毡。

(1) 选择一个特定位置，指名一位学生扮演“巨人”的角色，并采访孩子为什么要扮演这个角色，探索巨人的内心活动。

(2) 按故事情节的先后顺序，各个小组分别演绎，每演完一幕定格呈现，“巨人”分别与其他同学进行对话。

3. 思路追踪：从他们的表演中，你有什么问题要问吗？师生讨论交流。

4. 教师采访：你扮演“巨人”的角色时有什么感受，以“巨人”的立场及主观态度阐释观点；认识了这样的“巨人”，你有什么想说的，以儿童的立场进行阐述；看了同学们的表演，你明白了什么，以局外人的立场表达。

……

5. 几个小组联动，完整演绎《巨人的花园》。

五、畅谈学习收获

1. 交流这节课的学习收获。

2. 教师引导总结。

文本链接：

巨人的花园

从前，一个小村子里有座漂亮的花园。那里，春天鲜花盛开，夏天绿树成荫，秋天鲜果飘香，冬天白雪一片。村里的孩子都喜欢到那里玩。

花园的主人是个巨人，他外出旅行已有好久了。花园里常年洋溢着孩子们欢乐的笑声。

有一年秋天，巨人突然回来了。他见到孩子们在花园里玩耍，很生气："谁允许你们到这儿来玩的！都滚出去！"

孩子们吓坏了，四处逃散。

赶走孩子以后，巨人在花园周围砌起围墙，而且竖起一块"禁止入内"的告示牌。

不久，北风呼啸，隆冬来临，刺骨的寒风吹起雪花。巨人孤独地度过了漫长的严冬。春天终于来了，村子里又开出美丽的鲜花，不时传来小鸟的欢叫。但不知为什么，巨人的花园里仍然是冬天，天天狂风大作，雪花飞舞。巨人裹着毯子，瑟瑟发抖。他想："今年的春天为什么这么冷，这么荒凉呀……"

一天早晨，巨人被喧闹声吵醒了。他抬头望去，一缕阳光从窗外射进来。好几个月没见过这么明媚的阳光了。巨人激动地跑到花园里，他看到花园里草翠花开，有许多孩子在欢快地游戏，他们大概是从围墙的破损处钻进来的。孩子们的欢笑使花园增添了春意。可是巨人又发脾气了："好容易才盼来春天，你们又来胡闹。滚出去！"孩子们听到可怕的训斥，纷纷逃窜。与此同时，鲜花凋谢，树叶飘落，花园又被冰雪覆盖了。巨人不解地看看四周，突然发现桃树底下站着个小男孩。

"喂！你赶快滚出去！"巨人大声叱责。小男孩没有拔腿逃跑，却用他那会说话的眼睛凝视着巨人。不知怎么，巨人看着他的眼神，心里感到火辣辣的。这个小男孩在树下一伸手，桃树马上绽出绿芽，开出许多美丽的花朵。

"噢！是这么回事呀！"巨人终于明白，没有孩子的地方就没有春天。他不禁抱住了那个孩子："唤来寒冬的，是我那颗任性、冷酷的心啊！要不是你提醒，春天将永远被我赶走了。谢谢你！"

小男孩在巨人宽大的脸颊上亲了一下。巨人第一次感到了温暖和愉快。于是，他立刻拆除围墙，把花园给了孩子们。

从那以后，巨人的花园又成了孩子们的乐园。孩子们站在巨人的脚下，爬上巨人的肩膀，尽情地玩耍。巨人生活在漂亮的花园和孩子们中间，感到无比的幸福。

供稿　杨清璇　江苏省淮安市清江浦实验小学

第四节　剧场方法多学科融入应用

《中国学生发展核心素养》于 2016 年 9 月正式发布，核心素养是关于学生知识、技能、情感、态度、价值观等多方面的综合表现，共分为文化基础、自主发展、社会参与三个方面，综合表现为人文底蕴、科学精神、学会学习、健康生活、责任担当、实践创新六大素养，具体细化为国家认同等十八个基本要点，是学生应具备的、能够适应终身发展和社会发展需要的必备品格和关键能力。学生发展核心素养是对学科课程“三维目标”的发展与深化，核心素养一方面引领、辐射学科课程教学，彰显学科教学的育人价值；另一方面核心素养的达成依托于各个学科本质的发掘和育人功能的发挥，学生核心素养的提升要通过各学科的教学实践进行落实。

小学阶段开设的学科课程主要有：道德与法治、语文、数学、英语、艺术、体育、科学、信息技术等诸多学科，各学科教学既注重学科基础，也关注个体适应未来社会生活和个人终身发展所必备的素养。如道德与法治是一门以学生生活为基础、以学生良好品德形成为核心、促进学生社会性发展的综合课程，具有综合性、实践性、开放性特征。其课程学习是知与行相统一的过程，教学空间从课内向课外延伸，教学活动体现学生生活经验、知识学习与社会参与的彼此渗透和相互促进。注重学生在体验、探究和问题解决的过程中，从多角度、多层面引导学生去理解、认识自我、他人和社会，并以此为基础形成基本的法治意识和道德品质。随着现代信息技术的飞速发展，数学更加广泛应用于社会生产和日常生活的各个方面。数学教学活动，特别是课堂教学应激发学生兴趣、调动学生积极性、引发学生的数学思考、鼓励学生创造性思维。教师教学应该以学生的认知发展水平和已有的经验为基础，面向全体学生，注重启发和因材施教。教师要发挥主导作用，处理好讲授与学生自主学习的关系，引导学生独立思考、主动探索、合作交流，使学生理解和掌握基本的数学知识与技能，体会和运用数学思想与方法，获得基本的数学活动经验。剧场方法不仅能有效地促进学生品德情感方面的发展，还能有效地促进学生了解数学或科学的抽象概念，让学生把抽象的思维与具体的生活经验相对照，促进学生探索知识和整合知识。学生的核心素养要通过各学科学习来落实，而各学科教学根植于学生的生活世界。

学习是指通过阅读、听讲、思考、研究、实践等途径获得知识或技能的过程，是一种使个体可以得到持续变化的行为方式。美国著名学者爱德加·戴尔在学习金字塔理论中研究了七种学习方式，“听讲”这一最熟悉、最常用的方式，学习效果却是最低的，两周以后学习的内容留存率仅5%；通过“阅读”方式学到的内容，可以保留10%；用“声音、图片”的方式学习，可以达到20%；采用“示范”这种学习方式，可以记住30%；“小组讨论”，可以记住50%的内容；“做中学”或“实际演练”，可以达到75%；“教别人”或者“马上应用”，可以记住90%的学习内容。通过对比分析可知，参与的感官越多，思维活动越丰富，学习效果越好。学习效果好的，也都是团队学习、主动学习和参与式学习。传统的教学是一种单纯的知识传递，一般都是老师站在讲台上讲，学生在下面被动地接受，教师通过系统、细致的讲解，使学生掌握大量知识的教学方法。剧场方法适切了儿童的年龄特点，突出地体现了自主、探究、体验、合作的学习方式。我们对于剧场方法要从刻板的表演印象中走出来，去除剧场方法只适用于语文、英语、道德与法治等人文学科的成见，积极将剧场元素、剧场方法灵活运用于各学科教学中，从而增强运用剧场手段推进教学改革的自觉性、主动性。

教学活动是师生积极参与、交往互动、共同发展的过程，核心素养背景下的课堂教学呼唤课堂要开放、重于体验，走向多元与融合。从变革课堂教学的实践来看，剧场方法具有独特的价值，因其在学生的创造能力、合作能力、审美能力、认知能力、表达能力与身心发展等各方面的教学成效，剧场方法可以广泛应用于各学科教学，在基础教育中展露出勃勃生机，有利于核心素养的落实，可作为体验式学习的实作方法。我们应该积极变革传统的教学，用剧场方法改变课堂内外的许多传统与习惯，实现教学手段的多样性。学为主体，以学定教，教师必须以学生学习为主线去设计教学，突出学生在课堂教学中的主体地位，提高学生的学习兴趣。通过体验活动，让学生的学习真正发生，从而在真实的学习过程中展开教学。剧场方法以操作性的理念推进，倡导用整个身体“做中学”，作用于学生的听觉、视觉、嗅觉、触觉等，调动学生多感官参与学习，将枯燥的学习过程进行趣味性的提升，激发他们学习的动力和热情，在学习活动中引导学生主动参与、主动实践、主动思考、主动探索、主动创造。运用剧场方法的教学活动是知行合一的过程，这个过程是学生动脑、动手相结合的过程，也是学生的情感过程、认识过程、意志过程和行动过程，展示出课堂上的创造活力。这样的课堂教学改革也必然会带来教学评价的变革，我们可以突破传统的结论式评价方式，逐步转变为过程式评价、多元性评价，促进学生综合素养的提升。运用剧场方法，从学生发展的视角来变革学科教学，可以体现学科核心素养的多个维度，有效落实传统课堂难以呈现的素养要求。如“审美情趣”，要求学生具有艺术知识、技能与方法的积累，注重对儿童感受、注意、想象等各个方面的练习，具有发现、感知、欣赏、评价美的意识和基本能力，暖身活动、角色扮演、动作重奏、四格漫画、思路追踪、坐针毡、即兴创作等多种方法让学生经历学习过程，使学生的审美品质在这些实作过程中得到生长。

需要指出的是，剧场方法运用于各学科教学，要基于学生的现实性，并着眼于学生的可能性而展开。学科课堂教学活动的设计应体现“最近发展区”的要求，不是让学生简单重复一些愉快的体验，而是让学生能够通过自己的努力攻克难关、品尝成功的喜悦。为什么有时课堂上运用角色扮演会出现学生"笑场"的现象，不外乎情境创设火候把握不准、学生学习准备不足、教师现场调控不力等因素，不当的情境设计和动作模仿可能会破坏某些审美意境，过于俗化的表演导致学生"笑场"也就在所难免。教师只有理解了剧场方法的实质，才能得心应手地将其用进课堂。剧场方法多学科融入应用，需要教师观念、行为的转向和不断探索。

在课堂教学中还可以有意识地设计一些真实的游戏，让学生和教师共同参与进来，在游戏的过程中寓教于乐。如音乐椅、数字球、变形金刚、无形礼物、大口大眼等游戏，给予参与者更多的自由、更大的空间去游戏，从中发掘出更多的可能性。课堂教学要让学生多途径到达目的地，不仅重视结论，而且强调过程，通过学生的角色扮演及参与，拓展事件或情况，使学生获得应有的认知，改变单一路径达到教学目标的做法，改变当前存在的"学科本位"和"知识本位"现象，真正实现以人为本、尊重人性的教育，培育适应个人终身发展和社会发展都需要的、不可或缺的共同素养。

剧场方法强调学习者的多感官参与、多渠道体验、多领域发展，其与多元智能理论存在着密切的、高度的联系，几乎存在着一一对应关系。多元智能理论由美国心理学家霍华德·加德纳在20世纪80年代提出，传统智力理论认为语言能力和数理逻辑能力是智力的核心，加德纳认为我们每个人都拥有八种主要智能：语言智能、逻辑与数理智能、空间智能、运动智能、音乐智能、人际交往智能、内省智能、自然观察智能。剧场方法蕴含着多元智能理论的应用，如在语言智能方面，独白、对话、讲故事、旁白、口头和书面的批评与反思无疑促进了言语能力提升；在逻辑与数理方面，场景规则、场景分析、场景内解决问题和冲突，有利于培养学生运用理解、思考、类推、分析来完成学习任务；在空间智能方面，发挥视觉功能，创造空间关系，进行场景设计、可视化学习，培养学生的方向感、空间感、想象力和创造力；在运动智能方面，用整个身体来表达想法和感觉，增强运用身体的操控力和动作协调能力；在音乐智能方面，押韵、歌曲、发声、节奏、动作与情绪、动作与声音等相关练习，可以提升感知音调、旋律、节奏和音色的能力；在人际交往智能方面，能够有效地理解别人及与其的关系，对他人表现出关心，具有同理心和团体合作能力；在内省智能方面，学习把握自己的长处和短处，把握自己的情绪、意向、动机、欲望，能自尊、自律，会吸收他人的长处；在自然观察智能方面，具有观察能力、探索能力等等。从以上分析也可以看出，多元智能与核心素养高度关联、契合。学生发展核心素养中，人文底蕴、科学精神、学会学习、健康生活、责任担当、实践创新六大素养或者是细化的十八个要点，都能对应到多元智能的相关领域。儿童发展所需的言语/语言、逻辑/数理、视觉/空间、音乐/动作等多方面的能力都可以通过相应的剧场方法加以训练和提升，多元智能理论也为剧场方法运用于各学科教学提供了有力的理论支撑。

多学科案例选编

1. 大家排好队

【教学内容】

《大家排好队》是统编《道德与法治》二年级上册第三单元《我们在公共场所》第十一课。本单元通过对"公共财物""公共卫生""公共秩序""公共文明修养"这四个方面的重点引导，来帮助学生养成公共场合所需要的文明行为习惯。《大家排好队》这一课，从"还是排队好""哪些地方要排队""怎样排好队"三方面展开，引导学生认识到遵守规则，排队可以更安全、更有效率。同时在绘本中，加进了"礼让"，引导孩子摆脱刻板思维，在遵守规则排好队的同时，懂得对他人给予人文关怀。

根据教材内容，将本课分为两课时，第一课时为"还是排队好"，第二课时为"哪些地方要排队""怎样排好队"。本课为第一课时教学设计。

【教学目标】

1. 在角色扮演、定格画面中，感受集体活动中秩序的重要性。

2. 懂得在公共场所排队、守秩序的好处，培养在公共场所中的规则意识。

3. 愿意在公共场所主动排队、守秩序，养成自觉排队的好习惯。

【剧场方法】

暖身活动、定格呈现、角色扮演、坐针毡、教师入戏。

【教学准备】

课件、视频、记者帽。

【教学过程】

一、暖身活动

当教师说出以下词语时，同学们用肢体语言表现出来，可以离开位置表演。

鸦雀无声　秩序井然　蜂拥而至　安安静静

二、角色体验，导入课题

1. 导入：同学们，新作业本来了，请第一组的同学来拿一下。教师和学生在一旁观察同学们拿本子时的秩序。

2. 说一说，刚才第一组同学领本子时秩序怎么样？他们领得快不快、好不好？

3. 你觉得怎样才能又快又好地拿到新作业本？

4. 小结导入：生活中，秩序很重要，很多时候大家需要排好队。

板书课题：大家排好队

三、定格呈现，访谈讨论

1. 出示图画，说一说你看到了什么？

2. 定格呈现，坐针毡。

定格呈现，请六位小朋友上台模仿画面上的样子，将动作“凝固”在那一个瞬间。

教师入戏：现在老师是学校记者团的记者，正好路过这里，看到这个情景，赶紧来采访一下。（戴上记者帽）

采访跌倒在地的同学：小同学，你现在感觉怎么样？你为什么会摔倒？你想对后边挤进来的同学说什么？

讨论：同学们，你们看，这样拥挤可能会产生哪些后果呢？

坐针毡：你们看后边，穿红衣服的同学挤得最厉害，冲力也特别大，下面我们请他坐到台前，台下的同学可以环坐在他前面，向他提问。（请十位同学上台发问，台下也可以互动提问）

小结：刚才大家提的问题很好，现在我们都明白了，不排队，乱哄哄的，既不文明，也容易发生危险。

3. 角色扮演，访谈讨论

(1) 你看到了什么？

(2) 角色扮演，场景再现。

(3) 访谈排在后边等上车的同学：刚才从旁边跑来了一个人，冲到你前面上了车，你心里是怎么想的呢？

(4) 采访其他同学：你们看到这个情景，心里怎么想？

4. 小结：看来，不排队，不仅秩序混乱，还容易发生危险，也会让人觉得很不公平，容易发生纠纷和矛盾。因此，生活中，在公共场合，排队就显得尤为重要。

四、新闻快报，深化认识

1. 播放视频“昆明明通小学踩踏事件”，讨论：图片上的父母为什么那么伤心？是谁夺走了他们的孩子？我们该如何避免踩踏事件？

2. 感受有秩序带来的奇迹，播放视频：发生地震时，桑枣中学 2200 多名师生，仅仅用了 1 分 36 秒的时间就全部撤离。

3. 教师入戏，化身记者，现场访谈：这是多么强烈的对比啊！此时此刻，你有什么想说的吗？

4. 小结：如果大家都这样有秩序地排队，不仅体现了文明、公平，最重要的是还能保护我们的人身安全！这是多么重要啊！

五、链接生活，拓展延伸

1. 提升：排队是一件很简单、很微小的事情，越简单越微小，就越能体现一个人的文明修养。

2. 放眼生活，你觉得生活中，哪些地方、哪些场合需要我们排队呢？你可以用笔记下，用手机拍下画面，或者绘制简笔画记录下来，下节课我们继续探讨。

板书设计：

大家排好队

安全　　公平

秩序　　文明

供稿　朱凤春　江苏省淮安市清江浦实验小学

2. 做个“开心果”

【教学内容】

《做个“开心果”》是统编版二年级下册《道德与法治》第一单元第三课。本单元围绕“让我试试看”这个中心，分为“尝试做事”和“快乐做人”两个主题。教材通过“这里有个开心果”以及绘本《小狐狸找“开心果”》的故事，帮助学生理解“开心果”的含义，引导学生找出家里的“开心果”，说说他的事情，深化对“开心果”的认识。再引导学生从不同角度找出小组中的“开心果”，懂得快乐、机灵、幽默、真诚赞美、乐于助人……给大家带来欢乐，从而让学生学习如何做“开心果”。接着，教材进一步深化运用“这时我要怎么办”，出示了几幅生活场景图，引导学生学会观察，了解身边人的需要之后，动脑筋，采取巧妙的方式，创造性地帮助家人和朋友化解消极情绪，使他们转怒为喜、破涕为笑。这样，将学习内容与生活紧密相联，引导学生用多种感官去观察、体验、感悟社会，获得对世界的真实感受。在实践活动中学习表达、倾听、交流，获得道德成长。本节课是第一课时，主要教学内容是“这里有个开心果”，聚焦于快乐做人，在做事中学做人。

【教学目标】

1. 弄清“开心果”的含义，懂得要做好自己，给身边的人带来快乐。

2. 在剧场情境里，能够根据身边人的需要，真诚地赞美、关心、帮助他们，提高在公众生活中与人和谐相处的能力。

3. 在角色扮演里，在互动关系中，充分发挥想象，清楚地表达自己的想法，体会他人的心情和需要，从而能积极参与集体生活。

【剧场方法】

暖身活动、教师入戏、角色扮演、定格呈现。

【教学准备】

课件、小狐狸头饰。

【教学过程】

一、暖身活动

用肢体语言表现出“快乐鸟”的内涵。（例如：边唱边跳，体现自信快乐；通过表演“写字认真”，体现“我进步，我快乐”；做个环保花瓶送给妈妈，体现“我创造我快乐”……）

二、教师入戏，寻找“开心果”

1.（教师戴狐狸头饰入场）小朋友们，你们好，刚才看到了你们都是“快乐鸟”的表演，真的好棒哟！今天我想去找个“开心果”，你们愿意帮助我吗？如果我问到你，请你用图片上的话来回答我，好吗？

2. 出示绘本《小狐狸找“开心果”》的四幅图。

3. 角色扮演，边走边演，教师扮演小狐狸，分别走到三个学生面前提问。

(1) 问妈妈。

小狐狸：妈妈妈妈，到哪里找个“开心果”，人人见了乐呵呵？

妈　妈：听到你唱歌，妈妈乐呵呵。

小狐狸：谢谢妈妈。

(2) 问爸爸。

小狐狸：爸爸爸爸，到哪里找个“开心果”，人人见了乐呵呵？

爸　爸：看到你跳绳，爸爸乐呵呵。

小狐狸：谢谢爸爸。

(3) 问爷爷。

小狐狸：爷爷爷爷，到哪里找个“开心果”，人人见了乐呵呵？

爷　爷：看到你读书，爷爷乐呵呵。

小狐狸：谢谢爷爷。

4. 定格呈现：小朋友们，请你们告诉我，谁才是“开心果”？为什么？

5. 小结：哦，原来“开心果”并不是食品啊，它是指能带给他人快乐的人。今天，就让我们一起做个“开心果”吧！（出示课题，齐读）

三、聆听故事，发现“开心果”

1. 老师这里还有一个“开心果”的故事呢，想听吗？（播放讲故事录音，书上第10页内容）

2. 访问：说说看，你们为什么发笑呢？（妹妹天真无邪，是个“开心果”）

3. 生活里，谁是你家的“开心果”呢？

出示：________是我家的“开心果”。有一次……

4. 指名说，班级交流。

四、角色扮演，争做“开心果”

1. 只带给家人快乐还远远不够，我们还要让我们身边的人也快乐。看一看，在以下情境里，我们怎么去做“开心果”？

2. 出示图片，呈现场景：

(1) 小组同学欢聚一堂，共同庆祝六一儿童节。

(2) 小婷同学数学考试没考好，心情难过，一个人闷闷不乐。

(3) 小明同学在学校写字比赛中获得一等奖，拿到了奖状。

(4) 小东同学跌倒摔伤了,腿脚不便,上楼很艰难。

3. 选择一个场景,小组合作表演如何去做“开心果”。

4. 小组表演,引导评议,这个“开心果”做得怎么样?我们还可以怎么说、怎么做,让对方更开心?

5. 小结:大家说的、做得真棒!能让别人开心、乐于助人、懂得欣赏别人、赞美别人、幽默机灵的都可以是“开心果”。

6. 出示儿歌,配乐齐读:

我是一个“开心果”,
快乐机灵还幽默。
真诚赞美多助人,
快乐别人我快乐。

五、教师入戏,总结提升

1. (教师戴小狐狸头饰)同学们,今天和你们度过了愉快的一节课,特别开心。谁能告诉我,以后我们到哪里找“开心果”,人人见了乐呵呵呢?

2. 总结:是啊,“开心果”其实就是我们自己,把自己的事情做好,让身边的人不操心。快乐、机灵、幽默……真诚赞美别人,乐于助人。快乐别人,快乐自己,这就是“开心果”。今天开始,“开心果”们赶紧行动起来吧!

板书设计:

家中
做个“开心果”　　幽默、快乐
赞美、帮助
集体

供稿　朱凤春　江苏省淮安市清江浦实验小学

3. 认识 11~20 各数

【教学内容】

教学内容为苏教版小学数学一年级上册第 82~83 页,这部分内容是在学生已经认识了 10 以内的数,并已经积累一些认数经验的基础上进行教学的,也是为下一单元学习“20 以内的进位加法和退位减法”以及下学期“100 以内数的认识”作准备。本单元第一次出现计数单位“一(个)”和“十”,第一次提出“10 个一是 1 个十”,并初步接触计数器上的个位、十位。这是学生数概念形成过程中的一次重要突破,也是学生进一步认识 100 以内的数乃至更大的数的基础。

【教学目标】

1. 创设绘本故事情境,学生在具体生活实例中建模“10 个一是 1 个十”,初步建立以“十”为群的数数意识，并初步理解数位中的“个位”与“十位”。

2. 通过操作体验，将摆小棒与计数器关联，自主探索11～20各数，知道11～20各数的大小、顺序，初步感知11～20各数的组成，正确认、读11～20各数。

3. 通过生活情境与游戏，体会数在生活中的应用，并初步培养估计意识，发展数感。

4. 通过数学文化的介绍，学生感受数的演化过程，体会算盘与计数器等计数工具的历史，感受到还有其他的计数方法，拓展学生视野。

【教学重点】

建模“10个一是1个十”，在操作中认识11～20各数。

【教学难点】

理解个位满十向十位进1，发展数感。

【剧场方法】

暖身活动、教师入戏、讲故事、讨论、定格呈现、角色扮演、思路追踪等。

【教学准备】

课件、数字头饰等。

【教学过程】

一、暖身活动，建模“10个一是1个十”

1. 教师讲《小猪佩奇》的故事。学生在故事中跟数1～10，并尝试用手势和肢体语言表达1～10各数。

2. 在具象中抽象“10个一是1个十”，并在“1个十”时进行定格呈现比赛。

(1) 数出10分积分卡。

形成两种数法，第一种是一分一分地数，数了10个一分。第二种是10分10分地数，数了1个十分。

小结：10个一分是1个十分。

(2) 摆出10根小棒。

展示学生的摆法。预设：一种是一根一根摆的，另一种是摆成一堆的。

想个办法，你能把10个一根变成1个十根吗。

学生自主把10根小棒捆成一捆。

生活中还有许多的把一个一个数的物体包装成10个一个整体的案例。

教师出示：10包装的牛奶盒、10包装的面巾纸……

抽象出10个一是1个十。

定格呈现：每个人尝试一个定格呈现1个十。

3. 认识计数器中的10个一是1个十，体验十位产生的过程。

二、思路追踪，关联认识11～20

1. 自主探索11，理解11的组成。

让学生自主地摆 11 根小棒,并想一想如何摆能让人更快地看出根数。

展示学生摆的方法。

方法一:一根一根地摆 11 根;方法二:先摆 1 捆,再摆 1 根;方法三:……

小结摆法:1 捆是 10 根,再摆 1 根就是 11 根。

2. 在计数器上拨一拨 11。

学生拨珠,教师把关联的小棒图和计数器图进行对应。

同桌交流,十位的 1 与个位的 1 有什么不同。

十位的 1 表示 1 个十,个位的 1 表示 1 个一。

3. 关联认识 11～19。

左边同学摆出一个十几,右边同学在计数器上拨出相应的数。

反馈摆法和对应的拨法。

教师演示从 10～19,一个学生同时在计数器上拨珠。

思路追踪:这些数有什么共同点?十位上都是 1,都是两个数字组成的,它们都是两位数。1 个十和几个一合起来就是十几。

4. 自主认识 20。

19 根再摆一根是多少根?关联计数器,让大家想一想怎么拨珠,1 捆带 10 根小棒,10 根小棒可以怎么办?

小结:再捆起来,一共是 2 捆,也就是 2 个十(板书:2 个十是 20)。

5. 角色扮演:每个人选择一个自己喜欢的数,尝试扮演《小猪佩奇》中的一个角色向大家介绍这个数。

三、教师入戏,在生活中培养数感

1. 生活体验,多样数数。

教师入戏扮演佩奇,佩奇一家开着车回家,在路上你见到今天认识的数了吗?

红灯 20 的倒计时数。

你在生活中还见过哪些 11～20 的数?

展示电梯图,这栋大楼有多少层?2 个 2 个地数。

2. 剧场游戏。

(1) 花样数数。

出示一个直尺图,让学生根据要求数数。一个一个数,从 7 数到 17。五个五个数,从 5 数到 20。十个十个数,从 0 数到 20。

(2) 打靶游戏。

每人打两发子弹,一共打了多少发?

3. 先估计再数一数,发展数感。

故事讲述数一数草莓图。先看一个的感觉,再看 5 个估,再到 14 个的估计。数一数中,把 10 个圈为一圈,圈外 4 个,共 14 个。

4. 总结全课，介绍数数历史，认识算盘。

今天和佩奇一起认识了 11～20 各数。你们知道了哪些知识呢？10 个一是 1 个十。2 个十是 20 个一。十和几个一合起来是十几……

介绍计数历史，认识算盘，拓展延伸：二进制、十六进制……

板书设计：

认识 11～20 各数

10 个一分是 1 个十分

10 个一根是 1 个十根

10 个一是 1 个十

2 个十是 20　　　　1 个十和几个一合起来是十几(计数器图)

供稿　朱艳艳　江苏省淮安市和平镇中心学校

4. 面积单位

【教学内容】

教学内容为苏教版小学数学教材三年级下册第 61～63 页。学生在二年级已经学习了长度的概念和长度的测量，会使用测量长度的工具：尺子。对一些物体的长短有一定的估计力。单元第一课时专门安排了面积概念的学习，这与以往教材不一样，以往教材是把面积与面积单位合在一课时完成，我们发现学生对面积的概念感知度不够，对面积单位的过程经历也不够。所以分解成两课时，丰富教学的意义。

【教学目标】

1. 学生经历自选单位估计和测量物体表面或平面图形面积的过程，体会统一面积单位的必要性。

2. 学生通过观察、操作等活动，认识面积单位平方厘米、平方分米及平方米，并在角色扮演活动中初步建立起这些常用面积单位实际大小的表象。

3. 学生通过对长度单位与面积单位的对比，理解两者之间的区别与关联，沟通几何形体间点、线、图、体中线与面的联系，形成学习的方法结构。

【教学重点】

建立 1 平方厘米、1 平方分米、1 平方米的表象。

【教学难点】

灵活选择长度单位和面积单位。

【剧场方法】

暖身活动、教师入戏、建构空间、角色扮演、思路追踪。

【教学准备】

课件、面积单位头饰等。

【教学过程】

一、暖身活动

1. 图形律动操:点点点成线,线线线成面,面面面成体,图形世界真神奇。学生一边唱数学儿歌,一边做身体动作。

2. 师:刚才小朋友们做了图形律动操,那图形世界神奇在哪儿呢,我们一起去看一看。

动画演示,第一视角:点动成线、线动成面、面动成体。

第二视角:线围成面、面围成体。

板书:点、线、面、体

教师随着画面说:点累积成了线,线累积成了面,面累积成了体。

教师拿出一根1米长的线来,让学生先估一估,再用尺子量一量(板书:厘米),问:还有哪些常用的长度单位?(板书:分米、米、千米)

(教师手指着面)有关面的知识,我们已经初步认识了面积,面积里还有哪些奥秘呢?今天我们就继续研究它。板书课题:面积单位

二、制造冲突,引发猜想

1. 先拿出一个三阶魔方,问:你们喜欢玩魔方吗?这是一个最常见的三阶魔方,哪个小朋友知道三阶是什么意思?老师袋子里还藏着两个魔方,一个是四阶的,一个面上也就是4乘4有16个方格,另一个是五阶的,一个面上有5乘5,25个方格。猜一猜,哪个面大?

(学生猜不准确,教师把魔方从袋子中拿出来,用重叠法演示,一样大)

2. 奇怪了,25不是比16多吗?你发现了什么?你有什么想法?(揭示,格子的大小不一样)对,用数方格的方法比较面积大小,方格的大小必须是一样的,就是说面积的大小要有统一的标准,测量长度要用统一的长度单位,测量面积呢?也要用统一的面积单位。

三、体验活动,感悟单位

1. 整体认识。

常用的面积单位有哪些呢?有没有小朋友知道?(引导学生由房子的平方米,引发:平方厘米、平方分米)

出示常用的面积单位:平方厘米(cm^2)、平方分米(dm^2)、平方米(m^2)(强调字母右上角2的读法)

猜想一下,1平方厘米是如何规定的。自学学案。用笔把重要的画一画。

交流反馈:它们到底有多大呢?你能从材料中找一找吗?

边长1厘米的正方形,面积是1平方厘米。

边长1分米的正方形,面积是1平方分米。

边长1米的正方形,面积是1平方米。

(学生拿出小正方形,用尺子测量边长后到讲台上展示)

2. 角色扮演(初步建立1个单位的表象认识)。

学生选择一个或多人用不同的方法扮演面积单位——1平方厘米、1平方分米、1平方米。

把三个面积单位排排队:平方厘米、平方分米、平方米(用手势表示它们)。

突出平方米,最好4个人合作完成。

3. 空间建构(在自主选择中合理使用单位)。

我们如何去测量一个面的面积呢?(举一个魔方的例子,里面有多少个1平方厘米的正方形,它的一个面的面积就是多少平方厘米)

活动一:测量橡皮面的面积。现在有一块橡皮(指着它的一个面),它的面积有多大?用多大的正方形测量合适?(生选择1平方厘米)

先估一下大约几平方厘米。

再实际用1平方厘米去铺一铺。通过测量得出大约6平方厘米。

活动二:两人一组合作测量课桌面的面积,看哪一组完成得快、测量的方法巧妙。交流小组测量结果和方法——合理选择面积单位、摆法的简便计算方法等等。

活动三:估计黑板面的面积。估完后教师说明,下一节课学习长方形面积的计算后,我们可以进一步地去验证它。

4. 思路追踪。

进行长度单位和面积单位的比较。竖着看,有什么发现?(都有平方两个字,都是正方形的面)提出问题,为什么科学家要选用正方形,不选用其他图形,比如三角形?(拼起来简单方便)横着看,有什么发现?(都有共同的边长;不同之处,一边是长度单位,一边是面积单位)。

四、游戏活动,故事延伸

1. 数学游戏:单位抢答(可以加手势)。

2. 数学游戏:拼一拼。

游戏一:长方形、正方形的面积是多少?

游戏二:4个1平方厘米的正方形可以拼成什么图案,它的面积是多少?看哪个小组的拼法多。

面积都是4平方厘米,周长是不是一样呢?请小组分别去数一数,填一填。

3. 用讲故事的方法小结三个面积单位。讲数学故事,理解面积单位的数学文化。

板书设计:

长度单位	面积单位	
厘米	平方厘米	边长为1厘米的正方形,面积是1平方厘米
分米	平方分米	边长为1分米的正方形,面积是1平方分米
米	平方米	边长为1米的正方形,面积是1平方米

供稿　朱艳艳　江苏省淮安市和平镇中心学校

5. Cinderella

【教学内容】

Cinderella是译林版(三年级起点)英语五年级下册第一单元的一篇童话故事。灰姑娘是格林童话中塑造出的经典童话人物形象。故事讲述了一个美丽、善良的女孩儿,长期受到继母和姐姐们的虐待,被逼无奈只能在家里做女佣,每天都因为要做繁重的家务而弄得灰头土脸、脏兮兮的,后来由于她的勤劳和善良打动了上天,所以得到了仙女的帮助,在皇家舞会上与王子一见钟情,在历尽继母和姐姐们的阻挠后,终于和王子快乐地生活在一起的故事。课本中的文本内容比较简单,它省略了一些原著中出现的人物以及很多细节对话。所以课堂上可以基于学生对这个家喻户晓的童话故事的了解,用所学的英语知识进行文本拓展,将故事呈现得更加丰满、生动。本设计为第二课时。

【教学目标】

1. 能在表演《灰姑娘》的故事时正确而流利地使用下列单词、短语和句型:prince, fairy, stepmother, stepsister, help, fit, why, because, try on, Why are/can't, Because.

2. 在活动中,能根据表演的需要,用已学过的单词和句型对课文内容进行适当的添加,培养学生用英语思考问题的能力。

3. 通过戏剧活动(包括戏剧游戏、语音模仿、角色扮演、多人合作表演、阅读和想象等)体会人物的特点与情绪,提升运用肢体表达情感的能力,增加学生的自信心,激发他们的英语学习兴趣。

【剧场方法】

暖身活动、讲故事、墙上角色、思路追踪、角色扮演。

【教学准备】

头饰、绘本视频、PPT。

【教学过程】

一、暖身活动

Cinderella歌曲:教师教唱学生演唱歌曲。

Have you heard of Cinderella, Cinderella, Cinderella?
Have you heard of Cinderella, Cinderella, Cinderella?
Have you heard of Cinderella, cleaning all the time?
Have you seen my Cinderella, Cinderella, Cinderella?
Have you seen my Cinderella, losing her glass shoe?

二、故事研习

1. 观看故事视频,了解故事梗概。

2. 讨论:Cinderella这个故事中有哪些人物? Can you tell me who in the story are?

3. 墙上角色：将人物的图片呈现在PPT中，学生讨论各个人物的性格特点。(灰姑娘 Cinderella，继母 stepmother，继姐 stepsisters，仙女 fairy，王子 prince)

4. 双人镜游戏：学习小组中两位学生选择一个或两个人物，做故事中人物的各种表情，更深入地理解人物情感。

5. 讨论：你喜欢这个人物吗？为什么？Do you like her/him/them? Why?

三、梳理课文

1. 梳理内容：老师问学生："这个故事中出现了哪几个部分？"How many parts are there in this story? 它们分别是什么？What are they?

(1) 继母和继姐欺负灰姑娘，让她做家务，不准参加王子的派对。Cinderella can't go to the party. She cleans all the time.

(2) 仙女出现，帮助灰姑娘。A Fairy comes and help Cinderella.

(3) 灰姑娘参加王子的派对。Cinderella comes to the party.

(4) 王子寻找灰姑娘。The prince looks for Cinderella.

2. 看图和上下文意思，将文中所缺词填入横线中。

can't before because clothes have to fit party puts on sad where help prince's visits fairy why shoes try on

There is a ________ at the ________ house, but Cinderella cannot go.

Stepsister1: Cinderella, come and ________ me!

Stepsister2: Cinderella, ________ are my gloves? A ________ comes.

Fairy: Why are you so ________, dear?

Cinderella: Because I ________ go to the party?

Fairy: ________?

Cinderella: ________ I don't have any ________ or ________.

Fairy: Let me help you.

Cinderella ________ the new clothes and shoes.

Fairy: Come back ________ 12 o'clock.

Cinderella has a good time at the party.

Cinderella: Sorry, I ________ go now.

Prince: Hey, your shoe!

The prince ________ every house. Many girls ________ the shoe, but it does not ________. Finally, Cinderella tries it on.

3. 播放音频，学生跟读模仿文本人物台词。

4. 文本拓展：老师在PPT上出示场景图片，和学生一起完成第一幅图中的人物对话拓展。

学习小组选择其他图片中的一个场景，对文本中的对话进行创编，让故事呈现得更加生动和丰满。

Stepmother：________

Stepsister1：________

Stepsister2：________

Cinderella：________

...

Fairy：________

Cinderella：________

...

Prince：________

Cinderella：________

...

Stepmother：________

Stepsister1：________

Stepsister2：________

Cinderella：________

Prince：________

...

四、角色扮演

1. 小组合作，任选一组场景进行表演。

出示角色扮演提示：

(1) 适当加入新编的内容，熟读文本内容。

(2) 分好角色，每个角色尽量记住自己的台词。

(3) 揣摩人物说话时的语气、动作、神态、表情。

2. 小组练习表演。

3. 小组展示。

(1) 角色表演。

(2) 思路追踪：教师向角色提问；引导学生向角色提问。一方面引发扮演者更了解角色的心理、动机及思想，对文本有更丰富的理解。另一方面培养学生提出有价值的问题。对于问题，角色扮演者可以尝试回答。回答不上时，大家可以想象解决。

(3) 预设问题清单：

① 继母/安娜塔莎/杜苏拉，你为什么这么对待灰姑娘？

② 辛德瑞拉，你遇到这样的遭遇为什么不反抗？

③ 仙女，你还可以怎么帮助辛德瑞拉？

④ 王子，你觉得辛德瑞拉是怎样的人？你会惩罚她的继母和继姐吗？

⑤ 辛德瑞拉，你觉得你会和王子幸福地生活下去吗？为什么？

4. 学生以小组为单位对Cinderella这个故事进行完整的表演。

文本链接：

Cinderella

There is a party at the prince's house, but Cinderella cannot go.

Stepsister1: Cinderella, come and help me!

Stepsister2: Cinderella, where are my gloves? A fairy comes.

Fairy: Why are you so sad, dear?

Cinderella: Because I can't go to the party.

Fairy: Why?

Cinderella: Because I don't have any nice clothes or shoes.

Fairy: Let me help you.

Cinderella puts on the new clothes and shoes.

Fairy: Come back before 12 o'clock.

Cinderella: Sorry, I have to go now.

Prince: Hey, your shoe!

The prince visits every house. Many girls try on the shoe, but it does not fit. Finally, Cinderella tries it on.

供稿　张煦然　江苏省淮安市清江浦实验小学

6. The King's New Clothes

【教学内容】

The king's new clothes 是译林版(三年级起点)英语六年级上册第一单元的一篇童话故事。这个故事是丹麦著名童话作家安徒生的代表作之一。这个有趣的童话为我们描绘了这样一个故事：一个愚蠢的皇帝被两个骗子愚弄，穿上了一件看不见的——实际上根本不存在的新装，赤裸裸地举行游行大典的丑剧。故事中有奢侈而昏庸的皇帝、巧舌如簧的骗子和人云亦云的看客。深刻地揭露了皇帝的昏庸及人们的虚伪、奸诈、愚蠢的丑恶本质，是对"虚荣"背后的"自我深度的迷失"这一人类固有和共有的人性弱点的再现，褒扬了无私无畏、敢于揭假的天真烂漫的童心。

【教学目标】

1. 能够了解 The King's New Clothes 这个童话故事。

2. 能在表演故事时正确而流利地使用下列单词、短语：long long ago, clever, foolish, wear, king, magic, through, laugh, people, shout, point at；句型：Clever people can see them. Foolish people can't see them. What beautiful clothes! Ha! Ha! The king isn't wearing any clothes!

3. 通过戏剧活动(包括戏剧游戏、语音模仿、角色扮演、多人合作表演、阅读和想象等)体会人物的特点与情绪，提升运用肢体表达情感的能力，增加学生的自信心，激发他们的英语学习兴趣。

【剧场方法】

暖身活动、教师入戏、墙上角色、定格呈现、角色扮演、片段重演等。

【教学准备】

头饰、绘本视频、PPT 等。

【教学过程】

一、暖身活动

说唱：The King's New Clothes. 一半同学扮演国王，一半同学扮演百姓。边跟着节奏说唱，边做动作。

King：Shirts, shirts, I like nice shirts.
Pants, pants, I like nice pants.
Shoes, shoes, I like nice shoes.
Make my clothes and shoes real nice.

Boy：Oh! Oh! Look at the king.
Oh! Oh! He has no clothes

People：Shhh! Shhh!
Don't say a word. He is wearing anything.

二、课文研习

1. 教师入戏：教师入戏成为普通的一名老百姓，给学生们讲述故事。

Long long ago, there was a king. He liked new clothes very much. One day, two men visited the king, "My king, we can make new clothes for you." The king was happy. Two men showed the king his new clothes, "My king, please try on these magic clothes. Clever people can see them. Foolish people can't see them." The king walked through the city in his new clothes. There were a lot of people in the street. They looked at the king and shouted, "What beautiful clothes!" A little boy pointed at the king and laughed, "Ha! Ha! The king isn't wearing any clothes!"

2. 墙上角色：根据学生对于这个故事的了解，分别构建"国王""两个骗子""百姓""小孩"。学生讨论各个人物的性格特点。The king is... Two cheaters are... People are... The child is...

3. 定格呈现台词：

(1) 国王在皇宫里穿着新衣服照镜子。I like new clothes very much.

(2) 两个骗子拜见国王，想要给国王做衣服。We can make new clothes for you.

(3) 两个骗子给国王试新衣服。Clever people can see them. Foolish people can't see them.

(4) 国王穿着新衣服游行，百姓欢呼雀跃。What beautiful clothes!

(5) 小男孩指着国王大喊。The king isn't wearing any clothes!

三、角色扮演

1. 小组合作，选择一个人物，进行情节表演。

(1) 出示角色扮演提示:

① 熟读文本内容。

②分好角色,每个角色尽量记住自己的台词。

③揣摩人物说话时的语气、动作、神态、表情。

(2) 小组练习表演。

(3) 小组展示。

2. 轮换角色,再次进行表演。

3. 现场直播:教师扮演成记者,通过提问,引导扮演各个角色的学生说出本课的主要句型,并说出扮演两个角色后不同的想法,进行对比,进一步了解所表演的人物。What do you think of the king/ the cheaters/the child/ people?

4. 内心独白:学生以所扮演角色的身份,对国王说出心里话。学生可以说中文,教师补充英文。

5. 片段重演:当国王发现自己什么都没穿时,他会怎么做?学生们通过讨论、联想、想象故事结局。

(1) 国王最后会怎么做?他会继续游行吗? How was the king at last? Did he go on walking through the town?

(2) 国王会怎么对待两个骗子呢? How did the king treat the cheaters?

(3) 国王会怎么对待小孩呢? How did the king treat the child?

(4) 国王会改变自己,让自己做得更好吗? Did the king change himself for the better?

6. 音乐想象:教师中英文并用,续写《皇帝的新装》这个故事。

文本链接:

The King's New Clothes

Long long ago, there was a king. He liked new clothes very much. One day, two men visited the king, "My king, we can make new clothes for you." The king was happy.

Two men showed the king his new clothes, "My king, please try on these magic clothes. Clever people can see them. Foolish people can't see them."

The king walked through the city in his new clothes. There were a lot of people in the street. They looked at the king and shouted, "What beautiful clothes!"

A little boy pointed at the king and laughed, "Ha! Ha! The king isn't wearing any clothes!"

供稿 张煦然 江苏省淮安市清江浦实验小学

7. 管弦乐欣赏:小猫的圆舞曲

【教学内容】

《小猫的圆舞曲》是江苏凤凰少年儿童出版社出版的小学音乐教材二年级下册第八单元的一节管弦乐欣赏课。该曲由美国作曲家安德森·R作曲,乐曲以管弦乐器丰富的音色和表现力,塑造了小猫活泼的形象及跳舞的形态。乐曲为三部曲式(A+B+A)。小节的引子好似一只小猫悠闲地走进了“舞场”。A段主旋律用弦乐器主奏,优美抒情。小提琴“滑奏”技巧的运用,形象地模拟小猫的叫声,增加了乐曲的诙谐情趣。旋律快慢交替,表现了小猫那顽皮好动的性格。B段旋律用木管乐器主奏,欢快活泼,描绘小猫越跳越高兴的情态。音乐进行中不时传来几声猫的叫声,尤为有趣的是在乐曲结尾处,响起几声狗叫,接着一串上行音,突然结束全曲,形象地描绘了小猫听到狗叫后迅速逃离了舞场的情景。乐曲能激起儿童丰富的遐想,从中获得情趣的感染。

【教学目标】

1. 通过听赏《小猫的圆舞曲》,熟悉乐曲主题旋律,了解主奏乐器及音色。

2. 学习圆舞曲的基本知识,感受圆舞曲的三拍韵律。

【剧场方法】

暖身活动、教师入戏、定格呈现、角色扮演、专家的外衣、物件灵感、建构空间。

【教学准备】

音乐视频、托盘、酒杯、彩纸等。

【教学过程】

一、暖身活动

1. 奏小提琴“滑奏”技巧音,引出主人翁——小猫,学生讨论:生活中看到的小猫是怎么叫的? 喜欢做什么? 怎么做? 有什么特点?

教师引导学生从小猫的形态、动作、声音等方面进行模仿。学生体会小猫走路轻盈、气质高贵、声音婉转等特点。

2. 模拟小猫的动作,跟着音乐做一做,感受下乐曲是几拍子的。

教师提醒小朋友,动作要优雅,可以随着音乐的节奏、速度进行变化。

二、角色扮演:小猫的圆舞曲

教师入戏:扮演猫国女王身份,向臣民们发布舞会通知。

师生共同讨论:一场舞会需要做哪些准备(如:干净的会场、优雅的侍者、美食、乐队、舞者等)。

(一) A段旋律欣赏

1. 角色扮演:引导学生选择自己喜欢的角色,可以是人,如:舞者、侍者、乐队演奏家、指挥家等;也可以是物,如:蛋糕、喷泉、柱子等。

2. 音乐起，学生扮演舞会角色，音乐停止时，定格呈现。学生交流：自己扮演的是什么？是抓住了角色的什么特点进行扮演的？

3. 再次播放A段旋律，所有学生扮演小猫，踮起脚尖随音乐节拍走一走，当听到“猫咪叫”即小提琴滑奏时，小猫互相“举爪问好”。数一数，一共问好了几次？

（二）B段旋律欣赏

1. 播放B段旋律，讨论：乐曲中是否出现了新的乐器？

2. 专家的外衣：教师扮演著名音乐人，介绍管弦乐队中的木管乐器。展示并介绍木鱼，再次播放B段旋律，引导学生跟着敲一敲。

3. 讨论：B段旋律的情绪发生变化，猜一猜小猫的舞会发生了什么故事。

4. 音乐游戏：“小猫们”通过问好和自我介绍，找到自己的舞伴，随着音乐的节奏，学着“猫女王”的舞步开始跳舞（律动）。

5. 专家的外衣：教师化身著名音乐人，介绍“圆舞曲”的基本知识。

（三）A段旋律欣赏

1. 播放A段旋律和A、B段旋律，学生讨论：这一段音乐和前面欣赏的哪一段旋律比较像呢？它们完全一样吗？

2. 物件灵感：再次播放A段旋律，提问：结尾处有一串快速上升又突然结束的音乐，让你觉得舞会发生什么事了？

指名两只“小猫”跟着音乐表演，其他同学猜一猜，这是在表演什么？说说自己的想法。

三、建构空间：猫咪的舞会

1. 小组合作：选出导演、编剧和舞会中的角色（可以是人，也可以是物）。

2. 共同讨论小组创演的舞会故事情节，导演组织分解动作排练，共同修改。

3. 小组展示：请跟着音乐，分组展示自己创编的舞会故事，师生共同评价，并评选出“最佳节目组”和各种单项奖等。

4. 畅谈学习收获，并在一段美妙的音乐声中结束本课。

文本链接：

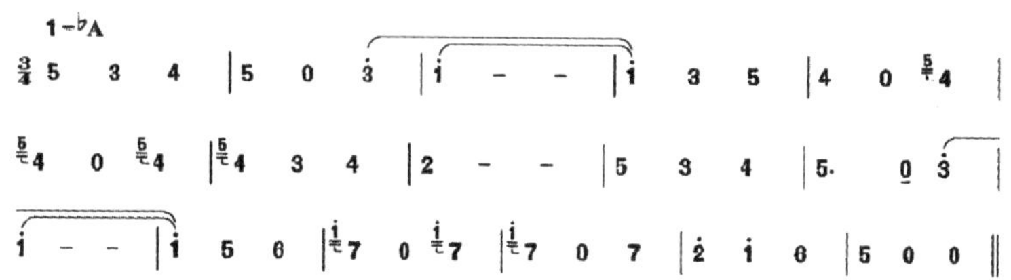

供稿　吕　叶　江苏省淮安市清江浦实验小学

8. 食物链和食物网

【教学内容】

本课为教育科学出版社出版的《科学》教材五年级上册第一单元第五课。在本课教学中，如何在学生中建立食物链、食物网这些概念是本课教学的重点，而建立食物链、食物网概念的基础在于，生物之间存在的食物关系即“谁吃谁，谁被谁吃”。明确了生物之间吃与被吃的关系，对于连接食物链并形成食物网至关重要。通过教学活动明确在完整的食物链中都包含了生产者和消费者。同时在本课教学中，让学生进一步体验生物与环境之间的关系，认识生物与生物之间是相互依存、相互作用和相互制约的，特别是认识到一种动物或植物可能就是另一种动物或植物的生存所依赖的条件，进而在学生的心目中建立起初步的生态系统的概念，形成生物与生物之间是相互关联的概念。

【教学目标】

1. 认识食物链和食物网，理解食物链的组成，知道食物链的营养来自于绿色植物。

2. 能够分析生物间食物关系并用食物链和食物网描述，会写出简单的食物链，能辨别出生产者、消费者。

3. 意识到食物链中每一种生物的重要性，体会到自然界中的生物是相互联系的。

【教学重点】

知道生物间存在错综复杂的食物关系，能够根据食物关系写出完整的食物链。

【剧场方法】

教师入戏、讲故事、讨论、定格呈现、角色扮演、思路追踪。

【教学准备】

课件、生物头饰等。

【教学过程】

一、故事导入，进入情境

1. 教师讲故事并展示动态图片：螳螂捕蝉，黄雀在后。

提问：看到这幅动画（图略），你想到了哪一个成语？（板书三种生物）

三种生物之间是一种什么样的食物关系呢？

你能用一句话来概括吗？

指名回答。

（预设：生1：螳螂吃蝉，黄雀吃螳螂；生2：蝉被螳螂吃，螳螂被黄雀吃）

提问：如果要把黄雀、螳螂和蝉之间的这种食物关系用箭头连起来，可以怎么连呢？

请学生在黑板上尝试用箭头表示。

（预设：蝉←螳螂←黄雀）

学生点评，鼓励质疑。

引导:螳螂吃蝉,是为了获取生存必需的营养,营养是由哪里流向了哪里? 黄雀吃螳螂,营养又是由哪里流向了哪里? 根据这个特点,箭头指向谁更合适呢?

请学生上黑板修正。

确定最终结果:由蝉指向螳螂。

完成板书:蝉→螳螂→黄雀

2. 角色扮演,分析关系。

学生对这三种生物进行角色扮演,引导思考:看到这三种生物之间的食物关系,你有没有什么疑惑呢?

(预设:蝉所需的营养来自哪里?)

板书另一种生物:大树

蝉通过吸取大树的汁液获得营养,那大树的营养又从哪儿来呢?

学生自由回答。

(预设:从土壤中获得营养,通过阳光、空气……)

得出:大树是通过光合作用自己制造营养。

3. 交流讨论:你能说一说在这四种生物中,营养是怎样流动的吗?

小组内互相说一说。

概括:大树主要通过光合作用自己制造营养,而蝉又通过吸取树汁获得了大树制造的营养,螳螂通过吃蝉又将营养转化成自己身体的一部分,而黄雀通过吃螳螂又将营养转化成自己身体的一部分。在这个过程中,将大树制造的营养一步一步地转化到了黄雀身上。

4. 大家看看这样的食物关系像什么?

我们把大树、蝉、螳螂、黄雀这些生物之间的像链环一样的食物关系叫做食物链。(板书课题)

二、交流讨论,认识食物链

1. 教师入戏:生活中,只要有生物的地方,就会有这样类似的生物链。老师前两天去了一趟公园,发现公园里也有一些生物。同学们猜一猜,公园里面可能有哪些生物呢? 在这些生物中,你能找到一些食物链吗?

学生猜想,交流。

学生写出所发现的食物链并说一说。教师展示学生所写的食物链,并引导学生对食物链进行修正和补充。

2. 教师提问:仔细观察这几条食物链,你发现有什么共同点?

食物链一般都是从植物开始,到凶猛的肉食动物结束。

食物链中能自己制造食物的生物叫生产者。直接或间接消费别人制造的食物的生物叫消费者。

在上面的食物链中,哪些生物是生产者? 哪些生物是消费者呢?

在食物链中，食物营养是怎样在生产者和消费者之间传递的呢？

板书：生产者　消费者

三、串链成网，认识食物网

1. 让我们将视线转向农村田野，在稻田里会有哪些生物呢？

结合学生的回答，出示列出的水稻、蝗虫、蛇、老鼠、青蛙、麻雀、鹰、猫头鹰的水稻田图片。

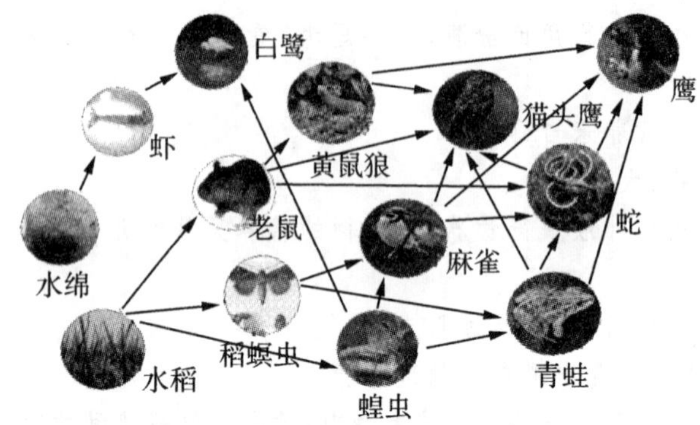

在这些生物中间，大家能找出哪些食物链？

先在图上画一画，再回答。

2. 总结：自然界的生物种类很多，是一个大的生态系统，这个生态系统中生物之间的取食关系也很复杂，同一种植物会被不同的动物吃掉，同一种动物可以吃多种食物，生物之间的食物关系形成了一个网状的结构，叫做食物网。

完成课题板书：食物网。

四、断链破网，思考破坏食物关系的后果

1. 提问：在这个食物网中，如果有一种生物的数量发生了变化，对其他的生物有什么影响？

学生自由交流。

如果一种生物灭绝了，就会影响其他多种生物的生存，因而保护一种生物，也就是保护了许多生物。

2. 如果将大草原上的生物之间的食物关系用一个金字塔来表示的话，这些生物代表应该被放在金字塔的哪一个层次呢？

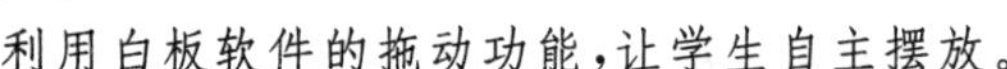
利用白板软件的拖动功能，让学生自主摆放。

引导学生思考、讨论：植物全部死亡了，会怎么样？肉食动物全部死亡了，会出现什么样的情景？

如果断了食物链中的中间环节——植食动物，会出现什么样的后果？

3. 引导学生思考、讨论：人类应该怎样对待生态环境？

板书设计：

食物链和食物网
生产者 消费者
树→蝉→螳螂→黄雀

供稿　王长宝　江苏省淮安市淮海路小学
朱艳艳　江苏省淮安市和平镇中心学校

第五节　主题剧场跨学科实践

学校是教育的场所，教育的核心目标是帮助学生掌握面向未来社会所需的能力与素质。在倡导综合育人的今天，人们期盼学生具备可以妥善地解决具体问题的能力，并且这些能力在不同情境中均可发挥作用。因而教学需要不断突破学科壁垒，跨学科实践成为推进学校综合育人改革的现实课题。

跨学科实践就是将多个学科教学融合组成一个有意义的整体，可以通过寻找各学科要素的内在联系形成统整点，以生活中遇到的问题为联结点，还可以将发展学生关键能力的内容作为统整点，从而将看起来并不相关的学科内容统整到一起。这样可以根据筛选的统整点开展主题式跨学科综合实践。基于剧场所具备的综合特质，主题剧场跨学科实践可以实现多学科之间的教学整合，促进学生学习的目标达成、效率提高和应用转化。

主题剧场跨学科实践常常从生活情境中发现主题，以戏剧结构为框架，将教学的过程转化为戏剧的起承转合。“起”即阐述情境，将学生带入情境之中；“承”即情节发展阶段，教学不断向前推进；“转”是故事的高潮部分，是引导学生解决问题的过程；“合”是将结局转化为深入理解与满足认知的回馈、分享与复习。教学时长可以自定义，一般每个主题 2～3 课时，有时还需要作前延和后续设计，各阶段配置合适的时间，师生以各自的角色现场互动、各有作为，使得教学成为一个生动有趣的学习历程，使学生获得关于自我、社会、自然的真实体验。

例如，校园是学生熟悉亲近的地方，引导学生从不同的角度去欣赏和设计，可以建构不同的美感经验和想象。“校园环境设计师”这一主题剧场活动以校园环境为主题，通过介绍校园环境让学生进行欣赏和想象校园空间的艺术创造，让孩子认识校园环境的独特之处，认识到精巧的设计可以让校园生活更美好。教师事先让学生收集校园环境图片，学生可以从书刊资料、网上搜寻，也可以自己拍摄，收集的图片包含学校建筑和区域环境等，可以突出校园一角，尽量多些特写照片。这些教学资源，是主题剧场跨学科实践的必要前提。

“校园环境设计师”教学过程可以按以下四个阶段展开：

第一阶段，展示校园环境。引导学生尝试用身体表现校园的独特景观，并说说自己表现的是什么，进入情境表达之中。

第二阶段，欣赏校园环境。通过身体雕塑、五官感觉等发现校园环境之美、之趣，教师引导归纳出美的要素，例如材质使用、植物配置、色彩搭配、排列方式等等，在鉴赏中促进学生了解对称、平衡、对比、协调等美感原则。聚焦校园一角，想象过去校园中发生的活动，了解校园环境给学生带来的快乐。

第三阶段，创造校园环境。扮演校园环境设计师，讨论整个学校环境是否有需要改进之处，针对某个区域进行环境设计，以小组合作形式勾画出校园一角设计图。组织学生分享图片中的不同设计，用身体表现静态景观，并说明认为美的原因。这样的地方会发生些什么，请学生进行想象，感受景中有人、景中有事。随机分组表演校园故事，请同学上台担任主演，其他同学扮演围观者等等，扩大学生参与面。

第四阶段，推介校园环境。如何推介“校园一角”设计作品，除了一般的图纸和文案外，讨论将校园环境以肢体表现，用一小段戏剧表现，可以加入台词以加深他人印象。

“校园环境设计师”教学过程运用定格呈现、角色扮演、人体雕塑、思路追踪、建构空间等多种剧场方法，引导学生对校园环境进行认识和改进，促进学生关心周围事物，培养学生综合素质。

主题剧场跨学科实践强调在设计与实施过程中，引导学生主动运用各门学科知识分析解决实际问题，使学科知识在实践活动中得到延伸、综合、重组与提升，但在中小学教育教学中一直比较薄弱。教育部 2017 年 9 月印发了《中小学综合实践活动课程指导纲要》，要求各地充分认识综合实践活动课程的重要意义，切实加强对综合实践活动课程的精心组织、整体设计和综合实施，不断提升课程实施水平。综合实践面向学生完整的生活世界，小学阶段具体目标为：① 价值体认：通过亲历、参与少先队活动、场馆活动和主题教育活动，参观爱国主义教育基地等，获得有积极意义的价值体验。理解并遵守公共空间的基本行为规范，初步形成集体思想、组织观念，培养对中国共产党的朴素感情，为自己是中国人感到自豪。② 责任担当：围绕日常生活开展服务活动，能处理生活中的基本事务，初步养成自理能力、自立精神、热爱生活的态度，具有积极参与学校和社区生活的意愿。③ 问题解决：能在教师的引导下，结合学校、家庭生活中的现象，发现并提出自己感兴趣的问题。能将问题转化为研究小课题，体验课题研究的过程与方法，提出自己的想法，形成对问题的初步解释。④ 创意物化：通过动手操作实践，初步掌握手工设计与制作的基本技能；学会运用信息技术，设计并制作有一定创意的数字作品。运用常见、简单的信息技术解决实际问题，服务于学习和生活。主题剧场跨学科实践活动可结合综合实践课程实施要求，把课时的集中使用与分散使用有机结合起来，并根据学生活动主题的特点和需要，灵活安排，有效使用实践活动时间。学校要给予学生广阔的探究时空环境，保证学生活动的连续性和长期性，要处理好课内与课外的关系，合理安排时间并拓展学生的活动空间与学习场域。

我们要根据跨学科实践活动的目标，并基于学生发展的实际需求，设计活动主题和具体内容，要引导学生根据兴趣、能力、特长、活动需要，明确分工，做到人尽其责、合理高效。既要让学生有独立思考的时间和空间，又要充分发挥合作学习的优势，重视培养学生的自主参与意识与合作沟通能力。在活动实施中，教师要创设真实的情境，为学生提供亲身经历与现场体验的机会，让学生经历多样化的活动方式，促进学生积极参与活动过程，在现场考察、设计制作、实验探究、社会服务等活动中发现和解决问题，体验和感受学习与生活之间的联系。在跨学科实践中融入剧场方法，帮助学生找到适合自己的学习方式和实践方式。

第五章　儿童生活剧场体验

“人生是一场表演，社会是一个舞台”，美国社会学家欧文·戈夫曼的“拟剧理论”认为，人们在社会生活中以不同的角色、在不同的场次进行表演。人是社会的产物，社会性是人的本质属性，不论人们主观上是否意识到，每个人都在扮演着多重角色。人的生命成长要经历由“自然人”到“社会人”的转化。每个人作为社会人的需求远远超过了作为自然人的需求，人们在历经的不同的生活剧场的多重角色中实现着自己的生命成长。

长久以来，在我们的教育生活中，受应试教育的影响，儿童的知识学习者角色被一味地放大，单调重复的学习过程消磨了儿童的多重角色生命体验。儿童，不仅仅是课堂学习知识之人，还是广泛意义上的学会生存之人，在现实生活中呈现出角色行为的多样性。作为在校学习者，儿童有校园学生角色；在家庭不同成员面前，儿童是需要监护的未成年子女；同时，儿童作为未来社会角色，将来又要有公民责任担当。任何一个人不可能仅仅承担某一种角色，即便儿童，他也承担着学生、子女、未来公民等多种角色，一般称之为“角色丛”或者“角色集”。在学生的生命成长中，每一种角色往往对应一个生活场域，儿童期是人之德行与社会性发展的启蒙阶段，教育活动必须基于他们身心发展的现实生活。同时，有效的教育必须采取适切儿童的方式，帮助他们解决现实乃至未来生活中的问题，为他们今后人格的和谐发展与完善奠定基础。在教育活动中，我们要正视儿童角色丛的存在，充分发掘生活剧场的育人价值。

学校教育要积极构建学生同客观世界、同他人、同自我的生活场域，通过多重角色生活体验，促进学生实现个体的生命成长。角色生活体验的意义在于：一是规则意识。处在不同情境中，需认清角色的特征。外界对在家庭中与在学校里的儿童所设定的社会规则是不同的，帮助儿童认识规则，是儿童进行社会化的核心环节。二是体验移情。角色不是单独出现的，只有将其放到与他人同构的共同角色关系中才能成立。主要策略是加强生活体验类课程的整体架构和实践，建设儿童角色体验载体，形成新型角色体验项目，促进儿童社会性的健康发展。通过长线规划小学六年的角色生活课程，让儿童在小学阶段获得校园学生角色、家庭亲情角色、社会职业角色等多样化的角色体验，通过角色的多元性丰富儿童的生命成长，促进儿童主动、健康地发展。

第一节　校园角色承担

随着儿童进入学龄期，更丰富的校园生活和更广泛的外部世界对他们的人格形成起着重要的主导作用。学校生活是学生在学校里的各种活动的总和，这一生活内在于学生在学校的日常生活。学校生活是童年生活的重要组成部分，参与并享受愉快、自信、有尊严的学校生活是每个儿童的权利。现行学习中存在着个人主义和竞争性，缺乏社会性和共同体的性质。因此，构筑伙伴关系、团队文化对儿童的社会性发展有着至关重要的影响。

首先儿童是以校园角色为真实存在的生命个体。学生每天在校六小时的全部生活，都是以校园角色演绎的，主要有学科教学中的听课、作业、考试等知识学习者角色，还有学科学习之外的校园生活者角色，包括班级、年级与学校的组织生活，但儿童校园生活者角色常常被学习者角色所遮蔽。在传统的学生角色中，注重强化学习者角色，但若如此恐怕只是培养高分低能的人，这对学生的人格养成不利。儿童是在自己的生命实践中成长起来的，儿童的角色发展也面临着同理心缺失的交往困惑，对儿童在校组织生活的关注、研究与重建，特别是引导儿童在亲历管理与被管理、服务与被服务的过程中，感受同伴交往、学习换位思考、尝试站在他人的角度思考和处理问题对于儿童的成长是大有裨益的。基于当下对学生角色认知的偏颇，我们应该丰富儿童校园角色形象，重塑学生角色期待，即形成对儿童应有的行为规范和行为方式的一种共识，也就是儿童校园角色的扮演方式。

就课堂学习而言，学生的角色就是通过耳听、眼看、动脑、动手的学习实践者，在和教师的对话中完成学习任务。虽然人们认定学生就是学习者角色，可是对学习者知觉、记忆、思维以及解决问题的能力等特征却把握不够。学生是学习活动的主体，学习者作为探究者、合作者、自主发展者的角色理解需要进一步清晰，教师课堂教学要改变强调接受性学习、机械训练的状况，培养学生主动参与、乐于探究、积极合作的学习品质，逐步完成良好的学习者角色塑造。

就校园生活而言，学生的角色大体上分为管理者与被管理者，前者一般由少数小干部担任，后者即为绝大多数的群众角色。实践中可以发现，长期担任小干部的学生普遍具有较强的成功感，他们积极组织和参与集体活动，他们具有大局意识，表达能力、沟通能力和协调能力得到很大提升，而这些能力也是未来步入社会所需的基本能力。大多数的被管理者，普遍服从性较强，主动性、组织力欠缺。由于在管理角色和群众角色之间缺少流动，前者由少数人长期担任，后者实际上处于无角色状态，也就是大多数孩子在小学阶段并未承担过管理与服务角色，这样的格局无论是对于前者的生命成长，还是对于后者的生命成长，都是十分不利的。在传统教育背景下，学生的学习者角色被强化，其他校园生活角色常常被忽略，处于被边缘化的位置。叶澜老师的“新基础教育”研究，特别强调学生在校生活的改进与重建，关注学生班级生活与教学生活的融通，在学生班级生活的重建中重视小岗位建设，让更多的孩子参与班级管理。

班级是学校的基本单位，学校的教育功能主要是在班级活动中实现的。班级也是一个微型社会，班级情境中的活动、角色分配以及师生关系、同学关系的处理等深刻地影响着学生社会化的发展。班级岗位对应的是人，西方的人力资源管理提出以角色分析来替代传统的岗位分析，这对我们的教育工作非常有启示，因为我们的最终目的就是育人。我们要关注不同组织形态下的学生生活，关注校园生活的独特的育人价值，让“人”担当责任。根据岗位类型和活动特点，可以创设诸多的班级角色，主要有：① 学习类：学科课代表、学习小组长、学习小导师、朗读者、辅导员等。② 活动类：主持人、策划师、联络员、小小影像师、组织协调员等。③ 行为规范类：路队长、眼操提醒员、礼仪小使者、文明监督员、课间管理员等。④ 生活服务类：黑板清洁师、桌椅小排长、地面清洁员、节能小哨兵、卫生巡查员等。⑤ 知识拓展类：天气播报员、阅读推荐员、信息发布员、学科小灵通、科普小院士等。数十个岗位角色供学生申报、认领，为学生参与管理活动提供了可能，学生还可以根据班级的实际需要和自己的兴趣、能力，自行设计、自己命名岗位角色，在动态调整中逐步完善校园组织生活、丰富校园角色形象。

学生在确认了自己要担当的校园角色之后，心中会构建相应的角色期待，但这些是模糊的、不精准的，还要编制角色说明书来对班级组织中的角色活动进行清晰的定位和描摹。从竞聘上岗，到履职实践，角色说明书在此过程中引领学生增强角色认同，修正角色行为，知道自己是班集体的一员，要对自己承担的任务负责。在班级管理角色的动态提升中，每个学生都有参与班级管理与服务的机会，感受并遵守集体生活中的规则，初步形成规则意识，从中锻炼养成善于合作的社会能力和健全人格。

不仅如此，对于年级层面、学校层面的学生生活，同样创设相应的岗位角色，完善少先队大队委组织生活，让学生有机会担任年级部、学校大队部管理角色，这样校园生活就构成了一个纵横结合的矩阵形角色系统。矩阵角色系统确认了学生是以学科学习者为基本角色、同时担当多重动态角色的生命个体，打破了学校生活中的种种限制，为学生社会意识与能力的发展提供了实践的平台。儿童遇见多种角色和扮演多种角色，增进儿童对他人的认知，能够培养其同理心，学习想他人所想；对自己所扮演的角色的反思，能够促进自我提升和人格完善。建构儿童早期多重角色体验活动，在广阔的时空中体验多元角色，可以弥补传统教育方式的缺失，让儿童从自己的世界出发，在与他人目光的交织中发现生活、研究生活，并在此过程中形成积极的心理品质和成长方式。随着儿童在学校剧场中承担角色的构建和运行，也将带来评价方式的变革。好学生的标准不再唯分数论，学生的品行、身心、兴趣及活动参与也将成为评价要素，如此可以克服静态评价的弊端，体现活动参与、角色担当，由过去的单一评价走向现代的多元评价。

儿童成长是同客观世界对话、同他人对话、同自我对话的过程，是通过他们对生活的体验、认识、感悟与行动，超越既有经验与能力，生成新的经验与能力的实践过程。童年生活具有不同于成人生活的需要和特点，它本身蕴藏着丰富的发展内涵与价值。儿童应该从课桌旁站起来、从教室里走出来，承担并履行、模拟并体验各种角色，儿童正是通过参与丰富多彩的生活实践、在早期多重角色的穿梭中促进自身的成长的。

校园角色活动案例选编

1. 小小领读员

【活动内容】

领读员岗位是班级常规管理中必备的岗位之一，小小领读员也是同学们喜欢的角色。活动包含领读员岗位设置、岗位实践、岗位轮换、岗位评价。每班应设置班级领读员 3～5 名，学生在岗位实践中体验角色职责，学会合作，历练成长。

【适用年级】

三、四年级。

【活动目标】

1. 在岗位实践中明确领读员职责，努力做好领读员相关事务。

2. 在岗位实践过程中不断提高管理能力，带领同学们完成每日读书任务。

3. 学会勇于承担责任，在实践中学会与老师有效沟通、与同学们友好相处，学会合作。

【活动时间】

长线活动 1～10 周。

【活动准备】

教师准备：

1. 召开班会，阐明领读员的角色意义，为举行此次主题班会做好思想准备。

2. 发布招募公告，进行领读员选举。

学生准备：

学生自主做好准备，参加形式多样的选举活动。

【活动过程】

一、角色设定(第 1 周)

1. 新学期开始，为了提高早读效率，班级进行“小小领读员”招聘。

2. 明确角色岗位职责。

	领读员	承担人		任期	
职责	1. 每天放学前布置好第二天早晨需要熟读或背诵的内容； 2. 督促同学到校进班后，拿出本节早读课需要的课本或资料，不做与早读无关的事； 3. 领读员要站在讲台前，声音洪亮，发音标准地带领大家一起读； 4. 一名领读员在领读时，另一名领读员在早读期间要巡视班级，提醒朗读不认真的同学； 5. 各科领读员协调好工作，保证每位同学每天对两门文化课的早读合理安排，保证各科均衡发展。				

二、角色招募（第2周）

1. 竞选活动——自我推荐

教师：一周内收到了众多同学的申请，很高兴大家这么踊跃地报名，说明同学们在吟诵学习中有收获，对于领读也很有自信。让我们听听他们是怎么想的、怎么说的吧。

学生自我推荐，全班投票。

统计班级投票，公布投票结果。

教师：恭喜这些同学们，在大家的支持下脱颖而出，他们都很自信、勇敢，勇于向大家展现美好的一面，愿意承担领读员的责任。

2. 活动竞选——诵读比赛

教师：领读员首先要求吐字清晰，为了选出优秀的同学，班级组织一次朗诵比赛，大家都是评委，选出自己心目中的领读员。

为了公平公正，老师和班委会共同制定比赛要求：

一、仪表
1. 服装整洁，衣着得体，与朗诵内容相协调；
2. 精神饱满，姿态得体大方；
3. 表演能和朗诵融为一体，朗诵形式富有创意。

二、形式
1. 上下场迅速有序、有礼貌；
2. 形式新颖，灵活多样，整体效果好；
3. 朗诵形式富有创意，配以适当音乐或以其他富有创意形式朗诵。

三、技巧
1. 感情饱满真挚，表达自然；
2. 朗诵熟练，声音洪亮优美、清晰，能够脱稿；
3. 吐字清晰，普通话标准，正确把握文本节奏，韵律明显；
4. 声情并茂，朗诵富有韵味和表现力，能与观众产生共鸣。

选手诵读，全班投票。

经过朗诵比赛活动，确定了3～5位早读领读员，表扬并祝贺这几位同学。

教师：没有选上的同学也不要气馁，老师还会根据大家的表现再选出几位同学加入实习领读员的行列，希望每位同学都要加油，大家相互监督、配合，谢谢！

三、岗位实践(第3～9周)

1. 领读员小组计划每天领读内容，责任到人。

2. 每周进行一次总结，发现问题及时向老师汇报。

教师指导：

(1) 领读员要有一定的组织管理能力，比如纠正同学们的读书姿势、管理晨读纪律、做好记录等等。

(2) 领读员在早读期间，要巡视班级，提醒朗读不认真的同学。

四、阶段评估(第10周)

1. 领读员小组成员述职，总结岗位实践过程中的得失。

2. 班级交流评价，肯定领读员的优点，提出希望改进的地方。

3. 教师总结：感谢领读员两个月来的付出，相信你们在这个岗位上都有了很多收获，得到了大家的认可，希望你们再接再厉，投入到下一轮的岗位竞选中。

五、总结提升

教师：同学们，做好小岗位要注重“坚守”，这一轮我们选了五名领读员，他们都能胜任这个小岗位，没有辜负老师和同学们对他们的期望。小岗位就是老师的小助手，希望每位同学都能为我们的班级发一点光，贡献自己的力量。

【后续设想】

领读员角色每学期持续开展两轮，每学年多轮次实践。在领读员的岗位实践中，学生从岗位竞选、岗位实践中感受到了领读员的岗位职责以及领读员对于班级的重要性。在实践过程中，要尽可能让更多学生参与到岗位实践中去，不仅仅是领读员，也要积极参与其他角色实践，也就是要进行多岗位轮换。学生在不同的岗位实践中体验到各岗位的重要，以及如何在岗位实践过程中与其他同学友好相处，并能将岗位实践中的相关情况及时与老师交流，学生在岗位角色体验中合作力、领导力都能得到发展。

供稿　胡　娟　江苏省淮安市清江浦实验小学

2. 小小岗位我能行

【活动内容】

班级小队以各种活动形式，展示岗位实践中班级出现的各种现象，以及存在的问题，学生在活动中进一步明确班级岗位的重要性，增强岗位责任感和集体荣誉感。

【适合年级】

三、四年级。

【活动目标】

1. 学生明确班级岗位职责，提升岗位管理质量。

2. 通过岗位实践让每位同学意识到每个管理岗位都是需要大家共同配合才能使班级变得越来越好的。

3. 通过设计、选择和履行岗位职责，促进学生个体的自主管理能力，为今后的成长奠定基础。

【活动时间】

中线活动 1～4 周。

【活动准备】

1. 成立小队，各小队在队长带领下讨论确定小队名称、设计小队口号。

2. 小队合理分工班级相关管理任务。

【活动过程】

一、热身活动

组织学生演唱班歌《最美的光》。

二、岗位设置（第 1 周）

1. 寻找小岗位。

组织讨论：班级中哪些事情是需要大家经常去做的，请同学们说一说。

交流汇报：卫生监督员、眼保健操监督员、班级保洁员、纪律监督员等。

2. "亮化"小岗位。

根据同学们的提议，再请同学们开动小脑筋"亮化"小岗位的名称。也就是给每个岗位起好听的名字。

学生讨论，自由回答。

板书：眼操小医生、卫生监督员、课间操督查、加油站站长等岗位名称。

三、岗位招募（第 2 周）

根据自己的意愿选择自己想要担任的小岗位，如果岗位规定人数选满就只能选择其他岗位。

每位同学把自己的姓名写到相应的岗位下面。

（在这个过程中，由教师根据岗位所需人数进行协调、均衡，以确保人人有事做、事事有人做。小岗位的设置是多层次的。像"打扫教室卫生"这样最基层的岗位，人人都要参与，无所谓选与不选。于是，每个学生就有了必选岗位和自主选择的 1～2 个岗位，形成了"一人多岗"的情形）

四、岗位展示（第 3 周）

1. 小岗位实践一周后，询问同学们做得怎么样。选择具有代表性的、重要的岗位，请承担人说说自己是怎么做的。

2. 选择班级中需要改进的岗位，请岗位承担人说说自己有什么地方做得很好，还有哪些方面需要改进（根据班级实际情况选择具有代表性的岗位）。

（1）文明监督员（出示文明监督员职责）。

	文明监督员	承担人		任期	
职责	1. 以倡导文明言行、培养良好卫生习惯为重点，对同学的不文明行为进行监督劝导，倡导文明风尚； 2. 劝阻课间奔跑、不文明游戏的行为，并对违反者进行劝诫； 3. 倡导同学文明用语，对骂脏话的同学进行批评处理； 4. 监督同学保持个人卫生，包括周围纸屑及时捡、整理好桌面、排放好桌椅等。				

文明监督员说说自己在岗位实践过程中哪些方面做得好、哪些方面做得不好。

思考：

对于不文明行为，应该怎样沟通，同学们才会乐意接受？

怎样督促同学们的日常文明行为？

怎样做好大家的榜样？

师生交流，说一说怎样做一个文明的学生，对文明监督员有什么建议或意见。

(2) 活动策划员(出示活动策划员职责)。

	活动策划员	承担人		任期	
职责	1. 负责班级活动的策划； 2. 按照方案组织活动； 3. 协助相关人员，对活动进行整体协调和把控； 4. 为班级活动进行宣传，塑造良好班级形象； 5. 定期收集活动信息，为以后的活动提前做好资料收集； 6. 负责活动现场的人员、场地、工具等安排。				

活动策划员说说开学一周以来策划了什么活动，在活动过程中遇到了哪些问题。

师生讨论如何解决活动中遇到的问题。

活动策划员谈谈后期如何开展活动，听了老师和同学的建议有什么新的想法。

(3) 学习督察员(出示学习督察员职责)。

	学习督察员	承担人		任期	
职责	1. 在学习中，学习督察员应起到标兵作用，努力提高自身综合素质； 2. 课后能起到桥梁作用，向任课老师反映同学们学习中的难点，并向同学们传达老师的回复； 3. 对于同学们学习中存在的疑难问题及班级的学习动态要及时向任课老师汇报，以便老师更有针对性地进行教学，做到教学相长，提高学习效率； 4. 组织检查、监督班级同学自习情况； 5. 配合班长组织班级内部的学习交流，严格监督班级同学作业完成情况，坚决制止各种抄袭和作弊行为，如有发现及时制止或记录下来交给老师处理。				

学习督察员说说开学以来在岗位实践中自己是怎么履行岗位职责的，对照角色说明书，说说自己哪些方面做得好、哪些方面还存在问题。

班级讨论：学习督察员平时的工作表现怎么样？说说自己的看法，提出改进建议。

学习督察员结合老师、同学的建议谈谈今后的岗位实践目标和方法。

五、阶段评估（第4周）

1. 召开班队会，汇报一个月以来的岗位实践情况。

2. 全班交流，总结得失，提升岗位实践效率。

3. 思考：班级是否需要增设岗位，或者是否需要撤销某些岗位。

4. 准备新一轮岗位竞聘。

六、总结提升

通常情况下，小岗位的设置容易，管理评价却较难。然而真正做好了这两项工作，就能促进学生自觉服务意识和习惯的养成，也有利于良好生生关系的形成。

【后续设想】

班级日常小岗位，每月轮换一次。小岗位的建设，的确为学生的成长搭建了平台，它强化了学生的责任意识，培养了学生积极向上的情感，使之在班集体中实现了自我管理、自我激励、自我追求的和谐统一。小岗位的建设又促进了良好生生关系和温馨班集体的初步形成。班级群体与学生个体的成长总是相辅相成的，通过小岗位建设，一个相互促进的良性循环的结构体系正逐步形成。

供稿　胡　娟　江苏省淮安市清江浦实验小学

3. 图书管理员

【活动内容】

做图书管理员是一件很有意义的事情，不仅可以培养学生的服务意识，还可以培养他们的责任意识。活动包含图书管理员岗位设置、岗位实践、岗位轮换、岗位评价。每班设置班级图书管理员4～6名，学生在岗位实践中体验角色职责，学会合作。

【适用年级】

三、四年级。

【活动目标】

1. 通过此次活动，培养学生爱护图书的意识，让学生热爱读书，享受读书的乐趣，为终身学习打下基础。

2. 通过角色体验，使学生了解图书的分类与管理，知道图书管理员的作用，感受图书管理员工作的辛苦与不易，增强学生的责任感。

3. 学生参与管理图书，认识图书管理的重要性，激发学生读书的兴趣，开阔眼界，培养学生的合作精神和策划、组织管理的能力。

【活动时间】

长线活动1学期。

【活动准备】

教师准备：

1. 班级开设一个小小图书角，准备一些图书。

2. 准备“小小图书管理员”招募公告。

学生准备：

1. 参观书店、图书馆，了解图书的分类与摆放。

2. 坚持做好每天的20分钟阅读，介绍自己的读书好习惯。

【活动过程】

一、角色的设定(第1周)

1. 教师导入：读书使人明智，为了扩大你们的阅读量、丰富你们的课外知识，班级这学期的图书角将组建起来。

学生讨论图书角组建方法。

2. 怎样使我们每个人的图书既发挥出应有的作用，又得到最好的保护呢？

3. 对于“图书管理员”，你了解到了什么？需要做哪些工作呢？

4. 教师小结：同学们知道得真多。下面我们来总结一下班级图书管理员的工作有：

(1) 动员同学捐赠图书，充实图书角并督促损坏图书的同学粘补或赔偿；

(2) 图书编码，分类摆放；

(3) 图书登记造册；

(4) 制订借阅规则，催缴还书；

(5) 设计借书卡，做好借阅与归还登记；

(6) 每周好书推荐及当月借阅排行榜。

二、角色的招募(第2周)

1. 招募细则：你想成为光荣的班级图书管理员吗？班级图书管理员采用自愿申请的方式，参加竞选的同学应具有认真负责、乐于奉献、热心服务的精神。

招募图书管理员

1. 班级图书管理员任期一个月，每月初换届。

2. 每届图书管理员6名：图书管理长1名，负责动员同学捐书及统筹安排；图书管理员5名，负责2～6项工作中的一项。

3. 图书管理员要爱读书、会读书。

4. 图书管理员要定期打扫和整理图书角。

5. 图书管理员的责任心要强，愿意为班级服务。

6. 学期末对每组图书管理员进行考评。

2. 认识图书：展示学生到书店(或图书馆)搜集到的照片和视频，怎样才能当好图书管理员呢？分组集中讨论，思考以下几个问题：

（1）对图书进行分类有哪些好处？

（2）如何改进才能使图书信息库检索方便、使用安全？

（3）各个小组如何对图书进行分类？

3. 分组讨论

（1）同学们，你们想来竞聘吗？想竞选哪个岗位？有什么优势呢？

（2）学生分为四大组，在组内互相说一说，表达自己的观点。

4. 同学们，准备好了吗？来吧！向我们展示自己吧！

5. 自我展示：学生先组内演讲，在小组内互相评比，每组选出1名图书管理长和5名图书管理员。

6. 竞聘演讲：现在每组都已经选出图书管理员了。那么最先上岗的是哪一组呢？我们还需要PK一下哦。下面请每组的图书管理长准备好，到台前向大家呈现你们的竞聘优势。加油！

7. 每组图书管理长进行演讲发言。

8. 考评表：师生一起讨论，制订图书管理员考评表。

图书管理员考评表

	姓名	责任心	创意	善合作	态度	自评	互评	师评	总评
图书管理长									
图书管理员1									
图书管理员2									
图书管理员3									
图书管理员4									
图书管理员5									

三、岗位实践（第3～18周）

1. 岗位实践周期一个月。

2. 第一个月，第一组图书管理员上岗，参照图书管理员细则和考评表操作。教师本着先扶后放的原则，先指导第一组图书管理员一起收集图书、编码、登记并整理摆放，再帮助他们设计借阅卡。

3. 图书管理员各司其职，做好自己对应的工作。教师鼓励学生多观察、多思考，努力创新。

四、阶段评估（第5、9、13、17周）

一个月进行一次阶段评估，评估方式为汇报、比赛和评分表，评选出“最佳图书管理员”。

1. 在我们的图书借阅中有不少科学知识和方法。你们是怎么做的呢？有什么感受和收获呢？每个图书管理员汇报自己的感受和收获。

学生可以采用演讲、相声、小品等各种方式进行成果汇报。

2. 管理大比拼。

图书管理员展示已经做好的图书分类法(用投影机播放图书分类法,让大家都知道图书角的藏书、种类、书名,方便借阅)。各小组展示设计的图书借阅制度,并作解释说明,全体同学观摩、评议、投票,选出最好的借书卡和图书借阅制度(让学生经历一个探索、实践的过程后展示自己的实践成果,在老师和同学们的掌声中感受成功的喜悦。同时,让学生自己出主意管理班级图书角,既培养学生组织管理能力,又能促使学生自觉遵守图书管理制度,达到自我教育、自我管理的效果)。

3. 图书知识大比拼。

(1) 你们知道书籍主要有哪些种类吗?

(2) 各个种类是怎样划分的呢?

(3) 请说出关于书籍的名人名言或诗句。

4. 通过活动,同学们的读书兴趣大大提高,在读书的同时做了大量的积累,把读书积累的知识都做成了手抄报,现在展示给大家看。希望同学们再接再厉,把我们班的图书角管理好、利用好,把读书活动继续开展下去。祝愿我们小小图书管理员志愿者队伍越来越壮大,活动越来越精彩!

五、总结提升

经过同学们的努力,我们的班级图书角更加充实,管理更加完善,大家做的借书卡既能反映同学们的课外阅读量,又美观大方,借书还书时间清晰,容易操作;所制定的管理制度体现了大家的组织管理水平。

【后续设想】

如何整理图书角是一项比较实用的实践活动,学生参与管理图书,认识图书管理的重要性,培养学生的合作精神和策划、组织管理的能力,激发学生读书的兴趣,开阔眼界。学生可以运用这些方法整理好自己的家庭小书柜,让它更美观、更实用。

同学们在参与活动的过程中,通过角色体验和互换,感受图书管理员工作的辛劳,增强学生的责任心,进而在平时的学习和生活中能够学会换位思考,学会体谅别人。通过此次活动,培养学生保护图书的意识,让学生热爱读书,享受到读书的乐趣,为终身学习打下基础。

供稿　汪静东　江苏省淮安市繁荣小学

4. 集结小号手

【活动内容】

为了培养孩子的集体意识,激发孩子热爱集体的情感,采取岗位设置、岗位竞聘的方式招募班级集结责任人。孩子们通过对角色岗位职责的了解,思考岗位工作的重点,培养孩子们的责任心、集体荣誉感以及与人交往中的包容心。

【适用年级】

中高年级。

【活动目标】

1. 通过活动，唤起学生对日常生活中规则的清醒认识，从小树立集体意识。

2. 激发学生爱集体的情感，理解“班级是我家”的深刻内涵，能分辨什么样的行为是维护班集体的荣誉、什么样的行为是损坏班集体的荣誉。

3. 让学生从自我做起，爱护集体，在生活中养成遵守规则的习惯，具备遵守规则的意识。

【活动时间】

长线活动1学期。

【活动准备】

教学课件、视频拍摄。

【活动过程】

一、岗位设置(第1周)

激趣导入：班级是一个大家庭，这个大家庭的幸福，离不开我们每一位家庭成员的努力。

1. 师生观看视频。视频内容：课间操、春游等活动，有组织和无组织的对比。

看完视频，交流感受。

2. 关注井然有序的画面中的集结小号手，说说小号手的特点。

师生交流。

3. 设想有专门的人负责集结，班级开展活动时是什么样子？

(井然有序、开开心心、平平安安、优秀班集体……)

4. 提出设置两位“集结小号手”岗位，讨论集结小号手应该负责哪些工作。

<table>
<tr><th>岗位</th><th>岗位职责</th><th>备注</th></tr>
<tr><td rowspan="4">集结小号手</td><td>出操时，负责班级快、静、齐整好队，有序地到操场上做操。</td><td rowspan="4"></td></tr>
<tr><td>做好老师的小助手，适时与老师交流。</td></tr>
<tr><td>配合其他班干部做好班级管理工作。</td></tr>
<tr><td>开展活动时，召集大家文明、有序地参加活动。</td></tr>
</table>

布置任务：请有意竞聘这个光荣岗位的同学到班主任处报名，报名之后，接下来的几天里请认真准备，重点针对你计划如何做好“集结小号手”进行思考，最好把你的计划逐条写下来。下一次的班会课，我们将进行岗位招募，届时请竞聘者上台演讲，祝大家成功。

二、角色招募(第2周)

1. 竞选“集结小号手”,请报名参加竞聘的同学上台演讲。

招募细则:

(1) 集结小号手任期一个月,每月初换届。

(2) 每届集结小号手两名,正副各一名。正职负责总集结,副职负责配合工作。

(3) 集结小号手负责在班级升国旗、做操等活动时集结同学、维持班级秩序、引导同学们遵守规则。

(4) 集结小号手要做到不迟到、不早退。

2. 竞聘者逐个上台演讲,两位同学上台唱票,其余同学做评委,举手投票。

最后,选出四组集结小号手,每组负责一个月集结工作。

3. 考评表:师生一起讨论,制订集结小号手考评表。

集结小号手 考评表

	姓名	责任心	善合作	态度好	自评	互评	师评	总评
集结小号手(正)								
集结小号手(副)								

三、岗位实践(按月轮换)

1. 岗位实践周期一个月。

2. 第一个月,第一组集结小号手上岗,参照集结小号手细则和考评表操作。教师本着先扶后放的原则,先指导第一组集结小号手集队、指挥、整队,并告诉他们协调的重要性以及如何协调。

3. 集结小号手各司其职,做好自己对应的工作。教师鼓励他们多观察、多思考,努力创新。

4. 阶段评估。对照集结小号手考评表,开展自评、互评活动,促进工作提升。

5. 开展岗位轮值。按上述环节再次招募小号手,每月一组,轮换推进,让更多的同学参与岗位锻炼,在岗位实践中促进他们的成长。

四、总结提升(期末)

1. 同学们,本学期,我们班在学校各项活动中都取得了非常优秀的成绩,这样的好成绩,离不开大家的共同努力,我们的集结小号手也有一份功劳,大家用热烈的掌声对他们表示感谢。

2. 集结小号手交流感受。他们表示愿意为班级这个大家庭添砖加瓦,使班级大家庭蓬勃向上,希望大家庭中的每一位成员都能快乐成长!

3. 集结小号手人人都可以做,只要愿意,每一个人都可以为我们的大家庭奉献自己的力量。只有爱集体，我们才会为集体的荣誉去努力；只有爱集体，我们才会拥有舒心的学习环境；只有爱，我们才会拥有美好的心灵！

【后续设想】

在班级建设中，为了让每个同学都能得到更多的锻炼机会，让他们都相信“我能行”，同时也能时时督促班干部把事情做好，可以采取班干部竞争上岗及岗位轮换制的方法。特别是生活服务类的岗位，其实事情并不难，但是人员分配、吃苦耐劳、精诚合作等方面能给每一个孩子锻炼自己、表现自己、提高自己的机会。认真组织这类角色实践活动，不仅让“养尊处优”的孩子得到锻炼的机会，也能让平时不注意遵守规则的孩子参与管理，知晓劳动的辛苦与光荣。有一种角色在身，有一份责任担当，每一个岗位上的同学都能够有所收获、有所提升。

供稿　王　帆　江苏省淮安市新民路小学

5. 卫生部长履职记

【活动内容】

这是一次班级卫生实践岗位的工作阶段性总结班队会，卫生小部长总结在岗位实践期间班级存在的现象，引起学生对班级卫生的关注与重视，提升学生的班级主人翁意识。

【适用年级】

一、二年级。

【活动目标】

1. 卫生小部长明确自己的岗位职责，在岗位实践过程中努力履行职责。

2. 学生明确班级是全班同学共同的集体，应共同为创造班级良好卫生环境贡献力量。

3. 卫生小部长引领并管理同学树立规则意识和集体主人翁意识，从自身做起，养成良好卫生习惯。

【活动时间】

短线活动1周。

【活动准备】

1. 收集并记录班级中讲卫生和破坏班级卫生环境的现象。

2. 回顾和记录自己参与大扫除和每天值日劳动的心得。

【活动过程】

一、揭示主题

1. 家，一个多么亲切而又温馨的字眼啊！同学们，你们看，多么美丽的蓝天啊！你们知道蓝蓝的天空是谁的家吗？（白云）那清清的河水是谁的家？（鱼儿）辽阔的草原是谁的家？（牛羊）茂密的森林是谁的家？（小鸟）那大家看这儿，（出示教室情景）你们知道这儿是谁的家吗？（我们的家）

2. 对于咱们的家，你有什么感受呢？

3. 展示班级日志，表彰积极参与班级卫生维护的同学，树立榜样。

二、岗位实践

1. 卫生小部长：同学们，班级的面貌焕然一新，离不开大家的积极打扫与维护，还记得我们家当时的样子吗？

2. PPT展示：课间教室里杂乱的环境、纸屑随处都是、打扫工具摆放不整齐、部分同学为维护班级卫生忙碌等。

针对这些情况，我们在全班进行了卫生小岗位竞选——黑板美容师、桌椅小排长、卫生清洁员、卫生巡查员等，请这些同学来汇报一下你们在“工作”中遇到的一些问题。

3. 卫生小部长：这些同学为了美化我们的教室，牺牲了很多课余时间，正是因为他们的付出，才让我们的教室窗明几净、美丽而富有内涵。

三、岗位展示

1. 第一小组手抄报展示。

手抄报主题展示：

·携手共建我的家，齐心同育文明花！

·讲究卫生，人人有责！

·从卫生做起，班级因你而美丽。

·人人参与卫生行动，个个争当文明卫士。

……

小组成员介绍手抄报内容，师生交流感受。

2. 第二小组卫生岗位调查。

出示卫生小岗位履职情况调查表（列举两个岗位）。

黑板美容师：

	黑板美容师	承担人		任期	
职责	1. 每天每节课下课后及时擦干净黑板； 2. 去除黑板槽内的粉笔灰以及无用的粉笔头； 3. 每两到三天下午放学前用湿布清洗一次黑板，再用干布擦一遍； 4. 每天早晚及时开关展台、电脑，保持上面没有浮灰。				

卫生巡查员：

	卫生巡查员	承担人		任期	
职 责	1. 早上晨读和中午自习前后，对班级以及清洁区卫生进行检查； 2. 进行检查时，将没有打扫或存在问题的地方记录下来，并及时告知相关同学进行再次打扫； 3. 对班级同学进行爱护环境卫生教育，不乱扔垃圾，主动捡垃圾，并做好记录，每天晚上放学前总结一次。				

(1) 岗位承担人说说在岗位实践中遇到了什么问题，哪些自己可以解决，哪些不能解决。

(2) 师生交流解决方法。

(3) 自评、师评、组评，帮助提升岗位实践能力，提高卫生意识。

卫生小部长总结：打扫卫生真的很辛苦，所以希望大家给为班级做出奉献的同学鼓鼓掌，只要人人自觉，他们的工作会容易得多。

3. 第三小组唱歌表演《低碳贝贝》。

卫生小部长：保护我们共同的家园——地球，让我们从小事做起，你能为我们的教室、我们的学校做哪些力所能及的事呢？

• 不能随地吐痰，要吐在纸里包起来后再扔到垃圾桶里。

• 教室要注意通风，门窗小卫士要勤开窗。

• 每天都要擦柜门和窗台，让我们的教室窗明几净。

• 随时关注教室卫生，发现附近有垃圾要及时清理干净。

• 不随手乱抛纸片，不随处乱扔垃圾，不随地吐痰，不在建筑物上留下鞋印、球印，不在校园墙壁、走廊、桌面等处乱写乱画、不损坏公物。不在教学区内吃零食，不向楼下抛杂物等。

• 卫生巡查员要加强巡逻，发现问题要及时制止与上报。

• 劳动清洁人员可以一星期一换，让那些不保护环境的人通过劳动知道我们的艰辛，同时警醒自己，做一个爱护环境的人。

……

教师小结：我们不仅要注意自己的卫生，同时也要注意我们学习和生活的环境。希望大家能真正引起注意，让我们在健康卫生的环境中生活，为创建一个卫生整洁的班级、校园环境多作贡献。

四、总结提升

1. 卫生小部长进行班级宣言：讲卫生是我们每个人的职责和义务，是我们每个人每天要做的事情，让我们一起努力吧！

2. 教师总结：只有爱清洁、讲卫生的人才会拥有健康的身体；只有爱清洁、护环境的人才会拥有美好的心灵！人生最珍贵的这两样来源于我们的日常习惯养成，孩子们，希望你们能够牢记。

【后续设想】

卫生小部长是生活环境服务类的岗位总管，班主任要进一步指导卫生小部长细化好班级卫生服务类的岗位设置，选对人，用好人，做成事。各个负责的同学准确做好记录，出现问题必须及时向卫生小部长等班干部汇报，班干部解决不了的，再请班主任老师指导。要在班级中形成一种主动担当、互相监督、互帮互助的氛围，要充分发挥学生的主体作用，促进学生和谐、生动、活泼地发展。

供稿　胡　娟　江苏省淮安市清江浦实验小学

第二节　家庭角色互动

家庭是人出生以后的第一环境，是实现个体社会化和个性化的最初剧场空间。家庭能够提供亲密关系，而亲密关系对人的早期发展非常重要，家庭结构、角色关系及互动方式都对儿童的发展产生重要的影响。家庭角色是家庭成员在家庭中的特定身份、相对位置和相互关系，家庭角色在互动过程中，可以理解他人的行为意向，并以此为根据来指导自己的行动，随着互动情境的变化，人们也在不断地调整自己的行为，儿童会根据家庭成员对自己的态度和看法来认识自己并形成自我概念。家庭剧场因其可以更多地考虑孩子成长的个性化而备受关注，家庭角色关系是否平衡及如何利于儿童成长是新时代的重要议题。

家庭关系中居第一位的，不应该是亲子关系，而应该是夫妻关系。但我国大多数家庭往往亲子关系至上。心理学家通过分析大量家庭发现，在一个家庭里，如果夫妻关系是家庭核心，亲子关系是配角的，这样的家庭会稳如磐石，反之如果亲子关系放在第一位，这个家就已经不是真正意义上的铁三角，而变成了孩子介入了夫妻关系，就会在家庭中出现个人角色混乱，甚至出现角色缺失。亲子关系要低于夫妻关系，这是幸福家庭定律。在一个三口之家，不仅父母亲对孩子产生直接影响，父母之间的夫妻关系对孩子也会产生间接影响。父亲和母亲通过他们之间的互动影响孩子。父母处理矛盾的方式对孩子的影响往往是深远的。在有祖辈、父辈和孩子的三代同堂的家庭中，会产生多重关系，家庭矛盾的出现很大程度上是因为家庭角色错位造成的。家庭成员良好的角色互动能够为儿童创造应有的成长环境。

父母与孩子的角色关系、父母对孩子的教养方式影响着儿童的发展。研究者将教养方式分为两个维度：一是接纳/反应性，指父母对孩子所表现出的支持、关爱程度；二是要求/控制性，指的是父母对孩子的管束、监控程度。这两个维度是相对独立的，如果把二者两两组合，就会形成四种可能性的教养方式，即权威型、专制型、放任型、冷漠型。

权威型家长要求合理恰当，执行始终如一，对孩子敏感、接纳；专制型家长的规则、要求繁多，却很少作出解释，对孩子的需求、观点不敏感；放任型家长规则、要求较少，对孩子过于纵容，给他们过多的自由；冷漠型家长规则、要求很少，对孩子的需求漠不关心，感觉迟钝。在现实生活中，冷漠型父母较少，基本上家长的教养方式集中在前三种。显然，权威型家长的教养方式是比较好的，培养出来的孩子往往快乐，有社会责任感，有成就导向，乐于跟成人和同伴合作。

在家庭角色中，同胞关系具有同胞对抗、积极互动的双重作用。兄弟姐妹可以在彼此的生活中担任积极的角色，一方面可以给予感情支持，另一方面可以成为榜样和教师。特别是对于年长的孩子，哥哥姐姐经常主动教导、帮助弟弟妹妹，在指导弟弟妹妹的过程中会进行自我控制。同胞关系还有利于儿童社会认知能力的发展，皮亚杰认为儿童的游戏互动就是积累社会经验的过程，而社会经验和认知发展共同促进儿童发展。同伴之间的交往经验可以让儿童获益良多，儿童可以学会表达自己的愿望、需要，毫不退缩，他们的观点采纳能力、情绪控制能力、协商与和解的能力都能得到一定的提高。

在家庭生活中，一般家庭角色都以各自担当的责任存在。在一个家庭当中，当其所有家庭角色和谐构建、各自分工非常明确且所承担的责任适当时，能够对儿童有积极的正面影响。家庭成员角色分配一方面关系着孩子的自我认知，另一方面也影响着孩子交往模式的形成。健康的家庭角色，能够帮助孩子厘清角色责任，让孩子感受家庭中的平等和互助，在见证家庭角色的分工中学会承担家庭责任，这是孩子将来亲和社会、适应社会的基础和前提。独生子女政策使传统的家庭结构发生了变化，儿童往往以自我为中心，任性、专横，却又缺乏独立性，依赖性强，怕吃苦，抗挫能力差。随着二孩政策的施行，家庭里又有了大宝二宝和谐共处的喜悦和烦恼，有的还陷入大宝抵制二宝的窘境。爱与责任是基于个体的社会性情感需要，正是其将人与人联系起来，有了相互之间的沟通、分享与合作。人的这些担当、互助、合作的品质，都需要在家庭的亲情环境中培养与发展。当下，人们对原生家庭的影响日益关注，认识到家庭成员的互动关系，会对日后子女发展产生潜在的影响。因此，要关注家庭的互动模式，进一步建构有益于儿童身心健康、人格健全的生活图景。

由于儿童自我中心思维特征，他们考虑问题时往往只能从自己的角度出发，缺乏转换视角，现代家庭结构在某种程度上加剧了儿童的自我中心意识，我们的教育活动应该帮助儿童消除因自我中心而产生的行为问题，学习设身处地地站在他人的立场，用他人的眼光看待问题。因此，儿童角色还要延展至家庭场域，深入日常生活并注重促进家庭情感的互动，以家庭生活为场域构筑亲情世界，让儿童认识到生活的丰富性、角色的多样性，感受到自己与他人之间的密切联系。根据小学阶段儿童的行为发展和心理特点，可以依托家庭亲情树，直观地认识家庭成员之间的关系，有所侧重地开展不同层次、不同主题的亲情角色互动体验活动。具体包括：① 兄妹日互助主题。自行设置家庭兄妹日，鼓励学生利用节假日自己策划活动，在兄妹或表兄妹中开展亲情活动，可以是室内的，如联欢会、作品展，了解别人的长处；也可以户外活动，通过郊游、志愿活动等为他人服务。通过良好的沟通和诚实积极的参与方式，促进同辈成员之间互爱互助。② 父(母)亲节感恩主题。利用每年的父亲节、母亲节，开展角色互换当家活动，通过开展“当一日爸爸(妈妈)”，让儿童在扮演父母的角色中拟出一份家庭支出预算、管理一日的家庭生活等家务，体验父母操劳家务的艰辛、当家理财的不易、教育子女的苦心，在角色换位中体验生活的酸甜苦辣，在亲身实践中深化对父母的感恩和爱。③ 听长辈们的成长故事。利用日常家庭聚会或中秋团聚之际，开展与父母的兄弟姐妹对话活动，听他们讲一则他们的印象深刻的成长故事，请他们送一句对自己的寄语，从长辈那里汲取丰富的生命营养。④ 重阳敬老孝亲活动。观察、了解祖父母的情感或生活需求，在重阳节里，为祖父母做一件实事，表达自己的孝心和敬意。以家庭生活为场域，围绕这些主题指导学生策划相应的角色活动，让体验活动触动学生心灵，知道自己的成长离不开家庭，学会关心家庭生活，自主安排好自己的生活起居，主动分担力所能及的家庭事务，以参与家庭服务的实际行动来感谢长辈的养育之恩，从而培育良好的家庭责任感。

家庭角色认识、角色体验以家庭亲情角色为基本特征，使儿童能够亲自认识、实践家庭成员的角色，把自己放在角色的地位看待家庭生活，尽量地摆脱自我中心。在家庭环境中，几乎每个家庭成员都是本色出演，展现的是真实的自我、真实的互动过程，儿童作为成长中的人，处于不断地发现、探索和学习之中，家庭成员的互动养育功能日益重要。家庭亲情角色互动体验视角新颖，思路清晰，便于操作，可以在一定程度上矫正以说教为主的家庭教养方式，引导儿童与家长换位，从自我中心转移为动态中心，用他者角色观照自己，在适宜的位置发展健康个性。

家庭角色互动不仅为儿童健康成长创造条件，也有利于家长角色的回归和家庭功能的有效发挥。父母若能清晰认识到各自在家庭中承担的角色责任，以及从男女性别观角度体会不同身份在处理家庭内部事务时的思维及观念，通过家庭沟通、情感反应、情感介入、行为控制等促进家庭成员相互理解，将有利于为家庭成员提供安全感、保证家庭成员之间足够的亲密度、维持家庭的凝聚力。

家庭角色活动案例选编

1. 我可以

【活动内容】

本次活动是学生家庭角色体验的汇报班队活动，学生向老师和同学汇报两周的家庭角色体验，在活动中明白要主动承担家庭中力所能及的事情，体会父母的辛劳，明确自己是家庭的一分子，也要承担相应的家庭责任，为父母分忧解难。

【适用年级】

三、四年级。

【活动目标】

1. 学生逐渐学会自己的事情自己做,锻炼生活自理能力。

2. 感受父母的辛劳,尝试用自己的行为表达对父母的爱,学会感恩父母。

3. 体会自己在家庭中要承担的责任,学会与家人之间和谐相处,体会在家庭中角色的重要性。

【活动时间】

短线活动1～2周。

【活动准备】

1. 周末和父母学习做家务,体验父母做家务的辛劳。

2. 拍摄父母做家务、工作的视频、照片,完成家务调查表。

【活动过程】

一、谈话导入,揭示课题

1. 说说你的家里有几个人,分别是谁,他们在家庭中主要负责什么呢?

2. 你觉得你的家庭成员重要吗?

3. 你也是家庭中的一员,你在家庭中重要吗? 你在家庭中可以做什么呢?

4. 揭示主题:我可以。

二、感受辛劳,激发情感

1. 播放《我家的一天》视频。

2. 观察并感受同学们的家人在家里都做了哪些事情,和自己的家庭成员对比,说说有什么异同。

3. 讨论:家庭中哪些事情是我们自己应该做的,可以帮亲人分担哪些事情。

4. 出示家务调查表。

5. 讨论:我在家庭中承担的任务够不够,怎样可以做得更好?

教师总结:同学们,我们的爸爸妈妈每天不但要上班,还要做家务,同时还要照顾好我们,他们是多么辛劳。我们虽然年龄还小,但也是家庭中的一员,应该主动承担起自己的家庭责任。

三、明辨是非,感受角色

1. 这样的行为对吗?

(1) 妈妈下班刚回家,就缠着妈妈出去玩。

(2) 早晨让爸爸给我穿衣服。

(3) 中午回到家,我帮妈妈洗菜。

(4) 晚上,妈妈不陪我学习,我就不学习。

(5) 我年纪还小,所以不需要学习扫地、洗碗等技能。

(6) 晚上，妈妈下班了，我给妈妈捶捶背。

(7) 妈妈过生日了，我做了一张生日贺卡送给妈妈。

(8) 星期天，我在家清理自己的书包。

(9) 早晨，如果妈妈不给我挤好牙膏，我就不刷牙。

(10) 星期天，我陪妈妈去买衣服。

2. 议一议。

小明回到家，就和妈妈闹，他看到许多孩子都喝汽水等饮料，就要求妈妈买饮料给他喝。妈妈没有买，他就躺在地上哭。

教师：小明的做法对吗？他错在哪里？

四、联系实际，指导践行

1. 情景剧《我能行》(内容：自己起床叠被子，收拾房间，自觉刷牙洗脸、吃饭、晨读)

同学们，请大家夸夸情景剧《我能行》中的主人公明明，你觉得他哪些行为很棒，值得我们学习。

学生交流。

小结：同学们，我们自己的事情自己做，从小就要争做一个能够自理自立的好孩子。

2. 观看视频《我真棒》(内容：学生在家扫地、拖地、洗碗、晾衣服、整理衣服、帮妈妈择菜……)

教师：同学们，虽然我们年纪小，但是很多同学已经在家中学习做家务事，他们都是我们的学习榜样，下面让我们给这些在家中帮爸爸妈妈做家务的好孩子颁发“勤劳星”奖状。

教师颁奖。

五、总结提升

1. 经过今天的活动，大家一定对自己在家庭中的角色有了新的认识，大家可以做一张表格，记录自己在家庭中能做的事情，每过一段时间看看自己是否有了新的成长。

2. 教师总结：同学们，爸爸妈妈为了让我们幸福生活默默地为我们付出，我们要做一个贴心宝贝，自己的事情自己做，家中能帮忙做的我们要学着做，学习上自觉努力，不让爸爸妈妈为我们担心，在生活中要学着关心爸爸妈妈，为营造一个幸福的家庭贡献自己的力量。

【后续设想】

为了让学生将活动继续进行下去，进一步培养学生独立自主的习惯，可以每月进行“棒棒星”评比。这一奖项由家长负责，发给每位学生一份记录表，家长每天对孩子的学习情况进行登记，促使学生回家自觉学习，按时完成作业。每月开展“勤劳星”评选活动，每天登记学生在家中所做的家务活，一月评选一次，这样有助于激发学生劳动的热情。每月开展“贴心宝贝”评选，促使学生注意在家中关心爸爸妈妈。

供稿　胡　娟　江苏省淮安市清江浦实验小学

2. 兄妹交往我知道

【活动内容】

本次活动是体验与同辈兄弟姐妹之间相处方式的一次班队活动，在活动中体会做客或接待客人的正确做法，促使家庭成员之间更加和谐、幸福。

【适用年级】

三、四年级。

【活动目标】

1. 学会关心，懂得感恩，学会欣赏和尊重他人。

2. 学习交往，学会用实际行动来回报爱自己的人。

3. 摆正角色的位置，体验主人和客人的不同角色，感受角色的责任。

【活动时间】

短线活动1节课。

【活动准备】

教师准备：引导诵读“八礼四仪”。

学生准备：阅读书籍，收集尊老爱幼、孝亲敬长的相关名言和故事。

【活动过程】

一、诵礼仪，激发兴趣

浩浩中华五千年，礼仪之光放光彩。生活处处有礼仪，八礼当熟记于心。一起说出来——仪表之礼、餐饮之礼、言谈之礼、待人之礼、行走之礼、观赏之礼、游览之礼、仪式之礼。今天我们就走进待人之礼的温馨时刻。

二、谈一谈，待客的经历

1. 我们中华民族是礼仪之邦。待客有礼貌是尊重他人、讲文明的表现。在日常生活中，我想同学们都曾有过待客做客的经历，请大家谈一谈，你在这方面是怎样做的？

2. 唤醒已有经验：

(1) 当你到别人家做客时，别人怎样接待你？你的心情怎样？

(2) 你家里来客人了，你是如何接待他们的？

3. 谁能说说在待客礼仪方面应该注意什么？

4. 同学们说得真好，我们不仅要说得好，还要落实到行动上。

三、看一看，待客——我是小主人

1. 待客礼仪

(1) 请看视频《家里来了客人》。

交流、回答视频中的文文在哥哥到家里做客时，哪些地方做得对，哪些地方做得不对？你觉得她的表现如何？

(2) 小结：当家里来了客人应该热情大方，待人有礼，会使用礼貌用语。

2. 情景模拟《哥哥来我家》

(1) 学生自由选择角色，拿"客人"卡的学生演哥哥，拿"主人"卡的学生演文文。

(2) 哥哥来了，敲门，文文开门询问来者，把客人迎进来，请客人坐下，倒茶，拿水果。（师生观察，有不正确做法及时指出、纠正）

(3) 教师小结：接待客人不仅要知道接待客人的礼节，还要发自内心地欢迎哥哥，真诚地对待哥哥，让他有一种到家的感觉。

3. 明确待客礼仪

出示：

亲戚朋友来做客，礼貌热情来招待。

端茶送水说请用，客人离去送门外。

做客注意礼当先，告别需要说再见。

生齐读。

四、考一考，你的待客体验

请你回答下列问题：

1. 哥哥来到，我应该(　　　　)。

2. 大人谈话时，我应该(　　　　　)。

3. 邀请哥哥进餐时，我应先(　　　　)。

4. 哥哥到我家时，看见我心爱的玩具，我应该(　　　　　)。

5. 要开饭了，我应该(　　　　)，因为(　　　　　)。

小结：我们在招待哥哥时用上"请进、你好、请坐"等这些礼貌用语、"递水、陪客、送客、道别"这些礼貌行动，我想哥哥一定愿意再来做客。

五、说一说，做客——我是小客人

中国是文明古国、礼仪之邦，热情好客是中华民族的传统美德，同样，文明做客也是联络感情、增进友谊的好方法。

1. 交流：作为哥哥或姐姐，你们平时到弟弟妹妹家做客，都是怎么做的呀？

2. 学生点评，教师评价。

3. 学习做客礼仪三字经：

访亲友　轻敲门　人未来　莫自闯

敬茶水　双手接　坐姿正　会交谈

不弄翻　勿乱闯　离别时　有礼数

六、辨一辨，怎样做才合适

1. 辨析：说说下面几位同学的行为，哪些是对的，哪些是错的，为什么？你会怎么做？

(1) 爸爸领着哥哥走进屋里，萱萱理也不理，悠闲地躺在沙发上看电视。

(2) 辉辉正在和爸爸下棋，妈妈和表妹走进屋来，辉辉连忙和爸爸站起来，热情地说："妹妹，欢迎来我家做客。"

(3) 妈妈端来水果招待小表弟，明明先拿了一个，独自吃起来。

(4) 康康的同学初次到康康家做客，康康将同学介绍给爸爸、妈妈。

2. 学生交流、汇报。

3. 总结：家里来客人或者到别人家做客，我们的角色是哥哥姐姐或者弟弟妹妹，迎接客人要有礼貌，陪伴客人要有耐心，多关心来做客的弟弟妹妹。做客要有文明、有涵养。在特别的日子里，我们要扮演好自己的角色 ，做好小主人，主动接待，这一天就过得特别有意义。

七、总结提升，导之以行

因为我们是一家人，相亲相爱的一家人，有缘才能相聚，有心才会珍惜。兄道友，弟道恭；兄弟睦，孝在中。长爱幼，幼尊长，让兄妹相处的每个日子都与快乐和温馨相伴，幸福成长！

【后续设想】

1. 建立兄妹"悄悄话信箱"，更好地进行角色定位，彼此互相倾诉，互相理解和帮助。

2. 开展家长课堂活动，邀请兄妹感情和睦的家庭分享经验，为全体家长授课，希望有两个孩子的家庭都能够温馨和谐。

3. 观看电影《快把我哥带走》，在轻松、快乐、诙谐的剧情中感受有哥哥的幸福，并能联系自身，体验成长中有哥哥姐姐相伴的美好。

供稿　魏　青　江苏省淮阴师范学院附属小学

3. 今天我当爸爸(妈妈)

【活动内容】

本次活动是"当一次爸爸(妈妈)"的汇报班队活动，学生收集一周父母在家的日常事务表，通过角色定位、角色招募(爸爸或妈妈)、岗位实践，不断提升活动情感，通过一个学期的探究让学生不仅体会到父母的艰辛，还学会帮父母做一些力所能及的家务劳动，最后积极鼓励孩子们为营造一个幸福的家庭贡献自己的力量。

【适用年级】

中高年级。

【活动目标】

1. 学生了解父母之爱，体会父母的辛苦和对自己无微不至的关爱，体验亲情的无私和伟大，即让学生懂得为什么要爱父母。

2. 学生学会如何去理解父母、尊敬父母、体谅关心父母，与父母和谐相处，学生知道怎样做才是爱父母的表现。

3. 学生了解孝敬父母的道理，通过系列体验活动，从现在做起，从点滴做起，学会一些生活技能，为父母做力所能及的事情来回报父母的爱。

【活动时间】

短线活动1～2周。

【活动准备】

教师准备：

1. 与家长联系，说明活动情况，取得家长的配合。

2. 设计评价表。

学生准备：

1. 收集一周父母在家的日常事务表。

2. 布置学生的课外实践活动“当一次爸爸(妈妈)”或“当一天爸爸(妈妈)”。

【活动过程】

一、角色定位

1. 世界上有一种细致的爱，她的名字叫母爱；世界上有一种高远的爱，他的名字叫父爱。有了泥土，嫩芽才会长大。是呀，自从我们来到这个世界上，父母为我们付出了无私的爱。父母的爱是无私的，父母的爱是伟大的。

2. 引导讨论：父母都为我们做了哪些事呢？师生交流。

3. 继续引导讨论：有没有什么特别值得感动的事？特别令人难忘的事？

4. 小结：也许你认为父母每天做的事都很平常，但是平平常常才是真。如果哪天父母都不在家，你是否感觉生活一片混乱。是的，父母的爱是危急时刻撑起我们生命的一片晴空！不论我们走到哪，不论我们有多大，在父母的心中，我们永远都是最可爱的孩子。

二、角色招募

1. 确定自己的角色，是爸爸还是妈妈。

2. 利用一周时间，记录父母每天在家所做的家务，并注明大约需要多长时间，完成统计表(注意每个时间段的工作可能不止一样，所以大家要分条目写清每一件事及所用时间)。

	周一	周二	周三	周四	周五	周六	周日
上午							
中午							
下午							
晚上							

3. 展示几位学生的填写情况,集体点评,找出不恰当之处。其他同学将自己记录里遗漏的内容修改完善。

三、岗位实践

1. 实践准备。

引导讨论:家务活动有很多,先列出清单并标注大概需要的时间,然后思考如何安排,做家务时要注意些什么?

2. 教师引导讨论方向。

买什么菜?为什么要买这种菜?(口味、价格、营养、健康)如何清洗?怎样做到物美价廉?符合家庭一日开销吗?做饭方法注意事项,洗衣机、太阳能、微波炉如何使用,买菜不会买、不敢买、不会比较,做饭不会等等。

3. 讨论如何解决。

问同学、老师、父母,上网查等等,并亲自实践几次。

4. 家务劳动调查计划表。

设定自己是爸爸还是妈妈,计划好一天要做哪些家务事,需要多少时间完成,选择周末的一天并完成家务劳动调查计划表。家长收集一些孩子做家务的图片及视频资料。

角色	早上	上午	中午	下午	晚上
爸爸(妈妈)					
自我评价					
父母评价					
教师评价					

(评价标准:待提升的为一颗星,基本完成任务的为两颗星,很好地完成任务的为三颗星)

5. 班级展示。

当爸爸妈妈的感觉怎么样,是不是好累、好辛苦啊?只有亲自实践了,才知道其中的酸甜苦辣,经历了这些的同学们也一定长大了很多!

每位同学上交家务劳动调查计划表。对于表现好的孩子给予表扬,有待提升的孩子给予指导和鼓励。

6. 实践提升。

学生再次利用一个星期时间提升自己的家务劳动技能,再次选择一个周末的一天,计划好一天要做哪些家务事,需要多少时间完成,并完成家务劳动调查计划表。家长收集一些孩子做家务的图片及视频资料。

角色	早上	上午	中午	下午	晚上
爸爸(妈妈)					
自我评价					
父母评价					
教师评价					

(评价标准:待提升的为一颗星,基本完成任务的为两颗星,很好地完成任务的为三颗星)

每位同学上交家务劳动调查计划表。对于表现好的孩子给予表扬,有待提升的孩子给予指导和鼓励。

四、阶段性评估

1. 制作美篇或是相册,将两次家务劳动的视频、图片展示出来。感知我们同学的进步。

2. 通过两次家务劳动调查计划表展示,学生总结自己学会了哪些生活技能,并通过图文介绍使用方法及注意事项。教师给予适当点评和鼓励。

3. 劳动技能大比拼。

第一现场比赛:快速叠校服(将全班同学先按男女分开,然后再按六到八人分成一个小组,先选出小组冠军和亚军,然后所有小组的冠军、亚军再比一轮,选出总的冠军、亚军、季军,最后颁奖)。

第二品尝评比:独自在家制作一样自己最拿手的美食带到学校,供全班同学品尝评比(所有同学先品尝每一道菜,认为非常好吃的给三颗星,觉得还可以的给两颗星,觉得不太好吃的给一颗星。然后按照得星多少评出美食冠军、亚军、季军,最后颁奖)。

4. 引导学生讨论。

通过家务实践,每个人都有很多的感慨,你想啊,一年三百六十五天,不论是烈日炎炎还是寒风刺骨,有时甚至感冒咳嗽,父母却是天天这么忙碌啊!为了我们,他们付出了太多太多的心血。所以我们平时在家要想办法帮父母做一些力所能及的家务事。那我们平时可以做哪些力所能及的家务事呢?(可以拿拖鞋、倒茶、捶背、扫地、拖地、洗碗、晾衣服、整理衣服、帮妈妈择菜、自己起床叠被子、收拾房间、自觉刷牙洗脸、吃饭、晨读……)

教师小结:同学们,我们自己的事情自己做,从小就要争做一个能够自理自立的好孩子。当然我们也应该明白,报答父母最好的方式首先是将自己的事做好,但一些特殊的时候我们也必须要有所担当,比方说你的父母生病时你应该做些什么,父母过生日的时候可以做些什么……

五、总结提升

1. 感悟体会。

我们在“今天我当爸爸(妈妈)”的活动中,感受都非常多,那这其中的滋味你们还记得吗?下面就请大家一起来谈谈你的感受。(还有谁也愿意来说一说?)爸爸的爱是最伟大的,妈妈的爱是最温暖的。我们这学期举行这个实践活动,就是要让同学们感受一下当爸爸妈妈的难处,体会一下父母的爱。请大家将自己的体会和感受写出来,作文题目就叫做《今天我当爸爸(妈妈)》。

2. 教师小结。

父母是世界上最牵挂我们的人,也是最爱我们的人。面对令你感动的爱,你是怎样做的呢?通过体验活动,我们不仅体会到了父母的艰辛,还学会帮父母做一些力所能及的家务劳动,这一点非常值得赞扬。爸爸妈妈为了让我们幸福生活,默默地为我们付出,我们要做一个贴心宝贝,自己的事情自己做,家中能帮忙做的我们要学着做,学习上自觉努力,不让爸爸妈妈为我们担心。在生活中要学着关心爸爸妈妈,为营造一个幸福的家庭贡献自己的力量。

【后续设想】

为了让学生将活动继续进行下去,进一步培养学生独立自主的习惯,提升孩子们为人处事的能力,每月进行“棒棒星”评比。每周为每位学生发一份记录表,孩子和家长每天对孩子的学习、劳动情况进行登记和评价。每月开展一次“最美少年”评选活动,这样有助于激发学生劳动的热情。每月开展“贴心宝贝”评选,让学生知道怎样做才是爱父母的表现,让学生学会理解父母、尊敬父母、体谅关心父母,与父母和谐相处。

供稿　汪静东　江苏省淮安市繁荣小学

4. 学做调解员

【活动内容】

本次活动是学生关注并参与家庭成员之间相处的汇报班队活动,学生了解生活中遇到的家庭成员之间的矛盾,全班交流家庭矛盾的解决方法,相互学习来做调解员,感受调解员对于化解家庭矛盾、促进家庭和睦的重要性。

【适用年级】

三、四年级。

【活动目标】

1. 学生感受自己在家庭中的重要性,学会用正确的方法化解能力所及范围内的家庭矛盾。

2. 学习用多种方法与家人交流,了解家人性格特点,增强矛盾调解能力。

3. 体会在家庭中应该承担的责任，增进家庭成员之间的了解，提高语言表达能力，提升调解员的自信心。

【活动时间】

短线活动 1 节课。

【活动准备】

观察家人的性格特点，了解家人的喜好，为做一个成功的调解员做好准备。

【活动过程】

一、谈话导入，揭示课题

1. 说说你的家庭成员，你了解他们的喜好吗？

2. 锅碗瓢盆交响曲，你的家庭有不和谐的时候吗？

3. 如果爸爸妈妈、爷爷奶奶之间发生了矛盾，你想帮他们化解吗？

4. 我们也是家庭中的一分子，当家人之间发生矛盾时，我们要用自己的智慧化解矛盾。揭示课题：学做调解员。

二、发现矛盾，研究策略

1. 交流：家庭成员中都会有哪些矛盾？

2. 观看视频，内容：爸爸妈妈的“战争”。

讨论：你的家里遇到过类似的情况吗？ 遇到爸爸妈妈争吵你会怎么做呢？

预设：

为爸爸妈妈倒上一杯茶，请他们消消气，静下心来好好说话。

以自己要安静学习为理由，请他们先不要争吵。

问清楚爸爸妈妈吵架的理由，帮助他们寻找解决的办法。

默默地为爸爸妈妈送上他们喜欢的小礼物，比如一个发夹、一张电影票等，告诉他们家庭是一个讲爱的地方、不是讲理的地方。

为家里做一些力所能及的事情，减轻爸爸妈妈的负担，让他们有个好心情。

为爸爸妈妈做上一道菜，让他们感受到家庭的温暖，学会静下心来交流，解决问题。

3. 总结：同学们说的都很好，当家庭成员之间发生矛盾时，我们虽然年龄小，但是也不能袖手旁观，而是要利用我们的智慧，帮助爸爸妈妈解决矛盾，这样家庭才会越来越和睦。

三、矛盾分类，小组讨论

1. 家庭中除了爸爸妈妈之间的矛盾，还会有哪些矛盾呢？

2. 全班交流。

3. 矛盾分类：家庭中的矛盾大致有以下几种：婆媳之间的矛盾、兄弟姐妹之间的矛盾、父母与子女之间的矛盾。

4. 小组讨论：重点选择其中一项，组内研究解决矛盾的方法。

主要问题	解决方法
婆媳矛盾	① 告诉奶奶、妈妈,对方为家庭的付出,学会感激对方。 ② 组织家庭聚会,让奶奶、妈妈有机会和解。 ③ 创造轻松的家庭氛围,让家庭充满爱。
兄弟姐妹矛盾	① 学会相互谦让。 ② 哥哥姐姐要照顾弟弟妹妹,要有耐心、有爱心。 ③ 弟弟妹妹要理解哥哥姐姐学业或生活的压力,尽量不给他们增加负担。
父母与子女矛盾	① 学会和父母沟通,例如写信、发信息、送卡片等。 ② 理解父母的辛劳,为他们做力所能及的事,减轻他们的负担。 ③ 勤奋学习,让父母放心。

5. 总结:对于家庭关系的处理,老师有一些建议。

(1) 谦让,家庭成员之间不要事事针尖对麦芒,多给对方说话的机会,多为对方着想,避免发生不必要的冲突,亲情无价。

(2) 惊喜,制造戏剧化效果,往往很多矛盾就会在玩笑中灰飞烟灭。

(3) 责任,承担自己应尽的责任和义务,多为家庭做一点,少为自己想一些。

(4) 沟通,很多矛盾都是由于家庭成员之间缺乏沟通从而使矛盾激化的。

(5) 豁达,人生短暂,应创建和谐社会、和谐家庭,凡事想开点,不要事事斤斤计较,不要勾心斗角,不要贪小便宜,心胸开阔一点,乐于感恩的人活得轻松愉快。

四、故事感染,升华主题

1. 读一读《最美家庭》故事。

(1) 刘学洪家庭。

刘学洪一家是天津市宝坻区普通农民家庭,家庭成员四人,但却赡养着公公、婆婆、妈妈、大爷公和妹妹的公婆、姐姐的公公七位老人。他们在刘学洪夫妻二人的精心照顾下安享幸福。十里八村的老人们羡慕“七宝”老人们的晚年生活,村里的年轻人则被刘学洪夫妻二人的孝心大爱深深感动。

(2) 郭迎春家庭。

郭迎春一家是河北省石家庄市一个气象专家家庭。郭迎春的父母现均已八十五岁高龄,郭迎春夫妻二人坚持“孝为先”的良好家风,经常陪老人聊天、晒太阳,每年为老人过生日,陪父母外出游览大自然美景等。郭迎春妈妈患病以后,妻子还经常为婆婆洗头、洗澡、剪指甲,帮助做按摩和康复训练等,在他们的带动下,弟弟妹妹等全家人也非常孝敬老人。

2. 说一说读了故事后的感想。

3. 名言欣赏。

• 家庭中的和谐,不仅仅是不吵架,还需要心与心的沟通,学会理解、包容他人,家庭的团结要靠平时的信任。

·尊重是家庭的灵魂,互爱是和谐的支柱。

·关爱是和谐的基石,宽容是和谐家庭的保障。

·爱心让人充满希望,感恩让生活更加美满。

·礼礼相让是维系家庭和谐的纽带,宽容关爱是孕育和谐家庭的土壤。

·家应该是爱、欢乐和笑的殿堂。

·和谐家庭是需要用心来经营和维护的。

·和睦的家庭能给每一个家庭成员带来温暖、带来快乐、带来健康、带来智慧、带来前进的力量,特别是能为少年儿童更快乐、更好地成长提供良好的环境。

·因为有爱,所以和谐,所以美满。

五、总结提升

在今天的活动中,我们明白了家庭和睦的重要性,我们是家庭的一分子,当然也承担着建设和睦家庭的责任,运用智慧解决家庭成员之间的矛盾,能使我们的家庭更加和睦,在今后和家人相处的过程中,希望大家能够灵活运用今天学到的解决方法,也可以做适当的改进,快去试一试能不能当一个成功的调解员吧。

【后续设想】

家庭调解员是每一个家庭所需要的角色,这个角色随着时间的推移在不断地成长着,教师可以每隔一段时间进行"金牌调解员"评比,并请他们介绍自己成功的一些做法,调解员角色也可以延伸至班级,扩大调解员的作用和影响力。

供稿 胡 娟 江苏省淮安市清江浦实验小学

5. 敬老孝亲"暖宝宝"

【活动内容】

为了培养孩子学会感恩、学会关注长辈们对自己默默无闻的付出和无私的关爱,珍惜亲情,本案例采取了角色设定,通过人人可上岗的方式招募敬老孝亲的"暖宝宝"。孩子们通过对角色岗位职责的了解,思考岗位工作的重点,在角色实践中,学会换位思考,体贴长辈,培养孩子们的孝心、感恩之心、责任心。

【适用年级】

一至六年级。

【活动目标】

1. 学会感恩,学会珍惜,学会感激长辈。

2. 用自己的行动来表达对老人的情感,动手又动脑。

3. 培养孩子们的孝心、感恩之心、责任心,学会换位思考,体贴长辈,弘扬中华民族尊老爱老的优良传统。

【活动时间】

短线活动 1～2 周。

【活动准备】

家庭成员照片。

【活动过程】

一、感性认知

1. 拿出课前准备的照片，介绍家庭成员。

2. 交流：在日常生活中，爸爸妈妈、爷爷奶奶都为你们做过什么？

师生交流。

3. 向大家介绍你为家里长辈做了哪些事情。

汇报交流。

4. 通过交流，知道敬老孝亲的意义。

二、角色认知

为了更好地做好敬老孝亲，班级将举行“争做敬老孝亲‘暖宝宝’”活动。大家集思广益，一起出谋划策，讨论如何做个敬老孝亲“暖宝宝”。

师生交流。总结出以下几点：

(1) 每天向长辈问好。

(2) 知道长辈的生日。

(3) 每天主动帮爸爸妈妈做力所能及的家务。

(4) 学习自觉努力，家庭作业认真独立完成，不要家长督促。

(5) 每天能主动地和长辈交谈，不对长辈发小脾气。

(6) 不做让长辈为自己操心的事情。

三、角色实践

1. 敬老孝亲是长期的事情，不是一时兴起，也不是完成学校的任务。我们应该怎样督促自己呢？

师生交流。

2. 以表格记录敬老孝亲“暖宝宝”的一周，以便考核。

	周一	周二	周三	周四	周五	周六	周日
“暖”心事							
自我评价							
家长评价							
老师评价							

（评价标准：待提升的为一颗星，良好的为两颗星，优秀的为三颗星）

3. 每位同学每月上交一次调查表，对于表现好的同学给予表扬，对有待提升的同学给予指导和鼓励。

四、总结提升

1. 评出“敬老孝亲‘暖宝宝’”若干名。

2. 每个人都会有老去的那一天，爷爷奶奶的今天，就是爸爸妈妈的明天，也是我们的将来。尊重老人其实就是尊重我们自己。今天我们嫌弃老人，以后当我们年老时，儿孙同样也会嫌弃我们。今天父母长辈为我们遮风挡雨，明天我们就应该是他们头顶上的一片蓝天。同时，随着社会老龄化问题的日益加重，养老、敬老已经不仅仅是一种美德，还是一种社会责任、义务。

老吾老以及人之老，幼吾幼以及人之幼。我们既要孝顺自己的父母、长辈，也要关心身边的老人、长辈。希望每个同学都能尊敬老年人，做一个“发热快、时效久、更贴心”的敬老孝亲“暖宝宝”。

【后续设想】

1. 通过后期的相关活动从家庭侧面了解一下孩子们有没有将敬老孝亲这一活动落到实处，让学生长期地做下去，直至成为自己的行为习惯。

2. 定期请学生父母拍一些学生在家里敬老孝亲的照片，将照片张贴在黑板报上进行宣传表彰。

3. 根据多方面的表现和了解，学期结束评选“敬老孝亲‘暖宝宝’”若干名。

供稿　王　帆　江苏省淮安市新民路小学

第三节　社会角色体验

皮亚杰认为：“儿童早期的社会行为处于‘自我中心与真正的社会化之间的中间地位’，只有当他们从自我中心状态中解脱出来，具备了与同伴进行有效的协作能力时，他们的社会化便进入了一个新的阶段。”儿童成长过程中所承担的角色本身的发展脉络尚处于混沌状态，此时将儿童的生活向社会打开，引导他们走近社会职业人、扮演社会职业角色，不仅可以加深对社会的认识，还可以培育他们与他人的共情体验，从中萌发职业意识和职业认知，这将为其日后的成长和发展奠定认识基础。

在个体社会化的进程中，人渐渐地要承担各种各样的角色，最终以较为稳定的职业角色融入社会，如教书育人的教师、创造竞技成绩的运动员、匡扶正义的律师、辛勤育粮的农民等等，人们在各自岗位上为社会作出贡献。在儿童不断扩展的生活领域中，社区人员以及身边从事各种职业的人都是教育资源，也是促进儿童社会性发展的重要媒介。社会是个大舞台，各行各业的人在各自的生存环境中以各自的行为方式与他人进行交流与合作，历经人生的阶段性和社会化的历程。走近这些职业角色，让儿童在不同的情境里体验不同的角色，可以培养他们对角色的亲近感、认同感，为未来的角色承担做些准备。

家长和学校应尽可能多地为儿童创造了解、实践社会职业的机会，认知不同职业的特性，体验不同职业角色的艰辛与欢乐。在确保安全的前提下，学生可以通过参观、模拟、演示、操作等角色实践，获得一定的未来社会所必备的适应能力和生存能力。时下发达地区的职业体验馆为儿童提供设施道具和模拟场地，儿童在专业人员的指导下扮演各行业职业角色，其意义在于让儿童有个良好健康的模仿对象，提早感知职场，认识职业形象，懂得分享与合作，从而培养他们良好的职业情感。职业角色扮演可以克服时空条件限制，儿童根据自己的认知和志趣选择并进行职业角色扮演，从中获得个体对社会生活的适应性和职业角色体验，这类启蒙性质的职业角色体验对儿童的社会化和未来发展将起到重要的促进作用。

然而，角色成长不能仅靠程式化的仿真体验，也不是所有学校、所有儿童都拥有职业体验馆这样的物质资源。因此，学校更应该注重借助综合实践这一课程载体，让学生以综合实践的方式选择感知对象，设计体验路径，提高体验成效。2017 年 9 月，教育部印发《中小学综合实践活动课程指导纲要》，提出综合实践活动的主要方式及其关键要素为考察探究、社会服务、设计制作和职业体验，“职业体验”成为其主要内容之一。社会职业体验不是单独的一次体验活动，教师应该以专业的视角，使职业体验成为完整的系统化教育。职业体验的关键要素包括：选择或设计职业情境；实际岗位演练；总结、反思和交流经历过程；概括提炼经验，行动应用。对于小学阶段的学生来说，一个好的职业体验方案应是一个长线设计，有一个月左右的时间跨度，主要包括这样几个步骤：① 职业角色知多少，说说你知道哪些职业角色，例如建筑工人、消防员、美发师、糕点师、医生、解放军、售货员等。② 走近了解他，选择一位职业人，设计表格、谈话提纲，展开职业角色调查，关注周围不同行业的劳动者，感受他们给人们生活带来的服务和价值。③ 选择角色来体验，根据资源情况和学生的职业兴趣，寻找一个合适的岗位，接触真实的社会分工，体验职业角色的职能及相应本领。④ 体验归来话收获，举行小组交流活动或班队会，畅谈体验感受，进一步认识职场生活，培植积极的职业情感。其中，选择角色来体验是重点，要有详细的职业角色体验活动安排，明确时间、地点、活动流程。例如我是“小小种植员”，可以指导学生亲手种植常见的花草，懂得培育花草的正确方法，观察、记录照顾植物的过程，学习用数据、图片、视频、语言描述等方法交流自己的观察结果和种植体验。这样的职业体验活动，通过模拟和体验职业角色来了解和接触真实的世界，蕴含丰富的育人因子。每一种社会角色可以设计为一个子单元，与道德教育、作文教学、探究性学习等多领域教学融通起来，让学生在开放的社会时空中享受活动的多重教育价值。多样态的活动方式，不仅可以帮助学生了解每种职业的劳动过程，还有利于培养学生的独立意识、交往能力、实践技能和良好的个性品质。

2019 年 4 月，江苏省教育厅出台《关于加强中小学生职业体验教育的指导意见》，明确职业体验课程要纳入中小学课程体系。按必修课要求，小学 1～2 年级平均每周不少于 1 课时，3～6 年级和初中平均每周不少于 2 课时。小学阶段到职业体验中心开展综合实践的次数不少于 10 次。《意见》还提出，要重点依托职业院校，设计、建造一批师资充足、课程完备、体系健全、运营良好的中小学生职业体验中心，创设适合中小学生认知特点的真实职业情境和体验岗位。上海市学生“职业小达人”活动已开展 6 年，聚焦“体验职业，发现自己，启迪未来”，让中小学生在每一个职业体验中感受职业、发现自己。每年超过十万人次的学生和家长走进上海市几十所职业学校，体验从园艺师、汽修小工匠、数控达人等上百个职业的岗位，孩子们通过亲自体验，来了解各个职业的特点与实际技能。这些规定、活动为儿童社会职业体验、职业启蒙教育提供了现实可能。

学校要选择相应的职业角色，建立相对稳定的社会实践基地，让中高年级学生有计划、有层次、有目的、有组织地参与职业角色体验实践活动，让每个学生都能熟悉 3～5 个职业角色的特征。角色体验的外在表现形式是让学生实践某种社会角色，模拟或真实履行这些角色的行为规范，其实质是让学生在扮演这些社会角色中认知社会、品尝艰辛、理解工作、懂得分享、学会合作、学习交往，从而培养他们战胜困难的勇气和决心，提高他们各方面的素养和素质。引导学生树立正确的职业观、劳动观和人生观，培养职业生涯规划、实践创新的意识和能力，并初步感受人与人之间、人与自然之间、个人与社会之间、岗位与岗位之间的内在联系，进而为将来走向社会、成为合格的公民打下基础。因此，角色体验活动也是一种育人模式的创新实践。

现实生活中，人就是一个个具体的角色、复现的角色；从课堂情境看，有教师角色、学生角色；从存在向度看，有现实的自我、理想的自我、潜在的自我；从社会属性看，人集许多角色于一身成为角色丛。人是生活剧场中的角色，人通过各种生活剧场的角色表演，得以认知人的社会期望和行为准则，担当相应的社会责任和社会义务。儿童的行动受到生活场域的影响，不仅仅指物质存在，也包括他人的行为以及与此关联的诸多因素。教育活动必须与儿童的生活世界相联系，儿童成长必须植根于儿童的生活才有意义。教育以儿童生活为基础，但又不是儿童生活的简单复制，教育的意义在于对儿童生活的引导，用经过精心选择的、有价值的教育内容促进儿童身心发展。儿童早期多重角色体验对于人格发展具有极其重要的作用，这个过程，是儿童实践的过程、认知的过程、情感升华的过程，也是半社会化的过程。生活剧场富有教育文化价值，它将对儿童未来健康人格的形成产生积极的影响。早期的儿童发展犹如生命大厦的奠基阶段，儿童早期的多重角色体验具有很强的现实意义和育人价值，应引起教育工作者更多的关注。

总之，在社会这个大剧场中，每个人既是演员又是观众，互为存在，担当的角色行为规范也是彼此契合、相辅相成的。角色形象的塑造离不开具体的环境，在多彩的教育生活中，“全面发展的人”成为应然的角色期待，他应具有人的核心素养所表征的能够适应终身发展和社会发展需要的必备品格和关键能力。人有自我实现的需要，以“人”立足生活剧场，让“角色”立正、立体、立现起来，在同伴交往和混龄交往中，探索多元化的角色体验路径，通过校园角色、亲情角色、职业角色，分别在学习情境、生活场景以及社会虚拟情境中的多元化角色体验，培养儿童规则意识，有效促进儿童负责、感恩、合作、交往等社会性行为的养成，在多样角色转换中获得健康成长。

社会角色活动案例选编

1. 小小摊主

【活动内容】

走进农贸市场，体验当小摊主，获取不一样的职业感受。

【适用年级】

中高年级。

【活动目标】

1. 通过摊主职业实践活动，亲近社会、学习知识、开阔眼界，提高学生的综合素质。

2. 通过模拟社会生活，体验社会角色，了解劳动过程，提高学生独立生活能力，培养学生的动手能力和团队协作精神。

3. 获得对社会、对生活的积极体验，能利用自己的聪明才智去探究或解决问题，从而培养学生的独立意识、自主能力、合作态度和自信品质。

【活动时间】

短线活动1周。

【活动准备】

教师准备：联络体验场地及制订具体参观行程安排。

学生准备：了解售卖商品相关知识和沟通技巧。

【活动过程】

一、唤醒经验，激趣入境

同学们，周末的时候，你们有没有和爸爸妈妈去过菜市场啊？有什么不一样的感受吗？

是啊，菜市场很热闹，叫卖声此起彼伏，生意好的摊主喜笑颜开、态度热情，生意冷清的则是愁眉苦脸。每每看到菜场里摊主们卖力吆喝的时候，你可曾想过自己也去体验一回做摊主的感觉呢？那这次我们一起来真正做个“小小摊主”。

二、现场体验，切身感受

1. 初感受。

教师带领同学们参观菜市场，让同学们直观地看到摊主叫卖、沟通的过程，唤醒参与欲望，点燃热情。

2. 细观察。

(1) 停留在一家生意兴隆的摊位前，先观察摊主和顾客的表现，发现生意好的秘诀，再采访这位摊主，学习营销的策略：

菜品要新鲜，
迎接要热情，
沟通要愉快，
价格要优惠，
适当送赠品，
总有回头客。

(2) 观察生意清淡的摊位，分析其中的原因。

(菜品不太新鲜，摊主不够热情，态度比较生硬等)

3. 自体会。

学生自行比较生意一好一坏的摊位，总结得失，为下面的成功体验积累经验。

4. 亲实践。

(1) 分组。分好小组，穿上工作服，做好相关准备，选定不同的摊位(蔬菜、干货、水产等)亲身体验。

(2) 商讨营销方案。

蔬菜摊主：

① 在自己卖的蔬菜前面，摆放一张牌子，上面标注蔬菜的名字、产地，还有蔬菜对人体的功效，以此吸引顾客。

② 巧妙促销。买二赠一，满 20 元积 1 分，满 10 分可以兑换 10 元现金。

③ 叫卖口号：要想身体好，蔬菜少不了，买点带回家，全家乐哈哈。

干货摊主：

① 在自己卖的干货前面，摆放一张牌子，上面标注干货的名字、产地，对人体的功效，时令干货放在最醒目的位置，以此吸引顾客。

② 叫卖口号：干货鲜香，美味必备！

水产摊主：

① 在自己卖的水产前面，摆放一张牌子，上面标注水产的名字、产地、营养价值。

② 叫卖口号：新鲜水产，货真价实！

③ 小组成员分工明确，体验做摊主。

组员 1 负责叫卖；组员 2 负责取物称量；组员 3 负责打包；组员 4 负责收款；组员 5 负责记账。

品名	成本	销售价	销售量	盈利	总利润

5. 遇到困难,集思广益。

困难:

(1) 叫卖声太小;

(2) 称量速度太慢,顾客着急;

(3) 包装太马虎,不美观;

(4) 收钱找钱速度偏慢。

对策:

(1) 拿出小蜜蜂助声,人多时叫卖,人少时休息;

(2) 顾客少时,反复操作电子秤,提升熟练度;

(3) 不同的蔬菜包装方法不同,一一琢磨。尤其是叶类的,比如韭菜、芹菜等,要梳理整齐再放进包装袋,不能杂乱无序;最后要将包装袋系好再送到顾客的手中。

(4) 现在很多年轻人都是电子支付,只有老爷爷和老奶奶会用现金,相同金额的现金整齐地摆放在一起,零钱专门放一个盒子,从大到小依次放好,取的时候会很方便。

纸上得来终觉浅,绝知此事要躬行,同学们从亲身实践当中发现问题、解决问题,真正在体验中收获与成长。

6. 拍照留念。

拍照记录这宝贵的时刻,体会摊主的艰辛与不易。

三、收官评比,喜晒成果

1. 根据最终的利润所得,评选出最佳合作小组,颁奖。

2. 分享感受。

交流同学们在活动中的一些心得和体会:每个小组遇到什么问题?用什么方法解决的?此次职业体验最大的收获是什么?

3. 赠言送摊主。

每位同学把自己此刻心中最想说的话送给真正的摊主,可以是表达感谢、受到触动等。

四、总结提升,深化感受

通过这次职业微体验,既锻炼了同学们的动手能力,也培养了协作精神,同学们通过自己的努力,品尝到了劳动带来的幸福与喜悦。三百六十行,行行出状元。要把每一个职业做好，都不是一件容易的事情，但是记住：用心，用力，再平凡的岗位也能做出成绩。

【后续设想】

“小小摊主”职业体验活动以“生存、创想、锤炼”为依托，以素质教育与互动体验相结合，通过内容丰富、形式多样的活动内容，让同学们相互合作、身体力行地参与到活动中来，从而让孩子们在角色体验的过程中认知社会、品尝工作的快乐、培养克服困难的勇气、提高各方面的素质。

后续在校内开展系列活动之五月“我是小报童”、六月“六一快乐跳蚤市场”活动，学生自行策划，自行安排，自行总结，在系列活动中推进成长的梯度。

供稿　魏　青　江苏省淮阴师范学院附属小学

2. 我是小交警

【活动内容】

这是班级组织的让学生了解交通安全法规、近距离体验交警指挥系统、现场体验交警工作的系列活动，上岗前由交警叔叔为小交警们进行交通安全知识培训，让小交警们初步了解交通安全管理知识，听取交警介绍车辆的行车秩序，感受交警叔叔为确保道路畅通、平安付出的努力和辛苦。小交警们到现场实地学习演练交通指挥，现场对违法车辆进行教育处罚等。通过生动的学习体验，提高学生的自我保护意识，并在多渠道、多感官的学习中获得综合能力的提升。

【适用年级】

五、六年级。

【活动目标】

1. 通过活动，让学生在有趣而丰富的体验里学习交通安全方面的有关规则和知识，规范日常行为，自觉遵守交通法规，增强师生的交通安全和自我保护的意识。

2. 在活动中学习交通安全知识，熟悉基本的交警手势，处理简单的交通事务，坚守自己的岗位，毫不懈怠，体会交警的工作责任和工作意义。

3. 通过体验活动，让学生更多地接触社会，通过参与社会活动来服务他人、了解自己、增长本领、提升能力。

【活动时间】

长线活动4周。

【活动准备】

1. 教师准备：课件、交警指挥图片、交通标志图片。

2. 学生准备：课前搜集有关交通方面的图片、事例、标语。

【活动过程】

第一周　交通安全知识学习

一、创设情境

1. 今天老师要给大家介绍一位特殊的朋友，同学们想不想认识他？（请交警叔叔走上讲台）他是一名交通警察，看到这位交警叔叔，你觉得他怎么样？（用一个词形容一下他）

2. 师生交流。威武、神奇、了不起。这是一份神圣、崇高的职业。那你们想不想当一名交警？（预设：想）

3. 好，今天咱们就来当一回小交警，看看哪些同学能脱颖而出成为优秀的小交警。（板书课题：我是小交警）

二、活动交流

（活动一）交通知识大闯关

1. 要想当好一名合格的小交警，首先要了解有关的交通法规、法则。

2. 先分小组活动，每个同学把自己课前搜集的图片知识进行交流。让每一个小组的同学选出一名交规法则掌握得最全面的同学进行最后的闯关答题活动。

3. 大屏幕上课件出示有关法规、交通指示的图片，让各小组选出来的同学竞答，由交警叔叔做评委。

（指示标志　禁止标志　通行标志　简单的交通法规）

4. 刚才同学们的表现十分出色，可见大家已对交规十分了解，正是有了这些交通标志，才使得我们出行变得安全又方便。希望同学们今后在马路上要多观察、严格按交通标志安全出行。

过渡：作为小交警，光认识这些交通标志还远远不够，还要知道交通法规在实际生活中的运用。

（活动二）交通事例大家看

1. 交通安全和我们每一个人息息相关，每年有数十万鲜活的生命葬身于来来往往的车流之下，年经济损失高达几十亿元。交通事故离我们并不遥远，它也会发生在我们的身边，请同学们讲一讲自己经历或者身边的亲友遭遇过的事故。

（学生讲述自己身边发生的事故）

2. 面对这些交通意外，我们心里感到深深地悲痛，同学们看看屏幕上的视频，你有什么想法和思考呢？

（1）屏幕上播放一些交通意外的视频，学生讨论对司机、对行人的看法。

（2）师生交流：有些司机车速过快，有些行人闯红灯等。

3. 其实大家都知道交通安全知识，但为什么还会发生这些事故。安全意识薄弱、对交通法规的漠视都是造成事故的原因。

4. 希望每一位同学在了解各种交通知识的基础上，加强自身安全意识。

教师小结：交通安全关系我们每一个人，而交警叔叔就是我们道路安全的最大保障者，下节班会课我们跟交警叔叔一起学一学怎么指挥交通。

第二周　交通指挥方法的指导

(活动)交通指挥我来学

1. 同学们，我们已经基本了解了交通安全的基本知识，现在我们振作精神，随交警叔叔进入训练——交通指挥我来学。我们现场和交警叔叔学一学怎么指挥交通。

2. 交警叔叔现场指挥。(停止信号、变道信号、减速慢行信号、转弯信号)

3. 同学们，胳膊感觉怎么样？(酸)同学们，想象一下，一名交警一天工作下来会有什么感觉？从早上七点高峰到中午十二点拥堵再到晚上拥堵高峰期，道路上每天都可能有意外事件，交警叔叔要时刻处理马路上的突发情况。

4. 同学们感受一下，(出示图片)烈日炎炎下，交警叔叔坚守岗位，汗水湿透了他的警服。冰天雪地中，交警叔叔仍然不畏严寒在指挥往来的车辆。马路上灰尘扬起，车来车往。有人说他们是“人型吸尘器”，他们容易吗？

(观看视频，三伏天里，马路上地表温度高达五十多度，可以让一个生鸡蛋变熟。台风来临时，交警依然坚守岗位，无所畏惧)

5. 是啊，交警多不容易啊！越是阖家团圆的日子，就越是他们工作繁忙的日子，为了道路的安宁，他们放弃了自己享受悠闲的日子，把重心放在道路安全上，因为他们深深明白，交通安全责任大于天。每一次指挥的背后，都是人民群众的安全。

(春节、中秋节、圣诞节，繁华的街头是交警指挥的身影，中考、高考时考生们顺利地到达考场得益于交警不遗余力的支持。而他们自己的家属、自己的子女却只能抛诸脑后。还有来往的部分司机对他们并不尊重)

6. 请交警叔叔说一说他们的亲身经历。

7. 同学们，看到这些，听到这些，你想说些什么？(师生交流)

8. 教师小结：交警工作有种种辛苦。所以遵守交通规则！(板书)尊重交通警察！这就是对交警最大的感谢！

9. 我们争当一回小交警，为了同学们的交通安全，提高同学们的交通安全意识，现公开选取优秀的小交警，等下次班会我们去试一试。

第三周　交通小警察的实践

同学们可以当一名合格的小交警吗？佩戴好标志，我们随交警叔叔来试一试。

(活动)交通安全我指挥

1. 上岗之前，先抬头找一找监控的摄像头在哪里。

2. 管理人行道：不能闯红灯，电瓶车禁止载人，禁止逆行……

3. 司机遇到斑马线应该怎么经过？(注意观察，及时停下)

行人跟随机动车转弯,“小交警”会怎么处理?(行人只能走斑马线)

4. 跟随交警叔叔参与警车巡逻,检查车辆违停,了解有哪些违停现象,一般怎么处理。

5. 担任交通宣传员,劝导、制止不文明行为。

(1) 向不文明行为说“不”,引导来往司机和行人守法上路、文明出行。

(2) 密切注意行人闯红灯、横穿马路等不良行为。

(3) 散发交通知识宣传单,向来往行人宣传交通法规。

6. 教师小结:同学们都表现得非常棒,非常有默契。大家对于交通安全知识的应用也有了深刻的体会。

7. 每一位“小交警”都非常尽职尽责,用实际行动维护了交通安全。

第四周　交通课堂的总结

(活动)交通标语大家写

上一周,“小交警”用自己的实际行动向我们展示了交通安全的学习成果,向全社会发出了“文明出行”的倡议。那么你在“执勤”的过程中,对交通安全的宣传有什么好的建议?

1. 每一位同学可以把自己关于交通安全的想法用一句精炼的话写下来,小组之内交流。如何让大家遵守交通秩序,也可以写合理化的建议。

(预设:交通安全我遵守,你好我好大家好。道路千万条,安全第一条)

2. 可以把交通标语贴在黑板上,也可以贴在醒目的位置,同学们来读一读,牢记交通安全。

3. 总结收获。

在一个月的交通知识的课堂中,我们知道了交通安全的有关知识,了解了交警叔叔工作中的酸甜苦辣,学习了交警指挥的有关动作,体会到了交通安全的重要性。在今后,每一位同学要时刻牢记交通安全,在成长的道路上更好地保护自己、保护家人。

(1) 评选出“优秀小交警”五名。

(2) 评选出“交通小达人”五名。

(3) 评选出“标语小能手”五名。

(4) 请德育主任为他们颁发奖状。

在这个过程中,培养了同学们的资料整合能力、记忆能力、观察能力、总结能力、实践能力等,展现了自身风采。

【后续设想】

引导学生总结交通标语,提高学生的交通安全和自我保护的意识,为学生遵守交通规则、尊重交警打下基础。后续可以开展延伸体验活动,尝试写写交警体验活动报告,在班级开辟作品展示园地,通过绘画、习作、摄影作品等深化这一体验活动。

供稿　汪静东　江苏省淮安市繁荣小学

3. 护绿小哨兵

【活动内容】

为了让学生体会爱绿护绿的意义，以自己的实际行动去爱护身边的每一棵草、每一棵树，同时以自己的实际行动去影响身边的每一个人。本案例采取了岗位设置、闯关竞聘的方式招募护绿小哨兵。孩子们通过对角色责任的了解，积极参与护绿活动，不仅增加了对环保知识的了解，同时也增强生态意识、环保意识。

【适用年级】

五、六年级。

【活动目标】

1. 通过活动引导学生热爱自然，从小树立起爱绿、护绿的情感及意识。

2. 让学生知道花草树木也有生命，愿意以实际行动爱护花草树木。

3. 在护绿行动中培养学生“人与自然和谐共处”的环保意识。

【活动时间】

长线活动1个月。

【活动准备】

1. 在活动准备过程中，队员分工合作，互相探讨，将收集到的信息在小队中通过讨论进行取舍，确定以怎样的形式表现出来，做到人人参与。

2. 图片、视频等。

【活动过程】

一、岗位设置

1. 师生观看植树节时对同学们的采访视频。

2. 介绍“植树节”的来历。

3. 想一想：破坏环境会给人类带来哪些危害？

4. 讨论：植树造林对我们的意义非常重大，为了我们赖以生存的环境，我们能为环保做些什么呢？

5. 师生交流：护绿小哨兵的岗位职责。

(1) 关心爱护绿色生命，积极参加公共场所的绿化、美化、净化活动。

(2) 自觉保护身边的一草一木，不践踏草坪，不攀摘树枝花朵，不侵占绿地林地，不将火种带入林区。

(3) 看到不文明的行为及时加以劝阻，做一名“护绿小哨兵”。

二、岗位招募

1. 采取闯关制，竞聘护绿小哨兵。

闯关内容：环保知识。

2. 通过闯关,选出四组人员。

3. 确定自己的工作内容。

4. 讨论组内人员分工,请每小组代表说说讨论的结果,集体点评。

5. 教师小结:想要成为一名“护绿小哨兵”,就要有无私奉献和吃苦耐劳的精神。爱护花草树木不仅仅是口号,我们一定要以实际行动爱绿护绿。

三、岗位实践

1. 讨论:分组讨论预备为护绿做哪些事、时间安排等等。

2. 班级分小组实践(以一个月划分时段,开展活动)。

人员分配	倡议宣传	社会实践	总结提升
分发宣传材料(2人)	第一周	第二、三周	第四周
清理绿化带(2人)	第一周	第二、三周	第四周
铲除“牛皮癣”(2人)	第一周	第二、三周	第四周
文明劝导(2人)	第一周	第二、三周	第四周

3. 教师小结:“护绿小哨兵”活动不仅让我们以实际行动爱护花草树木,还丰富了我们的生活阅历,让我们得到了发展和提高。

四、总结提升

1. 评选出优秀“护绿小哨兵”,颁发一等功、二等功、三等功奖章。

2. 小结:因为有了你们的爱,大自然中的花才会更美、小草才会更绿、树木才会更挺拔,我们的家园也才会更美好。让这棵环保之树留在我们身边、留在我们心中,让我们都成为“护绿小哨兵”。

【后续设想】

“今天我是一棵小树,明天我就是参天大树。”通过此次活动的开展,让孩子们感受美化环境的意义,意识到自己是社会的一员,对很多事情都有了自己的观点,并且希望有说出来的机会。为了进一步增强全体师生的环保意识,提升个人素质,达到为班级、为学校、为社会增添绿色,净化、美化环境的目的。我们将号召学生家长积极行动起来,爱绿护绿做在日常,争做绿色使者,用自己的双手努力营造一个良好的生存环境。

供稿　王　帆　江苏省淮安市新民路小学

4. 我是小小志愿者

【活动内容】

本次活动通过活动体验、图片展示、课堂交流、学生向老师和同学汇报志愿者角色招募和岗位实践体验、展现自我活动评价表等,使志愿者们在活动中明白志愿服务活动不仅能丰富自己的生活阅历、增强感性认识，还能激发学生积极开展志愿者活动、服务大众的热情。

【适用年级】

中高年级。

【活动目标】

1. 了解志愿者活动的积极意义，感悟志愿者的服务精神。鼓励学生加入志愿者的行列，积极参加社会公益活动。

2. 通过活动体验、图片展示、课堂交流，使学生认识到自己是学校、家庭、社会中的一员，有责任去做一些力所能及的事。

3. 在活动中培养学生的能力，学会做人，学会合作。

【活动时间】

长线活动1个月。

【活动准备】

教师准备：课件、志愿者的活动图片，志愿者的标志图片。

学生准备：搜集社会各行各业志愿者服务的感人图片或文字资料，准备谈谈自己对志愿服务的感受。

【活动过程】

一、岗位设置

1. 出示各行各业志愿者服务情景图片。

2. 议一议：看了这些后，你了解志愿者吗？他们是一群怎样的人？

3. 出示志愿者标志：认识志愿者标志，说说这些标志分别表示什么意思？

4. 教师小结：志愿者指能够主动承担社会责任而不获取报酬、奉献个人时间和乐于助人的人。当然，志愿者必须是在自身条件许可的情况下，开展力所能及的、切合实际的，具有一定专业性、技能性、长期性的服务活动。

5. 同学们，了解了志愿者的意思后，你们愿不愿意做个志愿者呢？

二、岗位招聘

1. 确定自己志愿服务的项目。

第一小组：志愿参与社区垃圾分类宣传。

第二小组：志愿参与创建文明城市宣传。

第三小组：志愿参与交通协管。

第四小组：志愿参与敬老院孝老爱亲活动。

2. 议一议：以小组为单位，讨论组内人员分工。

3. 请每小组代表说说讨论的结果，集体点评。

4. 教师小结：想要成为一名志愿者，就要有无私奉献和吃苦耐劳的精神，参与志愿服务活动既帮助他人，也给自己提供了学习的机会。

三、岗位实践

1. 议一议：分组讨论预备为志愿参与的项目做哪些事、时间安排等等。

2. 分小组实践。

第一小组：社区垃圾分类宣传组（四人一组，各有分工，协助社区保洁人员向居民讲解并分类）。

人员分配	收集资料	深入社区实践	总结提升
可回收垃圾（1人）	第一周	第二、三周	第四周
干垃圾（1人）	第一周	第二、三周	
湿垃圾（1人）	第一周	第二、三周	
有害垃圾（1人）	第一周	第二、三周	

小结：垃圾分类就是在源头将垃圾分类别投放，并通过分类别的清运和回收使垃圾重新变成资源。

第二小组：创建文明城市宣传组。

（1）收集资料，制作宣传卡。

（2）协助环卫工人做好卫生宣传，开展“你丢我捡”志愿活动。

（3）排练两个小品、一个简短的演讲。

教师要注意从环保的角度，指导学生利用废纸或再生纸来制作。并在图案、文字、形状等方面给学生以具体指导。

第三小组：交通协管组。

（1）认识交通标志，学习交通手势信号。

（2）在城市的交通路口，我们经常看到交通协管员的身影。他们协助交通警察管理路口交通秩序，方便了人们的出行。我们可以向他们了解交通管理方面的知识，然后亲自试一试。

第四小组：敬老院孝老爱亲活动组。

（1）活动时间：周六上午。

（2）活动内容：打扫卫生（如擦窗、抹凳子、梳头等）、文艺表演（课本剧、歌曲、演奏等）

小结：“老吾老以及人之老，幼吾幼以及人之幼”自古有之。尊老爱幼是我们中华民族的传统美德。

3. 出示评价标准：

（1）根据小组完成情况，对照光荣榜给自己打分，光荣榜上的笑脸数对应班级光荣榜，得几个笑脸，班级光荣榜对应贴上几面小红旗。

我的光荣榜

完成效果	👍	👍👍	👍👍👍
待提升			
基本完成			
完成较好			

(2) 志愿服务小调查表

志愿服务活动的过程	
最感人的志愿者故事	

温馨小提示:在整个过程中一定要注意保存资料(照片、视频)。

四、阶段评估

1. 学生结合图片、视频汇报亲身体验的活动感受。

2. 总结自己学会了哪些生活技能,并通过图文介绍操作方法及注意事项。教师适当给予点评和鼓励。

3. 出示:学生活动自我评价表。

评价项目	具体评价内容	我给自己评一评
参与态度	你从哪儿搜集到信息	(简单描述)
	你对你的成果满意不满意	
	在小组活动中你完成了哪些任务	
合作精神	你帮助谁解决了问题	
	你主动和谁配合完成了任务	
能力发展	在活动中你学会了什么	
	你最大的收获是什么	
	在本次活动中你有什么遗憾	

4. 教师小结:志愿服务活动不仅使我们丰富了生活阅历、增强了感性认识,还使我们自身得到了发展和提高。

五、总结提升

1. 评选出“优秀志愿者”十名。

2. 请德育主任为他们颁发奖状。

【后续设想】

体验是最好的学习方式，它对人的实践活动尤其重要，它是研究的内驱力，既强化了学生的审美体验，又激发了学生的学习兴趣，使学生表现出强烈的实践冲动，拓宽学生的视野，激发学生的好奇心和求知欲，引发他们当志愿者的欲望。后续可开展系列活动如：环保小卫士、博物馆解说员、科普宣传员、保护野生动物我们在行动……引导学生选择感兴趣的志愿活动，与志同道合的同学一起组成志愿小队，在教师的帮助及有关部门的配合下，去开展志愿服务活动，在志愿活动中增长才干、提升能力。

供稿　汪静东　江苏省淮安市繁荣小学

5. 假如我是市长

【活动内容】

了解市长的公务职责，感受市长工作的重要性和责任感。参加市长角色体验活动，培养学生的参与意识，增强社会责任感，提升认识能力。

【适用年级】

中高年级。

【活动目标】

1. 了解市长的工作，培养参与公共事务管理的热情与能力。

2. 体验市长职责，培养学生关注社会的发展、积极为家乡发展出谋划策的小公民意识。

3. 知晓公共事务与自己生活的联系，增强社会责任感，并在互动中发展自己，建构自己与外部世界的关系。

【活动时间】

短线活动 1～2 周。

【活动准备】

教师准备：制作问卷；搜集市长相关资料，下载新闻视频。

学生准备：浏览市政府网站，了解公共事务有哪些，体会这些公共事务与自己生活的关系。完成调查问卷。

【活动过程】

一、班队会

（一）认识公务员

1. 考考你：你知道校长是谁，那你知道我们的市长是谁吗？多媒体出示市长及其团队的工作镜头，指名学生找出市长。

2. 你知道市长平时都忙些啥？他领导下的各职能部门有哪些？我们一起观看一下市长忙碌的工作情景图（工业、农牧渔畜、公安、检察、法院、城建环卫、金融保险、教育体育、科研卫生等）。

3. 这么多部门的工作需要市长领导各级各类的工作人员、公务员们共同完成。

4. 作为公务员的市长，每天都在忙些什么呢？

教师：公务员，全称为国家公务员，是负责统筹管理经济社会秩序和国家公共资源、维护国家法律规定、贯彻执行相关义务的公职人员。

(二)了解市长职责

1. 问卷展示。

我眼中的市长：

(1) 什么样的人才能当市长？

(2) 市长每天都在忙些什么？

(3) 怎样才能当好市长？

我了解的市长：

(1) 市长的职责有哪些？

(2) 市长的一日工作有哪些？

我来当市长：

你想做一个什么样的市长？

学生交流问卷填写的内容。

教师小结：同学们说的很多，也说得很好，你们非常关注城市和生活，还很了解市长的主要工作，也对自己当市长提出很多设想，你们真是称职的好市民。下面就让我们一起来看看市长职责一览表，了解市长究竟有哪些具体工作。

2. 市长职责一览表。

人民政府市长、副市长工作分工表

职　务	分管工作
市　长	负责市政府全面工作。主管财政、监察、审计等工作。
副市长	负责市政府常务工作，市长外出时，主持市政府工作。协助分管办公厅、计划、金融、财税、物价、统计、审计、法制、人事、编制、体制改革、机关行政管理、信访和信息港建设等工作。
副市长	协助分管城乡规划、建设、管理，交通、民防、海洋管理，为民办实事项目、在建重点工程等工作。
副市长	协助分管农村、农业、政法、民政、计生、外事、侨务(港、澳)、民族、宗教、防灾救灾、驻外单位和双拥等工作。
副市长	协助分管外经外贸、招商引资、会议展览、商业内贸、工商、旅游、对台以及口岸管理、境外机构等工作。
副市长	协助分管工业、能源、科技、经济开发区、质量监督、安全生产、经济协作、经济秩序整顿、对口支援、社保等工作。
副市长	协助分管教育、文化、医疗卫生、广电、体育、新闻出版和精神文明建设等工作。

3. 初谈感受。

看了市长、副市长工作分工表，你们有什么感受？大家交流交流。

（市长们分管工作多，辛苦，全方位为人民服务）

4. 播放新闻视频。

看了这段视频，同学们感受到了什么？

（任劳任怨、兢兢业业、鞠躬尽瘁）

5. 倾诉想法。

你们将来长大了，也想当市长吗？如果你是市长，你最想为市民解决的问题是什么呢？

（教育均衡、交通拥堵、医疗改革、环境美化等）

了不起，未来的市长们都积极为城市建设出谋划策，为老百姓解决实际问题，都是人民的好市长，为你们点赞！

二、角色体验

1. 我来当一次市长。

要想当一名好市长，把城市建设好、管理好，可不是一件容易的事。小组共同寻求与发现：本市在建设和发展的过程中，还存在哪些问题？

(1) 教育不够均衡；

(2) 城市交通拥堵；

(3) 医疗保障不够完善；

(4) 文明城市创建中市民素质未得到彻底提升；

……

2. 如果你是市长，你怎么解决这些问题？设计竞选方案。

3. 开展“我来当市长”的竞选活动。

(1) 竞选市长的同学上台，说说自己的施政纲领。

(2) 台下的同学就“市长”们的演说开展现场提问，市长现场解答。

(3) 公开投票。

4. 请市长发表就职演说。

5. 教师小结：听了同学们的就职演说，我仿佛看到一位位未来的市长在为我们家乡美好的未来献计献策，让我们从现在开始，培养自己参与公共事务管理的热情与能力，使自己真正成为社会的一员，为建设好我们共同的家园而努力。

【后续设想】

根据某一方面内容形成建议，给市长写一封信。进行可操作性强的后续实践活动，带领学生参观市政府，了解“市长的一天”，亲身进入角色，感受市长的敬业、辛劳、为民着想和无私奉献。树立新的职业价值观，认识到每个职业都有艰辛，每一个岗位都要全情付出，在其位谋其事，扎扎实实做好本职工作。

供稿　魏　青　江苏省淮阴师范学院附属小学

第六章　剧场空间与教师发展

教师是教育发展的第一资源,教师承担着传播知识、传播思想、传播真理的历史使命,肩负着塑造灵魂、塑造生命、塑造人的时代重任。现代教育需要什么样的教师,教师发展的方向和路径是什么,对现代教师角色的重新发现,更多是为了驱动教师精神层面的内生力,形成专业发展自觉。

2018 年 1 月,中共中央、国务院颁布了《关于全面深化新时代教师队伍建设改革的意见》。作为 1949 年以来,党中央出台的第一个专门面向教师队伍建设的里程碑式的政策文件,这份《意见》描绘了新时代教师队伍建设的宏伟蓝图,吹响了推进教师队伍建设改革的集结号。《意见》的出台,不仅对师德师风建设做出了总体部署,要求"着力提升思想政治素质,全面加强师德师风建设",并对教师专业素质能力提升做了详尽的设计和规划,向我们指明了提升教师专业素质能力的目标和实现路径。广大教师要增强教师角色意识,遵循教师成长规律,全程地、多维地提升教师专业素养,全面提升教师的教育智慧和生命质量。

第一节　现代教师的角色内涵

教师是一种社会角色,教师首先是人,其次才是对学生的身心施以影响的教育工作者。长期以来,人们对于教师这一角色有着传统的认知。"春蚕""蜡烛"这样的隐喻强调了教师的无私奉献精神,提升了教师的崇高形象,但忽略了教师的品质生活及其持续的专业发展和职业生命。

在传统的教师形象弘扬中,重敬业,轻专业,少生命。颂扬好教师,常常突出他们放弃休息、生病不离岗,甚至置自己家人于不顾,在教师的专业素养、生命价值等方面则用语寥寥,列举不多。对于教师的职业价值,重生活照顾、轻精神引领,优秀班主任无微不至地照顾孩子,几乎成为孩子们的生活保姆,对学生精神成长的关注与引领却少有提及。诚然,这样的教师形象令人感动、敬佩,但疏离了作为人的本身,育人的专业性被忽略,教师作为人的需求与幸福也被隐退。我们需要对传统的教师角色进行反思,从专业育人的视角,重建现代教师的专业形象。

作为完整意义上的人,基于内在的身心和谐,从时间维度上讲,教师的专业发展具有阶段性和可持续性，每个阶段有不同的发展特点与发展任务。从空间维度上看，教师有多重角色，面向学生的教学角色、与同事交往的伙伴角色、教学管理人员角色，甚至生活中的家庭成员角色、社会角色等等，每一种角色都对应着一定的行为方式，形成了角色集，构成了鲜活的教师个体。教师的职业生活与个人生活无法彼此分离，教师只有具有完整、健康的人格力量，才能对学生身心发展产生真实和长远的影响。

教书育人，是教师的职业使命，教师应具备教师角色所应具有的专业技能和教育智慧。教师角色具有以下特性：教化性，教育是有目的地、系统地影响人成长的事业，师德说到底，是教师的良善、公正与责任感，教师的崇高人格对学生具有感化作用。自主性，教师是教育活动的主导者，不仅自主进行教书育人的职业行为，在课程实施、指导学生等方面享有自主权，而且可以积极能动地提升自己的专业素养，改善自身的职业状态。专业性，包括专业基础和专业实践等维度，既指素养、基础和静态的素质，又指实践活动、实践能力和动态的素质，在教育教学活动中具有不可替代性，能够因材施教，创造性地处理教育教学问题。发展性，促进学生发展是一个连续的过程，教师要把学生当成拔节生长的人，深入了解学生的知识基础和生活经验，调动学生的学习积极性，以促进学生的成长。教师要有终身发展意识，不断探索教育教学规律，达成教学技能的逐步提升。教师对自己的职业有着正确的定位和深切的认同，才能够从教书育人活动中享受职业的尊崇和乐趣。

塑人塑己，达己达人。教育不是教师生命的一味消耗，而是一项使师生双方都获得完善、成长的职业，教师的内在职业价值有待发掘。教师的职业，本质上是为每个孩子创造出场的空间和可能，让每个孩子有人生出彩的机会和能力，进而创造自己光彩的生命。现代教师职业形象的塑造要走出“苦情”误区，根植人性基础和生活情怀，用自身的才华、向上的精神和健康的个性，丰富教师的外部表现与内涵构成，走向教师的生命丰盈、持续发展与热情创造。现代教师应该更新教育观念，把“专业”“发展”作为职业生涯的关键词，以丰厚的学识和高尚的师德，以更加专业的职业姿态落实素质教育要求，从而培养全面发展、个性发展、可持续发展的未来人才。

一、专业理念

专业理念是一种职业眼光，包括对职业的理解、对学生的态度以及教育教学行为，是教师持有的观念和价值体系。没有与时俱进的课程观、学生观，不能称为现代意义上的教师。

课程是教育的核心要素，教师应以建构的、转化的眼光对待课程教学。长期以来，教师多关注课程实施中“怎样教”的技术改进，实际上教学的问题有时候出在课程层面，教师要对“教什么”进行重构，要对“为什么教”作价值追问。教师的课程理解不能将教学内容简单等同于课程内容，教学内容应源自对课程内容的精心剪裁，从文本到学本要经历筛选与转化的过程。教师要理解课程理念，掌握课程标准的相关内容，能用教学实践阐释课程改革倡导的基本内容，积极推进课程教学改革。

教育的目的是育人，教育的出发点是促进学生的发展，教师对学生的成长葆有信念和期待，是教师给学生的最好礼物。学生是心智正在发育的未成年人，教师要有学生意识，尊重学生的基本权益，尊重学生的身体、心理个性差异，尊重学生的成长规律和认知世界的方式，学习把不同的学生看成独特的“这一个”，在学生发展的特定节点提供适合的教育，满足学生的发展需要，引领学生健康成长。

二、专业知识

教师的专业知识具有双专业性，主要指学科知识和教育教学知识，是对教师的最基本要求。过去长时间将教师的专业发展重心放在学历提高上，重视求得学科知识的精深，而忽略教育教学知识的掌握和运用。

在学科知识方面，当前问题是教师学科知识系统性、关联性不足，教学中存在点状、碎片化现象，没有学科知识的层级结构意识。现代教师要熟练掌握学科课程的知识结构，相关学科的知识范围、性质与联系程度，不同学段的学科知识呈现方式以及学科上下学段之间的联系。系统地把握学科课程的知识体系，教育教学才会得心应手、游刃有余。

教育教学知识是顺利完成教学任务的知识和技能，不能僵化地掌握。现代教师要将教育教学知识内化、活化，在更多的具体情境中学习应用和转化，形成不同类型、不同层面的教育教学创新知识。为此，教师要不断学习和提高教育学理论素养，掌握教学遵循的原则、教学过程的组织以及关于教育评价的知识，实现自我提升。

现在的教师专业起点较高，教师在教育教学工作中的敬业精神和付出程度也有目共睹，但是为什么有时不尽如人意呢？教师知识结构的短板问题不容忽视，关于人的知识、学的知识，一线教师所了解和掌握的远远不够。脑科学、具身认知等学习科学越来越引起教育界的关注，教师要有意识地主动补课，提升对人的学习机制的认知。

三、专业能力

教师专业能力，是指教师在从事教育教学活动中的专业胜任力，从某种程度上讲也是专业知识的实际运用。传统教师专业能力存在缺失，一般将专业能力理解为课堂教学能力，加之组织管理能力，对教育科研能力、课程资源的开发与利用能力有所忽视，而后两者则是开阔教师视野、持续提升专业水平的重要保证。

课堂教学能力主要体现在课堂教学过程的构建，包括教学设计、教学实施、教学评价等。教学设计要目中有“人”，三维目标的设定基于人的生长，紧扣教学目标，设计与之适应的、符合学生认知规律的教学流程，运用复杂思维进行教学要素关联，并留有弹性空间，使得课堂生成具有可能。教学实施中能根据学生学习情况，掌握提问、引导技术，组织有效的合作学习，调动学生群体参与教学活动。在现代教学中，评价是不可或缺的构成要件，要把评价融入学习指导、反馈中。

组织管理能力是指为了有效地实现教育目标，运用各种方法把相关力量组织和协调起来的能力。教育活动不只是被动执行，其蕴含着大量的策划要求，策划涉及主题确定、路径设计、策略选择、效益评估、有效沟通等环节和要求，学校开展主题教育活动，要进行系统、科学的策划并制定文本方案，通过认真、周密地执行达到教育目的和教育效果。

教师开展教育科研，在教育活动中注入科研含量，往往会使教育活动更加具有创造性、实效性，教师可以从课题研究中获取后续力量和持续的专业发展，教育科研能力是教师专业化的显著标志。教师在教书育人活动中要善于观察，发现有研究价值的问题，运用科学研究的方法，探寻解决问题的路径和方法，促进教育教学方式的变革。

课程资源的开发与利用要求教师有全新的资源视角，教材、师生、多元化社会生活都是课程的重要资源，特别是大数据时代的到来，要求我们教师更要具有运用信息化手段的能力，将自己的视野拓展到社会的全方位领域，形成网状立体的课程资源观。对于课程资源潜在的育人价值，教师要有专业敏感和价值判断，要学会遴选素材、提炼主题、有序开发、整合利用，以求课程资源价值的最大化。

教师从事的是教书育人的工作，教师的教育对象是人，是千姿百态、充满活力的生命个体，情绪管理能力也是教师必备的能力，这在传统的教师能力要求中没有得到应有的重视。情绪劳动在强调人际交往的工作中十分重要，有效管理情绪的能力及情绪劳动的合理运用对相关岗位的成功十分重要。教师的工作涉及人际互动，教师需要进行情绪劳动，教师师德失范现象中很大一部分是因为教师情绪失控，所以说加强情绪管理可以成为师德建设的一把钥匙。

总之，对现代教师的角色内涵要有全面的理解，教师要具备的教育教学能力，主要包括教学设计能力、教学管理能力、教学实施能力、教学评价能力、课程开发能力等；教师要具备的沟通合作能力，主要指教师在教育教学中所具备的信息传递、思想交流、协调合作的能力，包括沟通交流与协同合作的能力；教师还要具备学习创新能力，是指教师在教育教学中，不断自我更新，提高创新教育实践的能力，主要包括自我认知、终身学习、教研科研能力、创新能力。教师角色是一种多元复合的职业角色，一个人成长为优秀教师需要经过复杂的、长期的实践过程。

人是社会的产物，社会性是人的本质属性，教师的职业角色要经历由“自然人”到“职业人”的发展和转化。教师发展的主体首先是教师自身，其余还有学校领导、教育行政部门等相关责任者，在学校发展的教育改革中，各方要合力促进教师走出传统观念的束缚，重塑现代教师的理念形象，走出一条充满活力和智慧的教育实践之路。

第二节　教师发展的场景研修

教师是担任教育教学工作的专业人员，是推动教育变革和发展的重要力量，教师自身发展是一个持续不断的动态过程。教师职业特点需要教师不断地学习新知识以应对工作岗位的现实需求，教师要主动参与各种途径的研修活动，不断提高教师自身专业素质，并将专业发展贯穿于教师的整个职业生涯。21 世纪伴随着第八次课程改革，建立了丰富多样的教师发展研训机制。区域研修、校本研修成为实现教师专业发展、提高教育教学质量的基本机制。

相关研究发现，大量的教师培训活动是以外部力量推动为特点的，在研修方式上以专题讲座为主，通常采用讲授法，活动目标是满足各类教育改革提出的要求，教师发展缺乏教师自身生成的主动愿景。受训教师对传统逻辑演绎式的理论讲解的认可度并不像想象的那样高，原因主要在于培训的内容选题、方法形式不合乎受训教师的真实需求。基于教师真实工作场景中的问题复杂性，当前教师培训并不能很好地对应教育实践的真实问题。

人存在于剧场空间，场景将人联结在一起。对于力图解决具体问题的教师能力提升，剧场空间打开了我们的研究视域，场景研修为教师进行较系统的基础理论、专业知识与能力培训提供了一种继续教育形式。场景研修就是将教育现场典型化，在特定的主题场景中开展教师研修活动，提高教师培训的针对性和实效性。场景学习最初是指互联网时代下人与人的连接方式、学习方式的转型。放眼国际，随着人们对空间、剧场、场景等认识的深化，场景式越来越多地进入展示、营销、酒店管理、医学培训当中，并取得显著的效果。我们可以围绕一定的研修主题，以实际工作为基础，将真实的教育场景进行加工、改造为特定场景，引导教师开展在场参与式研修，生成可供思考分析的事例，学习从事教育教学工作的行为和技能，促进教师分析问题、解决问题等综合能力的提升。

一、场景研修的主要板块

根据中小学教师专业标准、学科课程标准、教师教育课程标准和国家关于教师培养培训、学生核心素养培养等相关文件精神，可以着力从师德修养、学科教学、班级管理、学习发展四个板块，开展特定场景专业研修活动，即每一板块设置以解决问题为导向的若干研修主题，研修导师以专业的视角，推动研修活动在特定场景中的生成性实施，促进教师加深专业理解、解决实际问题、提升自身经验，让教师在自身所熟悉的领域中确认专业发展主体地位，体验专业成长的过程，并享受其成果。

1. 加强师德修养,教书育人为人师表

把提高教师思想政治素质和职业道德水平摆在首要位置,引导教师准确理解和把握社会主义核心价值观的深刻内涵,增强价值判断、选择、塑造能力,积极践行社会主义核心价值观。以德立身、以德立学、以德施教、以德育德,坚持教书与育人相统一、言传与身教相统一、潜心问道与关注社会相统一、学术自由与学术规范相统一,争做“四有”好教师,全心全意做学生锤炼品格、学习知识、创新思维、奉献祖国的引路人。

引导广大教师热爱教育事业,致力于学生的学习和发展,培养学生的健全人格,引导学生树立正确的人生观和价值观。依据学科教学特点和学生身心发展规律,有意识地分析德育存在的问题,关注学科中育德内容和资源的挖掘,抓住育德情境和育德契机,探索育德的新途径,并使自身的育德经验智慧得到归纳、提炼与升华,从而提升学科育德能力,进一步落实立德树人的根本任务。

热爱生活,身心健康。积极锻炼身体,增进身体健康,保持充沛活力。积极乐观,善良宽容,具有爱心、同理心,善于自我调节,能够正确对待困难和挫折。具有良好的生活情趣,以良好的精神风貌感染学生和周围的人。

2. 深入学科教学,优化课堂教学质态

理解学科教学理念,掌握课程标准相关内容,理解学科教学体系与理论依据,掌握学科教学目标、教学原则、教学内容、教学方法及过程,能够动态把握学科知识结构。

课堂是师生教与学的主要阵地,课堂质量是教师专业能力最直接的体现。了解儿童发展心理学的基本内容,具有遵循儿童发展规律开展教学的策略性知识。积极创设良好的学习环境,设计合理的教学方案,实施有效的教学活动,指导学生学习并培养学生良好的学习习惯,开展多元的学习评价,通过吸引学生的教学活动创造富有生机的课堂质态。关注学生的个体差异,为有需要的学生提供支持和帮助。

课堂上学生思维能否生长,一定程度上由课堂推进方式决定,教师要学习在日常实践中提升课堂内在逻辑推进的能力。要根据教材与学情,突出课堂教学的整体性和连贯性,创建必要的教育情境和教学逻辑,教学逻辑要围绕学生的认知系统,以“学”为主线,组织教学过程,课堂各环节、各活动应体现“最近发展区”的要求,并生成新的教学思维。在课堂流程的实施中,教师要由传统的强势掌控转向“以学定教”的有效调控,根据学生的学习情况调控教学内容和课堂节奏,针对教学重难点和学生的表现及时强化,组织有效的合作学习,调动学生群体参与教学活动,并关注学生个性化学习。开展多元的学习评价,并利用评价结果反馈、调整教学进度和教学策略。

3. 经营班级管理,建构职业角色关系

班级是学生学习、生活和成长的重要场所,班级活动状况直接关系到学生的生活质量和学习质量,班级管理的目的是实现教育目标,使学生得到充分的、全面的发展。班级管理是教师和学生、学生和学生之间的多向互动关系,教师在班级管理中要成为学生健康成长的引领者、指导者和促进者。

教师教书育人，教育角色关系建构，将成为教育教学能否取得成效的重要支持系统。与学生交往，生活在孩子们中间，要从心底尊重他们。公正已日渐成为社会准则，更是孩子们的第一需求，不可轻慢。要懂得关键期理论，耐心帮助在特殊阶段、有特殊需求的学生，管理好自己的情绪，避免暴力行为，更是教师良善情怀的体现。育人高于知识传授，有效的教育大于正确的教育，经营师生角色关系，增强情感联结，教师专业发展应该关注班级管理，积极创造良好的班级生态。

在教育生活中，教师角色不是孤立存在的，还常常与家长、同事及相关领域等人员建立关系。当前班级管理中，不少师生矛盾、家校矛盾恰恰出在角色关系上，有的极端案例让我们不忍卒读，教师角色关系不当酿成的后果应该引起我们足够的重视和警醒。与家长交往，是携手另一股教育力量。学习了解家庭结构，厘清家校关系，在交往中尝试走进家长角色系统，以同理心接纳家长，积极聆听并适时表达关怀。和家长建立起积极的关系，会获得更好的接纳、信任、帮助和支持。与同事交往，掌握“大耳朵小嘴巴”的和谐生存法则，谦虚、辩证地学习他人，加快自己的专业发展。总之，掌握现代交往理念和方法，在和谐、专业的教育氛围中引领学生快乐健康地成长。

4. 坚持学习发展，润泽职业生命长青

没有人靠启蒙教育过完一生，教师依靠师范教育度过职业生涯也是不现实的，终身学习是必然的走向。现代教师要制定中长期专业发展规划，养成阅读、思考和表达的三大习惯，建立开放的、动态发展的知识与能力结构，成为终身学习的典范。

加强阅读，提高自身的文化素养，丰富学科知识内涵，进一步了解国内外教育改革的经验和做法，促进教育理念的转化。深入思考，触发教师发展的内在机制，在具体的教育教学实践中，经常化、系统性地对自己的教育教学行为进行反思，深化专业理解。学会表达，教育写作是思维成果的外化，不仅是专业成长的手段，也是生命存在的方式，教师要不断增强反思、重建的意识，进行教学重建提升，将之梳理、转化为研究专题，进行系统性研究，形成富有价值的教育教学经验。现代教师要逐渐把自己的经验结构化，形成可以传递的知识形态，不断促进知能持续提升、职业生命长青。

人们说，与智者同行，与高人为伍。人所处的环境会对人产生重要的影响。要想获得良好的专业发展，教师应加入专业团队，如课题组、教研组、名师工作室以及有关项目组等等。作为以促进学生发展为己任的专业团队，一般以教育教学改革为主要内容，目的是寻求解决问题的策略、提高教学质量，提升教师的教育教学水平。研究团队往往集聚着一批志向明确、学科相通、相互协作且有一定专长的骨干教师，具有目标相同、知识共享、心理相容、行为关联等特征，教师置身这样的研究团队，从自身知识经验和认知水平出发，实实在在地经历集体备课、跟踪教学、课后反思、再度实践等研究过程，将长足地发展教师的教学能力。现代教师扎根生活却又从凡事俗世中抽身，与优秀人群构筑研究伙伴关系，可以获得彼此专业发展红利，促进同生共长，提升从教品质。

二、场景研修的实施策略

场景作为联结宏观环境与微观个体的中介，是教师专业研修的具体情境，从教师的现实需求出发，将研修内容和教师的教育教学活动紧密联系，以情境活动为载体，注重“做中学”，通过剧场化重构，生成教师的教育教学行为，从而在解决问题、完成任务中提升专业能力。在具体的研修活动设计中，主要环节有明确研修主题、设置主题场景、引导过程演绎、促进反思以及提升行为，在此过程中促进教师的基本能力转化到支持学生学习的实践中去。

1. 基于发展需求，明晰目标任务

教师发展要有一些基点考量，应当基于现实需要和发展差异性，紧密结合一线教师的实际情况，制订有针对性的研修解决方案。研修需求分析要求培训部门能够在了解教师的实际情况的基础上，通过组织和调度各类研修资源，从专业的角度，进行针对性的实战培训设计，为教师提供量体裁衣式的培训，促进教师的自主选择、自主反思、自主建构和可持续发展。

2. 创设研修场景，进入情境探索

选取教师教育教学场景作为活动情境，将教师教育教学中的某些具体任务、问题带到活动中来，在情境中学习给予教师展示活动过程以及现实应用。在主题场景研修中，既可以将知识情境化，支持教师学习培训内容，促进教师对培训内容的理解，也可以使教师在情境中体会到自己的工作需求，形成关于自我的新的角色认知，从而满足活动情境的需求。教师在研修场景中能够认识到知识的实践效用，同时能够产生利用知识去理解、分析，解决真实世界中的问题的需要，因而学习就容易自然而然地发生。

3. 引领理念更新，建构行为方式

如果要改变一个人的行为，必须改变他的理念。在具体的研修活动中，可以通过一些手段，使教师发现使用传统的方法无法有效解决情境中的问题，从而激发其改变自身行为的需要和渴望。针对教师参与活动的具体情况，可以将问题直接抛给教师，通过调动他们自己的潜能来重新建构行为方式，或者在行动中发现问题、生成观点，引导学员教师解决学习过程中遇到的各种复杂问题，完成预期的目标。

4. 深化专业认识，促进反思提升

美国心理学家波斯纳提出教师专业发展的公式：成长＝经验＋反思。在教师专业发展的研究中，反思被广泛地看作是教师专业发展的决定因素，主要因为反思是教师获得专业知识，特别是实践性知识的主要来源。在交流的过程中，要引导教师学员重新回顾整个活动的过程，关注自己的行为变化，在这基础上去挖掘自己行为改变的原因，进一步深化认识。教学反思有着较高的内省认识价值，能够透过现象看到本质，引发研修活动质的飞跃。

场景研修是教育教学理论与实践的接壤平台，教师的专业能力在主题场景中建立起来，按照各主题核心能力项这样一个框架展开，教师参与性强，生动直观，教师之间能达到通过案例交流的目的，这是符合教师研修的实践逻辑的。比如在一个教育管理类的研修活动中，模拟管理情境，让参训教师按照实际工作中的权责担当类似角色，模拟处理管理事务，能够促进各类人员了解问题重要性，提高他们理论联系实际、解决问题以及表达与交流能力，从而提高他们处理各种问题的综合能力。比如教师同课异构也可视为场景研修的一种方式，同一教学内容由几个教师接连上课或是由一位教师连续几次上同样内容的课，所采取的上课方式、进程和效果等往往存在差异或不同。不过同课异构日常使用中尚未充分发掘其功能，往往停留在教学研究这一“事”的展开，甚至只是针对这一节课的认识，还缺乏对“人”的专业能力的促进和转化，诸如教师的设计力、实施力、沟通力、探究力、融合力等等，其实可以在场景情境中得到有效培养。场景研修是一个教师共同参与的场域与过程，让参与者在参与的过程中相互对话沟通、共同思考、提出方案或规划，并一起讨论让这个方案如何推动，甚至可以付诸实际行动。场景研修具有体验性、参与性、互动性，鼓励实作、创新以及找出解决对策的手法，由于其主题鲜明，时间紧凑，形式灵活，效果显著，可以成为教师研训的有效方式。

置身一定的剧场空间，场景研修摆脱了枯燥的理论说教与实践操作脱节的现象，使得培训模式得到改革与创新，能有效地提高学员教师学习的主观能动性。在教师研修活动中，教师是发展的主体，场景研修既是客观化的存在，也是建构教师的活动样式。剧场研修通过生成性研修，促进教师理论与实践的双向转化，教师在剧场研修中完成学习任务并实现自我重塑，彰显教师角色的价值与活力。

教师专业发展贯穿教师职业生涯的始终，是教师成长为具备专业理念、专业知识和专业能力的成熟教师及其可持续发展的专业发展过程。为未知而教，为未来而学，场景研修将为我们理解和促进教师的专业发展提供全新视角与理论工具，对深化基础教育教师培训改革、提升教师队伍整体素质能力、建设高素质专业化创新型教师队伍具有迫切的现实意义、实践价值和应用前景。

第三节 写就教师的创造人生

“经师易得，人师难求。”语出典籍、承传数代的这句名言昭示了为师的差异，因而有人将“为师”的境界演绎为三个层次，即经师、能师、人师。“经师”指传授知识技能、以此作为职业谋生的教师；“能师”即研究型教师，具有深厚的专业基础和出色的教学能力，探索教育教学规律并有一定成果；“人师”即学生健康成长的导师，不仅要有渊博的知识，还要有高尚的人格，是以自身德才施予学生终身影响的人。时代呼唤教育家型教师，当下经师、能师们应怀敬畏、景仰之心，以人师为价值追求，砥砺前行，自我超越，担当育人典范，缔造走向人师的佳绩。

人师的价值要义最为本质的即是“成人”，为了人，发展人，学高为师，身正为范，人师对育人问题要有深刻的认识和表达。人师的职业实践最为重要的即是“成事”，对于教书育人，对于专业精进，坐而论道不行，定要起而行之。具有教育的敏感，对教育场域具有全面而深刻的理解，教育立场更多地转向学生，能够反思教育教学中的重要问题，深入研究教育教学规律，积极践行“四个走向”。

一、走向人师，自觉践行育人为本

对学生的爱具有伦理关怀，一视同仁，平等公正地对待每一位学生，尊重学生人格。人师要大爱学生，培养学生的健全人格，培养学生对生活的热情和解决问题的能力，引导学生澄清价值，树立正确的人生观和价值观。着眼于学生的素质提升、潜能发挥，促进学生全面发展、个性发展和可持续发展。出于伦理情怀，无差别地热爱每一个孩子，注意力更多地指向那些成绩不佳、行为习惯不良的学生，让他们感受来自师者的深切关怀，真正成为学生健康成长的人生导师。人师要尊崇教育，对教师职业要求已内化为自己的行为准则，能够将教书育人当作一项事业来热爱，在教育教学中甘愿付出时间、精力、感情乃至全部心血。这种工作动力不仅出于对学生的爱、对所教学科的爱，还是出于强烈的社会责任感，有着崇高的教育理想以及为教育而奉献的精神。问题意识和探索意识强，不满足于教育教学现状，志在解决教育教学现实难题，为教育改革作出创造性贡献。人师要正心修己，为人师者，应是终身学习的践行者，主动探索、自我更新，理解科学素养与人文素养的内涵，建立开放、动态发展的知识与能力结构。身心健康，热爱生活，具有高雅的生活、审美情趣，能够较好地处理与他人、与社会、与自然的和谐关系。善于自我调节，从容面对困难与挫折，能够寻找各种办法创造性地解决问题。以积极向上、宽容豁达、乐观开朗的人格魅力感染、影响周围的人，引导他人享受学习和生活，涵养积极个性。

二、走向场域，逐步开阔育人视野

学生是在自己的生命实践中成长的，他们的行动受到生活场域的影响，教育活动必须与他们的生活世界相联系，人师要积极构建学生同客观世界、同他人、同自我的生活场域，让他们在适切的生活场域表现自我、发展自我，促进他们实现个体的生命成长。关注学生的班队生活，是从传统意义上关切课堂分数高不高的问题，走向关切学生在校生活得好不好的问题，是人师关注人的生命的整体性和人的发展的能动性的具体体现。

这时期的教师教学走出了“铁路警察，各管一段”的状态，他们不仅熟悉所教年级、学段学科教材，而且还能放宽、放远眼界，熟悉和掌握上下学段的学科课程标准及教材中的学科知识和内容，能系统地把握学科课程的知识体系和学生技能发展体系，能够描述学科知识的层级结构。他们具有课程意识，理解学科课程改革中提出的基本理念，掌握课程标准的相关规定，能用教学实践阐释学科课程倡导的价值及课程标准的基本理念与内容。能较好地处理课程、教材与具体的教学内容之间的关系，对于所用教材的体系及其理论依据有所理解，学科教学不唯教材，知道如何创造性地使用教科书，并积极开发相关课程资源，整合、提取教学内容。

三、走向创造，积极推进教学改革

作为专业成熟的人师，掌握教学论知识，了解学科教学的前沿理论，不断更新自己教学观念，并用先进的教学理念指导教学实践。他们能够根据学情变化，灵活调整教学的内容、顺序和方法，较好地驾驭课堂。他们关注学生的学习表现，具有敏锐的洞察力与机智的反应能力，通过良好的课堂互动吸引学生，创造富有生机的课堂生态。他们关注个体差异，进行分层指导，善于积累典型案例。他们能够认识到学科教学中出现的误区与问题，对教学情境产生深刻、具体而全面的理解，提出教育教学中的重要问题，并在教学中积极探索如何解决这些问题，积极推进学科教学改革。他们创新意识强，积极探求新路径、新方法，努力探索教育教学规律，并将自己的经验整合，在学术刊物上发表研究论文，形成独持的教育教学思想或教学风格。

人是有思想的芦苇，思想使人有别于他物。人具有主动建构的能力，教师在教育实践中，自然会产生对于教育教学方面的见解和认识，教师对教学实践经验的理性升华即生成教学主张。人师的最关键之处在于具有独立思考的意识和问题研究的习惯，能够有效地解决学生的发展问题。教学主张是教师走向卓越的生长点，它体现教师思维活动的能动性和目的性，渗透着教师改造教育活动的意志和愿望。教学主张可以从多个维度呈现，如教育理念的凝聚、学科特质的把握、教学方法的提炼、学习过程的探究等，这些方面将内化为教师对教育真谛的深刻理解，促进形成富有个性的话语方式。教学主张的确立、教育思想的萌发，是教师主体对教学活动技术化、实在化这一取向危机的自觉超越，是教师专业品性的彰显，将烛照教师专业发展的道路，并为教学理论的产生提供丰盈多样的智慧源泉。

四、走向发展，主动融入终身教育

善于学习，是教师专业成长的关键，是治疗高原倦怠的良药，也是终身教育的标志。2018 年 8 月，上海市发布了“市民终身学习需求与能力监测研究”项目研究成果，其理论成果和监测数据分析结果表明，终身学习能力越强的人群，自我报告生活幸福的比例越高。从新手到熟练、从熟练到成熟、从成熟到卓越，教师的成长需要时间和实践的历练，在此过程中，教师对人的认识、对爱的理解、对美的领悟是渐进深化的。经历自我成长的人师，要保持学习和反思的习惯，具有高度的专业敏感性和吸收、转化能力。积极通过自学、参加培训、在职进修等多种途径，丰富或更新自己的知识积累，不断给自己规划更高的职业目标，建立开放的、动态发展的知识与能力结构，促进知能持续发展。能聚焦问题反思研究，从学科专业走向更广泛的教育领域，理解科学素养与人文素养的内涵，关注当代科学技术与人文研究，实现相关领域的知识融通。为未知而教，为未来而学，人师不仅要学习已有的文化，更要培养个人对环境变化的主动适应性。教师的自我发展、自我完善是贯穿其一生的事业，它的多元价值，对学生、对同仁，甚至对社会都具有无声的榜样示范作用。

教师是教育发展的第一资源，广大教师要全心全意做学生锤炼品格、学习知识、创新思维、奉献祖国的引路人，这是时代呼唤和社会期许。《中国教育现代化 2035》提出了推进教育现代化的八大基本理念：更加注重以德为先，更加注重全面发展，更加注重面向人人，更加注重终身学习，更加注重因材施教，更加注重知行合一，更加注重融合发展，更加注重共建共享。到 2035 年，教师综合素质、专业化水平和创新能力大幅度提升，培养造就数以百万计的骨干教师、数以十万计的卓越教师、数以万计的教育家型教师。建设高素质专业化创新型教师队伍，是推动教育现代化的保证和前提。我们无法选择人生从哪里开始，但可以选择要成为什么样的教师，在教师的职业生涯，在人生的多幕剧场，我们每个人都是全人的存在。传播知识，传播思想，传播真理，塑造灵魂，塑造生命，塑造新人，是我们永续的话题。专业发展，生命成长，我们永远在路上。

参考文献

[1] 顾春芳.戏剧学导论[M].北京:北京大学出版社，2014:156

[2] 屈雅红，屈斯薇，吴志斌.主体间性视角下多学科融合的艺术教育模式探索——以小剧场实验话剧《收信快乐》的演出为例[J].南京理工大学学报(社会科学版).2015,(3)

[3] 张绍辉.话剧表演训练中的游戏感研究[D].中国优秀硕士学位论文全文数据库.2009,(11)

[4] 韩英姬.韩国假面剧研究[D].中国博士学位论文全文数据库.2010,(09)

[5] 张卉.缔造一种新艺术样式——空间剧场——以《团圆》为例[J].艺术教育.2018,(18):2-2

[6] 谷海慧.从"剧本艺术"到"剧场艺术"[J].中国文艺评论.2018,(9):8-8

[7] 胡中辉.形体语言与中西方戏剧表演的精神和传统[J].中国优秀硕士学位论文全文数据库.2011,(07)

[8] 李亦男.剧场艺术与文化转向[J].戏剧与影视评论.2017,(1):7-7

[9] 刘丽梅.戈登·克雷论戏剧表演艺术[J].戏剧文学.2007,(07):56-59

[10] 刘彦君.20世纪戏剧变革的东方灵感[J].戏剧(中央戏剧学院学报).2003,(01):89-98

[11] 濮波.漫议后布莱希特剧场的空间之域[J].剧作家.2012,(2):7-7

[12] 姚冰.巴厘戏剧与西方现代派戏剧[D].中国优秀博硕士学位论文全文数据库(硕士).2002,(02)

[13] 濮波."空间表演"的问题意识[J].浙江传媒学院学报.2015,(03):88-93

[14]〔德〕汉斯·蒂斯·雷曼.后戏剧剧场[M].李亦男.北京:北京大学出版社，2016:vi

[15] 李亦男.雷曼与《后戏剧剧场》[J].戏剧(中央戏剧学院学报).2006,(04):78-82

[16] 陈晶晶.简析杜威的教育思想[J].山西高等学校社会科学学报.2008,(03):43-45

[17] 陆素英.小学语文"教育戏剧"课程开发与实施研究[D].中国优秀硕士学位论文全文数据库.2015,(11)

[18] 徐大军.南开新剧运动的社会教育意识[J].艺术百家.2005,(04):45-48

[19] 吴颖惠.中小学戏剧教育区域创新实践探索[J].创新人才教育.2016,(4):8-8

[20]〔日〕佐藤学.学习的快乐:走向对话[M].钟启泉.北京:教育科学出版社,2004:20

[21] 濮波.社会剧场化——全球化时代社会、空间、表演、人的状态[M].南京:东南大学出版社.2015:2

[22] 李政涛.表演:解读教育活动的新视角[M].教育科学出版社.2006:20

[23] 杨戈.论戏剧艺术的教育功能[J].当代戏剧.2006,(03):56-58

[24] 黄振强.地方戏曲的文化聚集功能[D].中国优秀硕士学位论文全文数据库.2010,(10)

[25] 赵小凤,李如密.教育戏剧的内涵、特征与价值[J].当代教育与文化.2018,(3):6-6

[26] 刘斌志,罗秋宇.社会工作实践中的戏剧疗法:运用指引与反思[J].社会工作.2018,(04):57-70

[27] 易雨潇."浸没式"涌现与剧场转型——沉浸式剧场——变革时期艺术的交叠[J].上海艺术家.2016,(6):4-4

[28] 张生泉.戏剧教育新论[M].上海:上海教育出版社. 2016:15

[29] 叶澜.课堂教学过程再认识:功夫重在论外[J].课程·教材·教法.2013,(05):5-15

[30] 张娣.具身认知理论研究述评[J].长春师范大学学报.2018,(3):5-5

[31] 裴森.教师具身学习的概念内涵、价值意义和达成路径[J].陕西师范大学学报(哲学社会科学版).2018,(1):7-7

[32] 黎晓丹,叶浩生,丁道群.通过身体动作理解人与环境:具身的社会认知[J].心理学探新.2018,(1):5-5

[33] 牟聪.具身认知哲学视角下的教学改革[J].教学研究.2018,(2):4-4

[34] 范琪,高玥.从离身到具身:身心融合的学习方式与其教育意义蕴含[J].江苏师范大学学报(哲学社会科学版).2018,(01):137-141

[35] 梁红瑞.论戏剧教育对儿童教育的影响[J].现代交际(学术版).2017,(5):2-2

[36] 李婷.儿童绘本:当下三种阅读传播方式研究[D].中国优秀硕士学位论文全文数据库.2015,(12)

[37] 严伟.舞美是静寂的戏剧[J].艺海.2013,(12):46-46

[38] 刘艳卉.应用戏剧的理论与实践[M].上海:上海书店出版社. 2011:41

[39] 陈小珍.西方现代主义戏剧思潮在中国 1980 年代的接受[D].中国优秀硕士

学位论文全文数据库.2013,(02)

[40] 姚家锐.读者剧场——阅读教学的一种崭新模式[J].语文建设.2008,(7)

[41] 张晓华.创作性戏剧教学原理与实作[M].上海:上海书店出版社.2011

[42] 林玫君.儿童戏剧教育的理论与实务[M].上海:复旦大学出版社.2015

[43] 张金梅.我国学前儿童戏剧教育的范式分析[J].西北师大学报(社会科学版).2017,(2):9-9

[44] 张金梅.戏剧能给儿童教育带来什么——透视西方儿童戏剧教育作者[J].学前教育研究.2004,(8)

[45] 明日艺术教育,骑士教育.戏剧教学法——小学教案与实务[M].北京:北京语言大学出版社.2018:14

[46] 周一贯."高耗低效",语文教学呼唤"低碳"课堂[J].语文教学通讯:小学(C).2010,(7):4-4

[47] 古月.戏剧表演教学方法研究-论表现性手段在文学作品改编练习中的运用[J].艺术教育.2014,(8):2-2

[48] 李家成.生命的体验与表达——论语文学科的教育价值[J].江苏教育研究.2003,(6)

[49] 教育部.中小学综合实践活动课程指导纲要[M].北京:北京师范大学出版社.2017

[50] 李禾田.角色教育——一种德育模式[J].中国教育学刊.1995,(03):13-15

后　记

这部书稿，犹如一段长长的絮语，我终于将它说完。这的确是不容易，不仅仅指内容的建构，还有这份表达出来的勇气。要知道，学生时代，我一直是个“怯场”的小女生，传统教育在我身上留下了深深的痕印。

感谢讲台，在讲台前我学会了当众表达。从教三十余年，我越来越感念这育人的事业。教学相长，达人而成己，教师在育人中完善、丰富自己，也是教育的魅力所在。

感谢剧场，通过剧场我找到了理解教育的方式。我以此感知着人与自我、与他人、与客观世界的种种联系，感知着人的多角色存在、多向度交往、多元化发展，感知着育人路径的融通与宽广。

感谢生活，让我与一些人和事相遇。人生有戏，我有幸成为江苏人民教育家培养工程的培养对象，开启了一段有导师引领、有任务驱动、有实践探索的教育旅程。当我被一些概念缠绕时，导师们指点迷津，一句“再想想”还助我养成了深入思考的习惯，我由衷地感谢杨九俊、金生鈜、许庆豫、孙双金、朱小蔓、陈锁明、孙向阳等导师团队，以及李政涛、郝京华、张俊平、杨孝如等专家教授，还有来自王国强、倪娟、张元贵、戴铜等领导的支持鼓励；我还要真诚地感谢随我而行的伙伴们，是他们的创造性实践将我的想法融入教育教学，并提供了丰富鲜活的案例；在撰写文稿的日子里，我的家人给予我精神和精力上的投入与支持，感谢他们的协助与深爱。所有这些，我感恩铭记，并汇成了突破自我、出场表达的勇气。想，做，述，我勉力完成了一位教育人对教育生活的真切回应。

这本书其实只是一部虚实相间的脚本，实处可做，虚处可展，还有谬误之处需指正。愿其能给读者带来丰富演绎的种种可能。

是为后记。

黄艳梅

2019 年 12 月 20 日